另一本禁忌之書

奇異博士
與
哲學

叢書主編 威廉·歐文

主編 馬克·懷特　譯者 葉文欽

DOCTOR STRANGE
AND PHILOSOPHY
THE OTHER BOOK OF FORBIDDEN KNOWLEDGE

三民書局

推薦序
《奇異博士》的哲學祕徑

哲學的原始目的在於「追求真理」，哲學思考的動機則是滿足發現真相的好奇心。那麼，哲學的價值自然就是累積各種關於世界真相理論的知識了。沿著這條路走下去，便是哲學的康莊大道。

然而，有些哲思之路，並不循著真理路標前進，而是彎向崎嶇山徑，在看似虛假蠻荒之處，探索未知。雖然沿路風光更美、更有趣，但通常越走似乎越遠離真理，有時還會碰上難行的叢林與沼澤，陷入邏輯不通的困境。當我們費盡千辛萬苦，跨越重重障礙，到頭來獲得的，可能只是一條走不通的山路盡頭，失敗收場。但是，有這麼一絲絲可能性，我們最終竟然到達了沒有路標的、真理的世外桃源。

有趣的、以及更有趣的探索

多年前的某一天，我在一個學術會議上發表論文，在那篇論文中，我做了一個假設性的敘述：「如果自由意志真的存在，那麼，心靈即使在因果作用上也無法化約為物質。」有位學者對這個說法很不認同，他說：「你不能用一個爭議問題的假設答案來探討另一個爭議問題。」當時我聽了非常詫異，何不呢？當然，假設不存在的事物來思考，至少從尋求真理的目標來說，意義不大。但自由意志具有存在的可能性，而且更重要的是我們根本無法在自由意志不存在的假設下過生活，即使目前學界在此議題上抱持悲觀態度，但在這條山中小路上，沿途風光多麼美麗，因為心靈在因果上的不可化約結論，將帶來更戲劇性的前景。為何沒有前往一窺究竟的好奇心？

　　後來想想，多數人大概不想走那種看似沒有希望的非主流路線，尤其這類研究大多不會有什麼具體成果。我之所以不畏失敗，或許是因為不滿足於主流理論，也或許是我對神祕領域的好奇心特別強，不僅自由意志，甚至也挑戰學界更禁忌的「靈魂假設」。我們目前確實有一些主張靈魂存在的證據，雖然證據仍比不上如同奇異博士在最初踏上聖地卡瑪泰姬時所堅持的「唯物論」正統觀點：「**人只是物質而已，別跟我談什麼精神力。**」但若能暫時放下成見，和奇異博士一起闖進「靈魂存在」的新世界，即使不必然能成為傳奇，新世界也不必然真實，但至少也能享受一種探索神奇未知的樂趣。

　　《奇異博士》的這個想像世界，就像一條哲學祕徑，裡面蘊藏了許多有趣的事物。在這本書裡，一群哲學家，走進這條祕徑，尋找各種神奇的哲學景觀。

《奇異博士》的思維大冒險

　　這本著作，可以說是《奇異博士》故事情節所帶來的思維大冒險。先不管它是否真能引導我們走向真理，光是依據各種劇情假設，就能帶領我們邁向有趣的思維世界，就像到遊樂園裡嘗試各種不同的設施一般。

　　首先，試著思考魔法師卡西流斯的觀點：「**時間是人類的敵人，因為人類天性渴望永恆，恐懼死亡，所以時間羞辱了人類。**」那麼，如果我們可以征服時間這個大敵，獲得永生，那會是怎樣的一種光景呢？

　　我們從小默默接受時間掌控下的世界，這個世界不斷剝奪我們心愛的事物、讓我們衰老，最後還奪取我們的生命。但在我們現有的真實世界裡，古聖先賢們教導我們如何在這樣的掌控中安身立命，默默

承受，從來不會嘗試思考：「是否該反抗它？」「如果有一天我們反過來掌控時間？」

假設真有一條真理之路，是我們有機會掌控時間，只要朝向這一條哲學祕徑走過去，就有機會到達那個領地。但若我們從不起步，不大膽彎向那杳無人跡的思維世界，就永遠無法到達。當然，失敗的機率看來非常大，但這不更顯示出冒險的意義與價值了嗎？

當然，所有需要投入大量心力的嘗試都需先三思。生命有限，走錯了路，浪費大半生的同時也失去了追尋真相的機會。因為，最終解答或許不是卡西流斯所認為的「掌握時間」，而是另一條祕徑裡古一法師所認為的「掌握死亡」，因為：「**死亡給予生命意義！**」

從《奇異博士》的故事情節出發，思維冒險路線很多，而且都是人生中重要的議題。本書涉略的議題，除了生命意義，身心關係之外，還有關於真實世界為何、時間本質、多重宇宙，以及道德爭議問題等等。並且在對照各種哲學史上的重要哲學理論後深入探索。不僅可以作為一場充滿趣味的、探索真理的思維冒險，也可以順便熟悉這些哲人們的理論。另外，對於已經熟悉這些哲學思想的人來說，更可以在人生各種議題中嘗試如何活用它們，這也有助於我們更深刻地掌握這些哲學思想。

當然，對我而言，任何一種奇特思路的嘗試，都像是一種機率雖低，但獎品豐富的抽獎活動。誰知道，稀有的真理寶物，會不會就在這一次的抽獎活動中現身？不去做不平凡的嘗試，就只能永遠平凡。過去專屬於科幻小說的多重宇宙，事實上已經在最前端的科學研究中成為主流；下一個奇幻的轉角會在哪裡，會不會就是那個隨意想想都令人興奮的魔法世界？

冀劍制，華梵大學東方人文思想研究所教授

作者群
至尊哲人在此

菲利普・伯賀夫 (Philipp Berghofer) 是奧地利格拉茨大學的哲學博士候選人及講師,主攻的領域是現象學、知識論及物理學哲學,特別專注於研究證據的概念。他曾獲得奧地利科學院的 DOC 獎學金,不久前還從一家禮品店裡獲得了阿迦莫多之眼,之後就開始到處跟人打商量討價還價。

亞蒙・布德羅 (Armond Boudreaux) 是東喬治亞州立大學裡唯一一位在辦公室牆上掛著美國隊長盾牌的英語系助理教授,曾經出版過三本書,其中一本是《泰坦人:超級英雄如何幫助我們理解這個多極化的世界》(*Titans: How Superheroes Can Help Us Understand a Polarized World*,與本書另一作者科瑞・拉塔合著)。他常常講他年輕時的超級英雄事蹟給他的四個孩子聽,他們聽得津津有味,而且完全相信,真的。

馬修・威廉・布瑞克 (Matthew William Brake) 是喬治梅森大學的研究生,正在攻讀哲學與科際整合的雙碩士學位,並擁有瑞金大學的神學碩士學位。他在阿什蓋特出版社 (Ashgate) 發行的《齊克果研究:起源、接受與資料》(*Kierkegaard Research: Sources, Reception, Resources*) 的第十五~十八冊中撰寫了許多內容,在部落格 www.popularcultureandtheology.com 也多有著述。跟奇異博士到卡瑪泰姬時一樣,他敲馬克・懷特的門敲了好幾個小時,之後才得以進入本

書之中。

史凱‧克莉里 (Skye C. Cleary) 在哥倫比亞大學、巴納德學院和紐約市立學院任教，是《存在主義與浪漫愛》(Existentialism and Romantic Love) 一書的作者，同時也是美國哲學學會的部落格的執行編輯，也是心智策略有限責任公司 (Strategy of Mind) 的顧問委員會成員。她的作品發表在諸多媒體及刊物，包括 TED-Ed、《洛杉磯書評》(Los Angeles Review of Books)、《太古》(Aeon)、《赫芬頓郵報》(Huffington Post)、《對話》(The Conversation)、《商業內幕》(Business Insider)、《新共和》(New Republic)、《新哲人》(The New Philosopher)、《哲學家雜誌》(The Philosophers' Magazine) 等。她最喜歡的奇異博士的能力，就是可以直接穿進圖書館裡把書借走，不用走那一整套借書程序，不過如果要給她折疊時間與空間的能力她也會接受，尤其是在寫作和寫學生評分的截止時間快到的時候，那簡直就跟黑暗維度一樣讓人喘不過氣。

保羅‧蒂久吉歐 (Paul DiGeorgio) 是匹茲堡杜肯大學的兼任教授，在存在主義與現象學方面多有研究與著述，並且對他們改了卡瑪泰姬的 wifi 密碼感到相當不快。

莎拉‧多諾萬 (Sarah K. Donovan) 是紐約市華格納學院的哲學系副教授，她的教學與研究關注了多方面的哲學主題，包括社區在地問題、女性主義、社會、道德與歐陸哲學。她是奇異博士挑選新任圖書館員職位時排名前三的候選人之一，不過卻落選了，因為她的哲學跟科學合不來，最後這個工作被澤爾瑪‧史丹頓 (Zelma Stanton) 搶走了。

喬治·鄧恩 (George A. Dunn) 是一位研究哲學與流行文化的作家，平時除了替威立－布萊克威爾出版社 (Wiley-Blackwell) 的眾多書籍寫文章以外，他還主編及合編過六本探討哲學與流行文化的書籍，最近一本是與傑森·埃貝爾 (Jason Eberl) 合寫的《克里斯多福·諾蘭的哲學》(*The Philosophy of Christopher Nolan*, Lexington Books, 2017)。喬治跟史蒂芬·史傳奇有個共同點，就是曾經去過聖母峰，不過喬治最多也只去到基地營區那邊而已，而且還是坐車去的，那輛有點老舊的小貨車設備不足無法避震，只能硬頂著喜馬拉雅山的強風與滿地礫石的路面，當時在車上的他，一心只希望自己沒忘了帶上靈環出門。

克里斯多福·克洛夫 (Christopher P. Klofft) 是馬薩諸塞州伍斯特聖母學院的神學系副教授，同時也是《活出愛情故事：當代世界的天主教道德》(*Living the Love Story: Catholic Morality in the Modern World*, Alba House, 2008) 一書的作者，並且常對天主教及文化，還有婚姻、家庭、性道德等多方議題進行演講，還有個部落格 www.christopherklofft.com。克里斯多福喜歡《神學大全》更多過《維山帝之書》，不過他說不定還是會願意拿一本自己的論文來交換《黑暗神書》。

迪恩·科瓦爾斯基 (Dean A. Kowalski) 是威斯康辛－沃科夏大學 (University of Wisconsin-Waukesha) 的哲學系教授，通常教授的是宗教哲學、亞洲哲學，以及倫理學。他的著作有《經典問題與當代電影》(*Classic Questions and Contemporary Film*, 2nd edition, 2016)、《電影中的道德理論》(*Moral Theory at the Movies*, 2012)，編輯過的書則有《大

霹靂理論與哲學》(*The Big Bang Theory and Philosophy*, 2012)、《X 檔案裡的哲學》修訂版 (*The Philosophy of The X-Files*, 2009)、《史蒂芬・史匹柏與哲學》(*Steven Spielberg and Philosophy*, 2008)，以及共同編輯了《喬斯・溫登的哲學》(*The Philosophy of Joss Whedon*, 2011) 一書。他會以祕術把自己的星靈體從身體中分離出來，以讓他盡量攻克所有能讀到的經典著作，不過他也（睡眼惺忪地）承認，自己看比較多的大概還是漫威電影。

科瑞・拉塔 (Corey Latta) 是一位作家、教師與公眾演說家，曾就路易斯 (C.S. Lewis)、哲學，以及宗教與文學之交集等主題發表作品。科瑞擁有宗教及英語的碩士學位，以及二十世紀文學的博士學位，其著作包括《路易斯與寫作技巧》(*C. S. Lewis and the Art of Writing*)、《當我們得見永恆：路易斯、愛略特、奧登作品中的柏格森時間神學》(*When the Eternal Can Be Met: The Bergsonian Theology of Time in the Works of C. S. Lewis, T. S. Eliot, and W. H. Auden*)、《泰坦人：超級英雄如何幫助我們理解這個多極化的世界》(與本書另一作者亞蒙・布德羅合著)。科瑞目前是卡瑪泰姬的常駐作家，不過他不肯告訴保羅・蒂久吉歐那裡的新 wifi 密碼。

山德・李 (Sander H. Lee) 是新罕布什爾州基恩州立大學 (Keene State College) 的哲學教授，也是《伍迪艾倫之畏：對其嚴肅電影的哲學評論》(*Woody Allen's Angst: Philosophical Commentaries on His Serious Films*, McFarland, 2013) 一書的作者。山德不久前還在《大屠殺與種族滅絕研究》(*Holocaust and Genocide Studies*) 期刊上發表了〈普里莫・

萊維的灰色地帶：大屠殺後的倫理學意涵〉("Primo Levi's Gray Zone: Implications for Post-Holocaust Ethics") 一文。此外他還寫了許多探討美學、倫理學、大屠殺研究、社會哲學、形上學的專題論文，毅力堪比奇異博士，不過可惜沒有一丁點他的魔法能力。

麥克・萊昂斯 (Michael Lyons) 是都柏林三一學院的博士候選人，主要著作內容為倫理學，並專注於探討較為理論性與根本性的各種問題。看過了二〇一六年的《奇異博士》電影後，他覺得如果可以喊一句「王贏得了一個瓦圖姆的魔杖」❶ 就太棒了。

丹尼爾・馬洛伊 (Daniel P. Malloy) 在科羅拉多州格里利的艾姆斯社區大學 (Aims Community College) 教授哲學，他出版過許多文章探討哲學與流行文化的交集，包括討論蜘蛛人、復仇者聯盟、鋼鐵人、蝙蝠俠、綠燈俠與死侍的文章。他曾試著想要加入太古霍戈斯眾主 (Hoary Hosts of Hoggoth) 的行列，不過礙於肉身而沒有成功。

圖瑪斯・曼尼寧 (Tuomas W. Manninen) 於二〇〇七年時在愛荷華大學取得了哲學博士學位，目前是亞利桑那州立大學的高級講師，教授的課程包括批判思考、心靈哲學、政治哲學以及其他各式各樣的主題。雖然他並不認為自己知道這個世界的運作原理，但是心裡頭還是謹記著一個教訓：不是每件事都一定能說出個道理。雖然他不算太熱衷於打破自然法則，不過還是覺得想要學會星靈體投射，這樣可以大大有

---

❶譯者註：原句為 "Wong won a Wand of Watoomb"，是典型的漫威風格頭韻。

助於他幫學生打評分。

卡瑞納・帕佩 (Carina Pape) 在德國弗蘭斯堡大學任教，著述主要討論的是道德哲學，特別是性別與種族、義憤、多樣性、教育哲學等議題。她沒有去加德滿都開啟心智、改造現實，而是決定前往日本京都大學當訪問學者，研究文化多樣性的問題。她從小和四個表兄弟與一個親兄弟一起長大——而且從他們那裡搶到了她這輩子的第一本漫畫——讓她很早就發現女性也可以成為很好的戰士。她的人格榜樣有蘇格拉底、星際異攻隊的葛摩拉、《追殺比爾》裡的石井御蓮，當然還有（女性版本的）古一法師，只是最後這位還是會跟她心裡那個康德主義者的聲音不時鬧點衝突。

康斯坦丁・帕夫利奧茲 (Konstantin Pavliouts) 擁有哲學博士學位，任教於俄羅斯卡拉辛莫斯科國立職業學校 (Krasin Moscow State Vocational School)。他對於時空的哲學很感興趣，發表過文章探討印度人對時空問題的特殊理解方式，以及西方哲學裡社會性的時空範疇之哲學基礎，此外也對托爾斯泰和杜斯妥也夫斯基文學作品中的哲學概念有興趣。他很想以哲學家的身分體驗看看奇異博士在卡瑪泰姬所經歷的那種精神轉變，可是並不想當地球的至尊法師，謝謝不用了。

艾德華多・佩雷斯 (Edwardo Pérez) 是德州赫斯特 (Hurst) 的塔蘭特縣學院 (Tarrant County College) 東北校區英語系的副教授，在教學之餘也會寫文章、部落格、故事、詩文，偶爾也寫點管弦樂曲；而在寫作之餘他又會思考哲學、修辭、政治，以及多重宇宙的無限可能。至

於艾德華多剩下的空閒時間，就拿來修習《維山帝之書》，練習使用安加盧姆斯之斧 (Axe of Angarruumus)、烏木刃 (Ebony Blade)，以及龍牙劍 (Dragonfang) 這些利器（總之魔法武器多多益善）。

尼可拉斯·李察森 (Nicholas Richardson) 是紐約市華格納學院物理科學系的教授，所教授的科目是普通化學、高等無機化學、藥學化學。他也是奇異博士挑選新任圖書館員職位時排名前三的候選人之一，落選原因則是因為他的科學跟哲學合不來，最後由澤爾瑪·史丹頓奪下這個職位。

布連登·謝 (Brendan Shea) 在明尼蘇達州的羅徹斯特社區技術學院 (Rochester Community and Technical College) 講授哲學，同時也是明尼蘇達科學哲學中心 (Minnesota Center for Philosophy of Science) 的常駐研究員，其教學與研究的主要領域包括科學哲學、生醫倫理學、邏輯學及宗教哲學，曾在探討流行文化與哲學的相關書籍裡寫過十幾篇文章，包括一些研究《愛麗絲夢遊仙境》、《公主新娘》、《安德的遊戲》的書中。他也很仔細鑽研奇異博士的作品，希望能從中多多少少得到一些魔法技能，不過他的法術天賦（目前）太過有限，唯一擁有的神奇能力就是可以讓自己的襪子消失無蹤。

查德·威廉·提姆 (Chad William Timm) 是愛荷華州印第安諾拉 (Indianola) 辛普森學院的教育系副教授，教授的主要科目是教育哲學史，特別擅長以審視的角度來觀察流行文化，並以此為教學媒介來傳達複雜的概念。他的文章也出現在威立－布萊克威爾出版社的書籍裡，

包括一些探討《龍紋身的女孩》、《冰與火之歌》、《安德的遊戲》和《飢餓遊戲》的書中。在替這些書寫文章的期間，他也會試著展現奇異博士的蘇格拉底式英雄精神，導致他不時會在課堂上冒出一些感嘆詞，像是什麼「太古霍戈斯的眾主啊！」、「夢羅波爾的眾月之力啊！」之類的話，想當然耳，他的學生們也給了他教學生涯中獲得過的最高課堂評價。

安德魯・文克 (Andrew T. Vink) 是波士頓學院的系統神學博士候選人，並擁有威斯康辛州馬凱特大學的哲學與神學碩士學位，其研究興趣包括了哲學神學、政治神學、解放神學，以及伯納德・郎尼根 (Bernard Lonergan) 的思想。平時除了埋首在卡瑪泰姬圖書館的書堆以外，安德魯也拿著爆米花耐心安坐，等待下一部漫威電影宇宙的片子上檔。

馬克・懷特 (Mark D. White) 是史泰登島學院暨紐約市立大學的哲學系主任，教授的課程內容涵蓋了哲學、經濟學及法律，曾主編與合編過其他六本布萊克威爾出版社推出的「哲學與流行文化叢書」書籍，其中有好幾本討論了鋼鐵人和復仇者聯盟的問題。此外他也動筆替更多其他的書籍撰寫專章，並著有幾本專書討論美國隊長與《英雄內戰》的問題。希望自己有朝一日可以遇到一位女性穿著像克莉那種超炫的緊身褲，屆時他就會心頭一緊，知道自己找到了真命天女。

布魯斯・懷特 (Bruce Wright) 是英屬哥倫比亞大學的島醫學計畫 (Island Medical Program) 的區域副院長，同時也是維多利亞大學醫學

科學部的負責人，對於醫學教育有濃厚的研究興趣，曾發表過五十多篇通過同儕審核的期刊論文，探討醫學院學生的職涯選擇以及醫學院的課程開發問題，多年來曾獲得許多的教學獎項，不過他最珍惜的是醫學院學生給予他的獎座。他本身所受的專業訓練是在家庭醫學方面，尤其對老年病學更是感興趣，希望自己要像個奇異博士，而不要只是個奇異怪咖，不過大家好像都是這麼看他的，因為他留著跟奇異博士一樣的鬍子造型，看起來超狂的。

保羅・澤爾 (E. Paul Zehr) 是維多利亞大學的教授，而且身兼科普推廣家、作家、武術家的身分，歷來獲得許多獎項的殊榮。他的科普著作有 《成為蝙蝠俠》 (*Becoming Batman*)、《創造鋼鐵人》 (*Inventing Iron Man*)、《超級英雄計畫》 (*Project Superhero*)、《追逐美國隊長》 (*Chasing Captain America*)，都是以超級英雄來做比喻，探討人類所能達到的科學境地。二〇一五年時他獲得了神經科學學會頒發的科學教育家獎，而《超級英雄計畫》一書也奪下了北美獨立書商頒發的青少年小說銀牌獎。他私底下一直有個願望，希望自己能在真實世界裡有個至聖所，讓他可以在裡頭和王一起練功。

謝詞
致上至尊至上至敬至誠的致謝之意！

我要感謝威立－布萊克威爾出版社 (Wiley-Blackwell) 的錫安‧瓊斯 (Sian Jones)，是她帶領這本書翻越重重雪山，抵達出版的應許之地；還有本系列作品的至尊編輯威廉‧歐文 (William Irwin)，因為他總是那麼慢條斯理，所以我才膽敢稱他是古一法師；還有本書的作者群，要是沒有他們，這本書就只能放上一大排看起來很厲害的咒語名稱，但其實都是我在禮拜六晚上對著鏡子修剪山羊鬍時亂編出來的。

不開玩笑了，我想要感謝所有聰明又有創意的諸位，他們用自己的才智為我們創造了這個迷人的角色與他的世界，包括史丹‧李 (Stan Lee)、史蒂夫‧迪特科 (Steve Ditko)、Roy Thomas、Gene Colan、Steve Englehart、Frank Brunner、P. Craig Russell、Peter B. Gillis、Brian K. Vaughan、Marcos Martin、Brian Michael Bendis、Jonathan Hickman、Devin Grayson、Robbie Thompson、Javier Rodriguez、Jason Aaron，以及 Chris Bachalo。此外也要感謝參與製作二〇一六年電影版的人，他們把這個驚奇的世界化成了現實，包括史考特‧德瑞森 (Scott Derrickson)、凱文‧費吉 (Kevin Feige)、喬‧斯派茨 (Jon Spaihts)、羅伯‧卡吉爾 (C. Robert Cargill)、班奈狄克‧康柏拜區 (Benedict Cumberbatch)、蒂妲‧史雲頓 (Tilda Swinton)、黃凱旋 (Benedict Wong)、奇維托‧艾吉佛 (Chiwetel Ejiofor)、瑞秋‧麥亞當斯 (Rachel McAdams)，以及所有其他大銀幕前後充滿才華的諸位。

導論
打開《維山帝之書》

　　一九六三年，漫畫界的傳奇人物史丹・李 (Stan Lee) 與史蒂夫・迪特科 (Steve Ditko) 進一步拓展了漫威宇宙，為之增添了一位獨特的新角色：史蒂芬・史傳奇醫生，一位聰明絕頂的神經外科醫師，後來成了至尊法師，他憑一己之力捍衛地球，抵禦來自各方奇異維度的魔法威脅。（他們兩人還有另一個知名的合作成果，就是蜘蛛人，不過彼時這角色還在試水溫的醞釀階段而已。）李酷愛押韻，而且是有衝擊力的頭韻——像是「夢羅波爾的眾月之力！」❶——而迪特科又喜歡畫魔幻多彩的場景，兩種特性相加，讓奇異博士即使身處在數量不斷增加的英雄堆裡頭，其中多數要嘛有科學加持，要嘛就是放射性造就出來的可怕變異，但史傳奇依然顯得相當獨特。

　　在那之後，奇異博士一直都是漫威宇宙裡的中流砥柱，也許不能說他經常能成為最顯眼的角色，不過他本來就寧可默默去做自己該盡的責任，不求他人的感謝與知曉，這樣的安排倒也很適合他這種獨行俠。他身旁還是一直有個忠誠的好夥伴——王，甚至還不時會跟他人一起組隊，加入捍衛者聯盟、復仇者聯盟，其他夥伴還有像是克莉、巫毒兄弟 (Brother Voodoo) 等人，而相較於漫威宇宙裡隨處可見的超能力青少年、魯莽的北歐諸神、由伽瑪輻射帶來力量的憤怒軀體，奇

---

❶譯者註：這是奇異博士常喊的一句話，原文為 "By the Mystic Moons of Munnopor!"，後面幾個字都是 M 字母的頭韻。

異博士這個角色更為那個世界增添了一種廣受歡迎的成熟與穩定之感。

二〇一六年電影版的《奇異博士》上映，之前錯過了漫畫博覽會和週三精選名單的觀眾們終於可以一睹史傳奇的風采，由班奈狄克‧康柏拜區 (Benedict Cumberbatch) 精彩演繹了主角，其他重要演員包括黃凱旋 (Benedict Wong)、奇維托‧艾吉佛 (Chiwetel Ejiofor)、瑞秋‧麥亞當斯 (Rachel McAdams)，還找來了具有謎樣氣質的蒂妲‧史雲頓 (Tilda Swinton) 飾演古一法師。迪特科筆下的其他不同宇宙原本就顯現了炫目的景象，如今則以繽紛撩亂的色彩和 3D 畫面呈現在我們眼前；至於李筆下那位傲慢的醫生，也以鮮活的模樣出現在大銀幕上，而他後來也連番遭挫，最後重新做人，成為一個犧牲自我的高貴英雄。

經歷了五十多年的漫畫歷險，外加一部精彩的故事電影，如今在我們眼前的奇異博士並不只是一些奇思妙想的神祕魔法故事，裡頭講的也不光是犧牲自我的英雄主義，而是充滿了豐富的哲學啟示。奇異博士要怎麼調和他對硬底子科學的信仰與他受的祕術訓練？而當他告訴古一，說他們都只是「漠然宇宙中須臾間的渺小塵埃」時，那到底是什麼意思——而他為什麼又是錯的？當他的星靈體出竅，會怎麼看心靈與身體之間的關係？他為什麼又總是那麼孤單？我們聚集了二十幾位至尊哲人，已經等著要回答這些內容，以及其他許許多多的相關問題。

那麼，就請你穿上懸浮斗篷，點起法爾特 (Faltine) 的火焰，跟我

們一起前往奇異而驚奇的世界，一探那裡的魔法、奇觀……還有哲學！
（雖然書名的副標題寫著禁忌，但是本書裡絕對沒有禁忌知識，我們
在此保證！）

目次

第一單元

「在這漠然的宇宙裡,你不過只是須臾間的
其中一顆渺小塵埃罷了。」

第二單元

「忘掉你以為知道的一切」

第三單元

「這只是其中一種現實」

第六單元

「我是來打商量的」

第一單元

「在這漠然的宇宙裡，
你不過只是須臾間的其中一顆
渺小塵埃罷了。」

第 1 章

求討永生，人壽終有其數
醫學、尼采與奇異博士

喬治‧鄧恩 George A. Dunn

ડ્યુસ ઓટ ઇરચુર ડોલર ઇન રપ્રિર્હન્ડરટિ ઇન વોલ્ચુપ્ટેટ વેલીટ એસ્સે સવોલ્ચુપ્ટટીટ એસ્સે સીલામ ડોલો રપ્રિહ્નન્ડરટિ નુલલ

　　從現代醫學的角度看，死亡算是一種失敗——而我們在二〇一六年的電影《奇異博士》的開頭就會發現，史蒂芬‧史傳奇並不喜歡失敗，事實上，一直到他出了車禍、繼而葬送他神經外科的璀璨職涯之前，史蒂芬‧史傳奇顯然跟失敗從來都沾不上邊，他一直保持著「完美紀錄」，當他開車並跟一位叫做比利 (Billy) 的護士通話時，比利問他是否要幫一位「罹患晚期腦幹膠質瘤的六十八歲婦人」動手術時，他隨口以一種不經意的語氣提到自己的成就，而這位病患的診斷結果看來很不樂觀，所以他寧願不讓自己的不敗戰績出現紕漏。然而在另一方面，他也不想要只靠容易打贏的仗來累積聲譽，所以他也不願意幫「一位被某種實驗性盔甲壓碎了下脊椎的三十五歲空軍上校」動刀，說這種程度的外科手術就像小朋友在玩扮家家酒：「我是可以辦到，可是另外還有五十個人選也可以啊。」 ❶

　　因此，當史蒂芬遭逢巨大意外事故，繼而毀掉了雙手之後，他的

---

❶本章所有引述的對話都出自二〇一六年的電影《奇異博士》。

世界理所當然也就跟著崩壞了。而如果光靠物理治療，永遠都無法讓他的手回復到從前的狀態——諷刺的是，對照他自己從前的作法，他是會拒絕接收那些可能會毀掉自己完美紀錄的人——而當他想找另一位醫師來採行最尖端的實驗療法，對方也不肯選他當受試者，以免因為手術失敗而毀壞自己的聲譽。除了自己的專業職涯，史蒂芬似乎說不上還有什麼其他的人生，他一直以來在做的全部都是些救死治傷之事，他專心鑽研於刺激中樞神經系統的神經生成，以此來修復受損的神經組織，這種療程可望能拯救數以千計的人命。至於他在手術室裡的臨床表現，則是把瀕死的病患從鬼門關前給救了回來，至少在電影裡的一個例子裡，他把一個已經被宣布為腦死的病患給救活了。對史蒂芬來說，如果死亡算是一種失敗的話，在他出車禍之後也可以反過來說——治不好他的手，跟要他的命也沒什麼分別，因為對他而言唯一有意義的人生方式已經終結了。

往東方去求解方

「這不是你人生的終結，還有其他能讓你人生有意義的事。」他的朋友兼同事克莉斯汀·帕瑪這樣鼓勵道 。「例如什麼事？例如妳嗎？」他硬生生打斷了這些安慰的話。克莉斯汀試圖喚醒史蒂芬，別再執著於挽回那些不可挽回的事情，讓他接受「有些事情是無法修復的」。然而由於他實在看不出自己這樣能有什麼新的未來，致使他依然沉湎於那回不去的過往，越想越感到憤怒與絕望，而這股絕望最終驅使他前往了喜馬拉雅山高處的尼泊爾，去那裡尋找奇蹟，繼而到了卡瑪泰姬，並在那裡成為古一法師的學生。雖然他原本是希望能學到祕

術來找回自己失去的東西，然而他後來卻學會了放下自己對過去的執念，接納自己的轉變與生命的有限。到頭來，他學到的這一課其實就是克莉斯汀之前一直想要教導他的東西，但也許史蒂芬就是得要先遠走到世界的另一端，前往東方的異地，深刻體驗到最深沉的完全絕望，然後才能從那黃色的僧服裡發現一樣的道理，只是之前自己無法真正聽進去罷了。

最晚從十九世紀開始，人們已經會聽到一種常見的觀點，把東方——尤其是印度次大陸、喜馬拉雅山一帶，以及東亞地區——視為智慧與靈性的寶庫，相較之下西方則被描述為沒有靈魂的地方，唯物主義橫行，只曉得一直不斷累積科學知識，卻缺乏相應的智慧，不懂如何善用這些知識。史蒂芬‧史傳奇在許多方面都體現了上述這種令人難以恭維的形象，把那種西方在精神上就是一片荒蕪的刻板印象給表現了出來，他就是一個愛好虛榮的利己主義者，一心想要操控自己世界中的方方面面，卻正因此而徒勞無功。他只相信自己的感官所接收到的東西，也只相信理性與科學，彷彿孤身一人活在宇宙之中，除非我們額外賦予，天底下就不會有任何意義或目的。他對古一法師說「我們都是物質構成的，僅此而已」，這句話引述的正是科學唯物主義的信條，「在這漠然的宇宙裡，你不過只是須臾間的其中一顆渺小塵埃罷了。」

當然，西方文化裡的人也不是個個都抱持著上述這種世界觀，畢竟用那種方式看待我們自身存在的境地，會馬上讓人覺得死氣沉沉，但另一方面又對我們的能力有著瘋狂的自信，滿心以為只要透過科學、科技與醫學，就可以讓我們所蟄居的這個意義漠然的宇宙角落順著我們的意志來運作。不過話說回來，這樣的世界觀所呈現出來的至少是

一種西方固有的態度，這種態度常會主張人定勝天，可以用巨大的力量來征服自然，而且我們也真的辦到了。在電影開頭那部分，我們就看到了這種力量不斷出現，在醫院的場景裡，史蒂芬運用了最先進的醫療科技、知識與技術，以此來拯救生命，然而等到他開始在卡瑪泰姬修行之後，古一法師卻告誡他，「在過去你的智識曾帶領你大大開展了世界，但是它卻不能再帶你向前進發了」，接著又指引他，「讓你的自我保持靜默」。如果說西方是超理性主義的代表，滿腦子想著要用蠻力來壓倒自然，那麼東方代表的就是一種大眾普遍的想像，人們會到那裡去求取智慧，而首先要學會的就是放棄控制的念頭，接受理性的界限。

卡瑪泰姬是西方人對於亞洲文化的一種異國式的幻想，一種東方主義式的印象拼湊，其中的各項元素來自於不同的文化傳統，彼此之間並不協調，不過都各自以不同方式帶給人一種東方的意味，既神祕又啟發靈性。古一法師本身雖不是佛教徒，卻穿著僧侶的黃色僧服，而當她拿出一本書給史蒂芬看，裡頭的圖示既有印度的脈輪（密教所說的精神能量中樞），又有中國的針灸穴位。卡瑪泰姬的居住者身上穿著從日式風格改造的服裝，修練著武術功夫，而古一法師口中也不時會冒出些神神祕祕的話，雖然說的時候像聖哲般認真，但內容卻沒什麼特別新意（「在存在的根底之處，心靈與物質是結合的，而思想也會塑造出現實。」）。然而，古一本人顯然並非出自亞洲血統——電影裡告訴我們她是凱爾特人，這個身分可以隱約讓她跟某種新時代 (New Age) 的形象有所連結，這種形象出自基督教以前的西方世界，代表一種神祕的智慧，以及與自然的緊密結合。在大眾化的想像裡，凱爾特人所代表的意義，大概就像是東方智慧流傳到遙遠的西方時的一個出

口，然而在基督教興起後卻遭到摧毀，如今早已不復存在。只不過這樣的亞洲風貌，其實是空想、混搭、刻意形象化的產物，與亞洲諸文明的實情有不小的落差，毋寧只是代表一種意念，告訴我們當西方世界的科學與技術在許多層面上大獲成功之餘，卻也在過程裡丟失了某種充滿生命力的東西，但那依然存在於某個地方，這個故事也是如此縱情想像，就像史蒂芬歸來時所告訴克莉斯汀的話：「西方的醫學治不好我，我便往東方尋求解方。」

「只是物質而已」

雖然史蒂芬說的是西方醫學，但他的意思用現代醫學這個字眼可能會更加準確，因為史蒂芬所從事的那種醫療方式綁定了一整套既定的觀念與理念，背後涉及人類在自然中的地位問題，而這些想法只有在十七世紀的科學革命之後才跟隨著一起出現。在這場革命裡，有兩位偉大的哲學家在智識上有引領之功，分別是法蘭西斯·培根（Francis Bacon，一五六一～一六二六年）與勒內·笛卡兒（René Descartes，一五九六～一六五〇年），由於培根在裡頭的角色較為吃重，因此他和笛卡兒所共同開啟的這個計畫，通常都被大家簡稱為培根計畫。

這個計畫後來不僅形塑了西方文明的樣貌，而且隨著時代一步步塑造了全世界的現代性新興文明，而計畫本身所奉行的準則則是要減少人類的苦難——用培根的話來說，就是要「克服人類的必要需求與悲慘境遇」——並且透過技術來征服自然，以此來擴展人類所擁有的自由之疆界❷。對於這個計畫的目標，笛卡兒的說法更可謂一語中的：

對於自然世界的正確科學讓我們得以擁有新的技術，而這技術又讓我們可望成為「大自然的主人與擁有者」：

> 我們希望能夠如此，一方面是為了能創造出數不盡的各種器具，使我們沒有後顧之憂地享受大地所孕育出來的豐碩果實，以及我們在世上發現的各種資源；另一方面，主要也是為了維護我們的健康，這才是首要之事，同時也是我們生命中所有其他美善之事的基礎。❸

因此對笛卡兒來說，延長人的壽命以垂於無窮，這就是現代科學至高無上的成就，「維持健康一直都是我研究的主要目的」❹，笛卡兒如此寫道。儘管現代之前的醫學還是以照顧病患與垂死之人為目標，但大家心知肚明，並不是每種病痛都有辦法治癒，而且死亡也終不可免，但是在培根計畫的語境底下，任何對於人類力量的限制都算是對於我們自主性的一種褻瀆，是亟待人們克服的挑戰，召喚著我們重新

---

❷參見 Francis Bacon, *The Philosophical Works of Francis Bacon* (New York: Routledge, 2011), 251。

❸參見 René Descartes, *Discourse on Method and Meditations on First Philosophy*, 4th ed., trans. Donald A. Cress (Indianapolis: Hackett Publishing, 1999), 35。該計畫中的兩大目標，一是消減勞動的痛苦，另一個是征服死亡，合併在一起看的話，就是試圖要克服《聖經》裡頭所記述的，當上帝把亞當和夏娃驅除出伊甸園時對人類所施加的兩項詛咒（參見《創世記》3:17–19）。

❹參見 René Descartes, *The Philosophical Writings of Descartes*, vol. III: The Correspondence, trans. Anthony Kenny (Cambridge: Cambridge University Press, 1991), 275。

奪回對自身存在的掌控權。這點史蒂芬‧史傳奇和笛卡兒一樣，對他們來說，死亡都是必須打倒的敵人 ❺。

　　然而這事說來不免有些諷刺，就像當代一位哲學家（兼醫師）傑佛瑞‧畢夏普 (Jeffrey Bishop) 所指出的，培根計畫中所設想的那種人體，從本質上來看其實只能算是個無生命的軀殼，因為它並不屬於某個特定的人，某個有自我認同、歷史經驗、希望、恐懼乃至於所愛之人的個人，不是一個真實存活、感受苦痛、充滿生機的身體 ❻。更有甚者，對於大多數學習外科手術的醫學院學生來說，「他們的第一位病患都是死人（一具屍體），事實上就是一個等著下解剖刀的病患。」❼ 或者更應該這麼說，身體其實可以視為是一部機器，儘管其精巧程度令人目眩稱奇，然而我們還是以機械的眼光來加以研究、操控與修復，就好比看到一個沒有生命的奇特裝置發生故障，我們也是用類似的機械角度來予以修理。史蒂芬相信我們就只是物質而已，這種看法就直接反映出了醫學對待人體的角度。

　　在大都會綜合醫院裡頭，史蒂芬的手術臺上躺著一個麻醉後的身體，如果完全以實際作業的角度來看，那跟一具屍體其實根本沒有什麼分別。真的，要不是史蒂芬推翻了原本主治醫師的誤診，指出病患並非腦死，否則之後他就會遭遇到跟屍體一樣的對待，即使心臟還在

---

❺對於培根計畫更進一步的討論，在醫學倫理相關問題方面可參考 Gerald McKinney, *To Relieve the Human Condition: Bioethics, Technology, and the Body* (Albany, NY: SUNY Press, 1997), 25–38。

❻參見 Jeffrey Bishop, *The Anticipatory Corpse: Medicine, Power, and the Care of the Dying* (Notre Dame, IN: University of Notre Dame Press, 2011), 14–23。

❼同上，14。

跳動，各種器官照樣會被取出。醫院這個地方講究的是高效率的作業與高科技的設備，在這裡身體也不過就是物體而已，只是以巧妙的手法來操作身體的內在運作方式，藉此來產生他們想要的效果。醫學這門技藝把活生生的人體轉化為只有被動反應的物體來看待，這件事並非出於偶然，否則的話醫學根本就不可能對人體做出可靠的預測，並且在某種程度上成功控制了身體的運作機制，正如畢夏普所言，「生命是流動性的，而對於不斷變動中的物質，或者是處於變動之流的身體，我們都很難提出真確無誤的判斷，因此就生命本身來說，並無法為真正的醫學科學提供一個穩固的基礎。」❽

超越死亡的眼界

當然，當我們說醫生不把病患的身體當成生物的身體，而看作是須要修復的機器，這裡的意思並非是醫生不在意自己的病患，克莉斯汀・帕瑪顯然就非常關心她在大都會綜合醫院急診室裡的病患，而且從某種角度上來說，這種完全聚焦於身體的運作機制、無視於「完整的人」的作法，也讓醫學成為了一門高度要求倫理準則的學科，要嚴格做到無所偏私，在根本上追求一律平等。克莉斯汀跟史蒂芬不一樣，她不認為自己到醫院只是在救助一些「喝醉了還帶著槍的笨蛋」或「又一個人群中的廢渣」，哪怕史蒂芬這樣來形容她的病患，但醫生的職責就是拯救生命，而不是擅自判斷這些人的生命價值，醫生能做的事有很嚴格的範圍限制，而這恰好對應於他們嚴格的職責要求。醫生可以

❽同上，21。

讓我們的身體繼續存活下去，而且往往可以存活很久，但是他們卻無法告訴我們活著有什麼好處，也因為這樣，他們也無法告訴我們，何時最好可以選擇優雅地——而且心懷感謝地——撒手放下生命。此時的目標已經不再是讓人得享天年，且不論如果我們當真被培根計畫給說服了，認為老天給的自然壽數就是等著要被超越的，如此一來，天年到底是活到何時才算，總之我們的目標已經變成了活越久越好——就像古一自己，她也從黑暗維度那裡偷取了數百年的生命，直到最後被外在力量摧折而死。這對現代醫學來說也一樣，一旦死亡總歸是被打敗了，就是沒能兌現醫學原本隱含的承諾，沒有治癒對方。

上述的情況正好就是培根計畫本身的其中一項大問題，當我們對於文明的熱情達到頂點，轉而去征服自然以後，我們就很難想像有什麼基礎可以為這種征服劃下一道確切無疑的界限。以此而言，我們對於醫學的期待，以及從更廣泛的意義上來看，我們對於人類的力量及創造力的期待，只會越來越膨脹，逐漸失去節制，若想對我們的力量加諸任何限制都成了一種冒犯，都是一種無可容忍的荒謬行為，我們應該讓這個宇宙順從於我們的意志才對。當史蒂芬聽到別人告訴他，即使是最先進的醫學技術都無法修復他雙手遭受的損害，他所感受到的情緒就正如上述那樣，這個噩耗讓他的世界崩塌了——這其中的意義不光是代表他一手締造的美好人生已經終結、他不再是備受讚譽的外科醫師、不像過去站在自己這一行的成功至高點，這件事同時也代表了他所抱持的培根式世界觀出現了危機，由於現實的淺灘太過殘酷且無可轉圜，小船終究還是擱淺在上頭了。

古一法師曾指責史蒂芬，說他「自我過度膨脹」，更一眼看出他想要「回歸過去那種妄念之中，以為自己可以控制一切事物，甚至包括

死亡在內，然而其實根本沒有人可以控制這些，就連偉大的史蒂芬·史傳奇醫生也辦不到。」這些話雖然表面上只是在說史蒂芬個人的某些毛病，不過其實更是直斥了整個培根計畫，這個計畫不但框限了史蒂芬——乃至於整個現代西方世界——的想像力，而且也塑造了他在遭逢挫敗之前的世界觀，繼而導致他出事後幾乎心如死灰。不管史蒂芬自己是否完全理解到這點，總之他這趟東方之行真正的唯一目的，其實就是想要避免讓這個計畫淪於破敗之局。

「世界不該是這樣」

對於現代西方世界的這種雄心大志，如果你想找到批評的聲音，其實也不用非得遠赴東方去找。在哲學家弗里德里希·尼采（Friedrich Nietzsche，一八四四～一九○○年）看來，培根計畫雖矢志克服「人類的必要需求與悲慘境遇」，既要消除苦痛，又要擺脫死亡，但如此壯志所追求的目標，實則既不可能且不足取。對那些想要消去苦痛磨難的人，尼采提出了嚴厲的批評，因為他相信唯有通過了逆境的試煉、背負著生命殘酷的既定命運，人類才有可能為自己的生命造就出有價值的東西。

尼采自己本人對於苦痛有著切身的感受，他長年受到病體所困，消化不良、視力衰弱，偏頭痛更讓他難以正常生活，凡此種種讓他的人生在許多層面上一直飽受折磨。因為這些身體上的疾患，他也不得不早早辭退原本在瑞士巴塞爾大學古典文獻學的教授職位，這一點讓他跟史蒂芬·史傳奇有了共同的際遇，後者原本也有光明璀璨的醫學職涯，卻因為身體的殘疾而一樣被打斷了。不過跟史蒂芬不一樣，尼

采並沒有對自己的命途大肆怨懟，表現出一副天地竟如此不公、全是因此才害我至斯的模樣。有一次從纏綿許久的病況中好轉後，他寫下了這些文字：

> 我渴望多多認識事物的必然面，並視之為美——我更要成為其中的一分子，成為那使事物美好的原因。**對命運之愛 (Amor Fati)**：此後這就是我所擁有的愛！我不欲對醜惡發起戰鬥，我不欲控訴，就連對控訴者我都不願一控，我唯一要拒斥的是把目光移向遠方！千言萬語終歸一句：願我有朝一日成為全然高呼肯定之人！❾

對尼采而言，真正的挑戰並不是要把世界重新塑造成我們喜歡的模樣，而是要學著愛上這個世界的本來面目，這其中也意味著我們不但要有承受苦痛的能力，亦要接受必有一死的事實。

照尼采所言，成為這種高呼肯定之人 (Yes-sayer) 就意味著要跟西方宗教與哲學的主流傳統相抗，他認為這兩者裡頭都有一種深藏的壞心眼在驅動，想要拒斥我們所知道的人生實際情況，遮掩它的苦痛、艱難與有限——或者就像我們今天俗話講的：人生真是太鳥了，到頭來還得嗝屁。這麼做的目的是要讓人生顯得比較可以忍受，所以人類才會建構出另一個幻想世界，一個比眼下更好的世界，一個位在形上的疆域裡不會改變的國度，不會被時間的洪流所衝擊，或者說是一個

❾參見 Friedrich Nietzsche, *The Gay Science: With a Prelude in German Rhymes and an Appedix of Songs*, trans. Josefine Nauckoff and Adrian Del Caro (Cambridge: Cambridge University Press, 2001), 276 (Section IV. 276)。

天堂，我們在那裡會治癒一切的傷口，抹去所有的淚痕。對於編造出這些幻夢世界的人，尼采用「身後世界派的人」來稱呼他們——德文原文是 Hinterweltler，意思就是「相信在世界後面還有世界的人」——然後他又補充道：「正因為世上有苦痛，而人們無力承受，所以才會創造出這種種身後世界。」 ❿

魔法師卡西流斯曾叛出古一法師門下，成為她的大敵，他也渴望能有「一個超越時間、超脫死亡的世界」，讓肉體凡胎們可以「得享永生，參於太一」。然而不同的是，尼采所說的**身後世界**畢竟是假想出來的，但是卡西流斯卻想從超越時間的異次元把多瑪暮引到地球來，這件事（至少在漫威電影宇宙裡）可是個恐怖的真實問題。雖然尼采自己並不相信有什麼超越時間的世界，不過我們幾乎可以肯定，他定會對這部電影裡刻畫多瑪暮的方式大加讚賞，這個永恆國度的魔王看起來是個神情貪婪、兩眼放光的怪物，雖然表面上許諾要給人「永生」，然而裡頭卻另有隱情，其實在他的國度裡的一切都是生命的對反，他一到了地球上，時間就被困住而無法流動，活人也成了同個模樣卻了無生機的塑像。對於這部電影所刻畫的多瑪暮，以及招他來到這個世界後所造成的夢魘般的後果，尼采無疑會說，這恰恰顯示了人們對於永恆的企盼其實是奠基於對生命的仇視之上。卡西流斯確實應該把他那本魔法書後面給讀完（因為「警語寫在法術的後頭」）——又或者至少該讀讀尼采，他的著作裡頭也充滿了各種警示，告誡我們相信身後世界所帶來的危險。

---

❿參見 Friedrich Nietzsche, *Thus Spoke Zarathustra: A Book for All and None*, trans. Adrian Del Caro (Cambridge: Cambridge University Press, 2006), 21 (Section I.3: "On the Hinterwordly")。

身後世界何去何從？

　　然而在現代世界裡，隨著科學上唯物主義的進展——最有代表性的一句話就是「我們就只是物質而已」——對於身後世界的信仰也變得越來越難以存續下去了，即便如此，這也並不意味著推動人類建構身後世界的那種對生命的憎惡也跟著消失了，它只是改換了形式，披上培根計畫的外衣，希望能消除當前**這個**世界上的苦痛，由於我們僅僅是「在這漠然的宇宙裡須臾間的其中一顆渺小塵埃」，所以也就不再能藉由對另一個世界的信仰來獲得安慰，無法再以此來幫助我們繼續忍受苦痛。

　　當然，上頭那句話是史蒂芬對古一法師說的，用以描述他認為我們存在狀態的孤獨情況，出乎意料的是，他後來居然從卡西流斯口中聽到同樣的字眼，這個遣詞用字上的巧合暗示我們，即使這兩個人看似相互敵對，也許他們的世界觀在相當程度上是重疊的——或者至少可以說，當卡西流斯和史蒂芬‧史傳奇一開始來到卡瑪泰姬時，兩人的觀點有很大的相同性，都苦恨自己命運的遭遇，都亟欲重新掌控住失去的東西，當時古一法師便曾對於他的「固執、傲慢與野心」表示過憂心，讓莫度忍不住說是史傳奇會讓她想起卡西流斯，而且莫度還進一步暗示道，既然卡西流斯墮落了，史蒂芬也可能會發生相同結果，因為他們都想要找尋「力量」，以此來打敗他們的「敵人」，而不是像莫度口中所說的自己那樣，使用力量的目的只是為了要打敗自己心中的「惡魔」。不過尼采會幫我們看清楚，不論是嚮往身後世界的卡西流斯，或者培根計畫的初級成員史蒂芬‧史傳奇，他們所面對的其實是相同的敵人與惡魔。

他們共同的敵人就是時間，至於共同的惡魔，則是尼采所說的那種對時間的復仇精神。「世界不應該是這樣」，卡西流斯宣稱，「人類渴望永恆，渴望有一個超越時間的世界，因為時間奴役了我們，時間是一種羞辱，死亡也是一種羞辱。」時間會帶來苦痛，因為我們所珍視的一切事物都不能永存，更何況我們自己也終究不免一步步走向墳墓這個終點站，而這就表示我們最珍視的東西必定會遭到剝奪，那就是我們的生命。「時間殺死了一切」，卡西流斯如是哀嘆道，不論是我們自己或我們所愛的人，其生命都會流逝，萬物都處於流變不居的狀態，時間也無法重來，致使失去的事物無法挽回——凡此種種，就是我們痛苦與傷痛的根源。

史蒂芬也許並沒有卡西流斯那種身後世界式的野心，不會想要一舉超克時間——畢竟史蒂芬追求的是培根式的理想，他心裡要的是掌控世界，而不是從中逃離——但是他確實也遭受時間流逝的磨難所折辱，所以才會心心念念想回到那個根本回不去的往日時光，妄想著能把時間對自己造成的苦難給逆轉過來。他因為忿怨而變賣一切財產，最後更踏上旅程，繞了半個地球來到卡瑪泰姬，這忿怨背後代表的就是他拒絕接受自己往日人生的喪亡。這兩個人，如果用尼采的話來說，毛病都出在想對時間進行「復仇」，他有一段話在描述人類的復仇之志，特別適合形容那個惡魔對史蒂芬的折磨：「他無力對抗既成之事，只能在一旁生氣看著萬物消逝。」❶如果我們還想要擁抱 **amor fati**，也就是對命運之愛，那麼就一定要克服這復仇精神，或者說是「意志本身不願接受時間與時間的『過去』」，尼采相信，若想真正快樂活在

❶同上，111(Section II.20, "On Redemption")。

世上，這種對命運之愛是絕對少不了的 ⓬。

「痛苦是老朋友了」

　　按照尼采的說法，不論是想要阻擋時間的流動，或是阻止它一路不停地轉變，這些都只是徒勞，可是這並不代表我們就該要對於自己終有一死感到憤怒，或是該要寄託於一些冗餘的幻想之中，想著要超脫於俗世之上，躋身成為一種更高形式的存在，免受死亡與腐朽之災。對於變化，甚至是最終極的變化，也就是我們所謂的死亡，都是自然的一部分，是存在本身的潮起與潮落，我們務必要體認於此。無常本來就是人類存在的一項特徵，而不是出了什麼差錯，對此我們可以看看多瑪暮聲稱要帶來的救贖，就會發現那種存在方式是多麼了無生息、凍結死寂。

　　對尼采來說，這種想對時間復仇的有毒精神是有解救方法的，也就是他所說對「永恆復現」(eternal return) 的肯定，他首次介紹這個概念時是以思想實驗的方式提出的，而在同一本書裡，他也宣稱要矢志追求**對命運之愛**：

　　　如果在某個朝夕之中，有個惡魔潛入你內心最孤寂的自我深處，對你說道：「你的這一生，不論是現在的人生或這輩子的過往，你是否想要照著再活一次，甚至必須再重複活上無數次⋯⋯」你難道不會被嚇倒在地，咬著牙狠狠咒罵講出這種話的惡魔？還

⓬同上。

是說，你生命裡也曾經出現過重大的時刻，讓你在彼時願意這樣回答惡魔：「你真是天神啊，我從未聽聞過比這更大的神恩了！」……要不然的話，你得要有多麼熱愛自己與生命，以致於讓你一心別無所求，甘願定下這永恆之約？⓭

　　一個人能夠對自己的存在如此熱愛，以致於甘願重頭再經歷同樣的生活，包括經歷其中所有的痛苦與折磨、失望與失落，以及無可避免的衰敗、無法逃避的毀滅，而且是一次又一次，直到永遠——對尼采而言，這樣的終極法門不但可以追求**對命運之愛**，也可以克服復仇之心。然而有很多人覺得自己的存在既脆弱又有限，覺得這種人生根本就不夠好，「不該是這樣」，對他們來說，設想自己永遠活在這樣的「時間迴圈」之中，絕對是過不下去的。

　　尼采相信永恆復現這樣的想法對某些人會有正面功效，但對其他人卻會造成毒害，是以他把永恆復現設想成為一種武器，可以用來打倒那些不肯接受人壽終有其數的人，例如卡西流斯，還有剛踏上尋找旅程時的史蒂芬。我們沒有理由假設史蒂芬讀過尼采——畢竟如果他真的讀過，當初也許就會有辦法消解掉失去醫學生涯的痛苦，也就不用變賣一切財產後跑到東方去尋找答案了。不過在卡瑪泰姬他確實有學到一些跟「時間迴圈」相關的東西，而且他確實腦子夠好，自行想出了一個辦法來把這個迴圈當武器使用，憑此來以一己之力對抗多瑪暮，而這個對手也正是敵視無常生命的最具代表性角色。

　　飛到了黑暗維度之後，史蒂芬站到一個巨大球體的表面上，高喊

⓭Nietzsche, *The Gay Science*, 194 (Section IV.341)。

著：「多瑪暮，我是來跟你打商量的。」而多瑪暮一開始對此談判的回應方式也毫不令人意外——他射出一股能量直接把史蒂芬打得煙消雲散。可是接下來就跟尼采所說的永恆復現一樣，同樣的場景又自行一次次上演，史蒂芬一再復活來面對多瑪暮，只是也跟著一次次慘死在這個憤怒的神祇手上。看到多瑪暮既生氣又困惑，史蒂芬便對他解釋了自己到底是在幹嘛：

史蒂芬：就像你把你那個維度的力量給了卡西流斯，我也從我的維度帶了一點力量過來。這個東西就是時間，一段永不停止、持續輪迴的時間——現在的情況就是這樣，你跟我啊，都被困在這個時刻裡頭了，而且永遠不會有盡頭。

多瑪暮：這樣的話，你就會永遠死上一遍又一遍。

史蒂芬：沒錯，可是地球上的所有其他人卻會活下去。

多瑪暮：可是你會因此而受苦。

史蒂芬：痛苦是老朋友了。

多瑪暮：你永遠都贏不了我的。

史蒂芬：確實是這樣，可是我可以輸了又輸，然後再輸，永遠一直輸下去。

　　多瑪暮最終別無選擇，只能停止侵略地球，放棄他原本想要把人類監禁在一個沒有生機的永恆牢籠中的計畫。我們不太清楚多瑪暮是否有牙齒，但是如果他有的話，那我們一定可以想像他會緊咬著牙，彷彿成了尼采那思想實驗的第一個見證人，聽到要被囚困在時間裡頭之後驚恐萬分，就像我們想到要被永遠監禁在黑暗維度時可能會產生

的反應一樣。

一個奇異的領悟

　　這場交易背後有一件真正更驚人的事，它顯現了史蒂芬從開啟這趟尋找之旅後所發生的轉變。那位自負的醫生，覺得死亡一定就是失敗的人——而且還真的很討厭失敗——現在卻甘願擁抱痛苦與死亡，並且永永遠遠反覆失敗下去，為的是完成他應該扮演的新角色，當好一位魔法師，其任務就是要保護自己的世界不受神祕力量的威脅。對於無法改變的過去，以及想要試圖改變過往的各種徒勞，從前的他會對自己的無能為力感到憤怒，現在他不僅放下了這些，而且還會用感激的心態來回顧自己經受的苦痛，還說成了是「老朋友」。而我們從前面就已經了解到，好朋友也會是個好老師。

　　雖然體認到死亡只是生命中無可避免的一部分，而且等到分配給我們的日子走到了盡頭，我們就必須要把生命歸還，這原本就是我們能獲得生命的先決條件，即便如此，想要活得完滿，就得要熱愛我們的生活，要覺得捨不得放棄。在古一法師生命最後的時刻裡，她向史蒂芬承認道：「我還沒有準備好，從來都沒有人能真的準備好，時間由不得我們自己來選擇。」而且她還說：「是死亡為生命賦予了意義，要懂得自己時日無多，屬於你的時間短暫。」因為必有一死，才讓我們的存在更顯寶貴，讓我們的選擇有了重要性與迫切性，死亡並不是一種「羞辱」，而是我們如此深切在乎生命的真正理由。

第 2 章

死亡賦予生命的意義
當海德格遇上史傳奇

山德・李 Sander H. Lee

在體認到我們所有人都會終歸一死之後，我們又應該怎麼辦呢？邪惡法師卡西流斯認為，時間與死亡是人類的真正大敵，既然我們終有一死，那麼生命就沒有意義，而只有進入黑暗維度才能讓人征服死亡，得享永生。奇異博士和他的夥伴莫度反對卡西流斯的看法，可是很快他們就發現，自己的老師古一也利用了黑暗的非自然力量來延長她的壽命，她告訴奇異博士這樣做是必要的，因為沒有人的力量強大到足以守護人類。等到她發現奇異博士可以接替她之後，她就接受了死亡，而且她的看法跟卡西流斯相反，認為正是死亡賦予了生命的意義。

想當然耳，上述這些也是哲學家們討論的問題。在本章裡，我們會特別聚焦在一位哲學家身上，那就是馬丁・海德格 （Martin Heidegger，一八八九～一九七六年），他用「漠然」(indifferent) 來形容我們生命的態度，直到我們體驗到了**畏** (angst)，或者說因為體認到死亡無可避免而產生的真正恐懼，情況才有了改變❶。要體驗畏有很多種方式，有可能是因為有瀕死經驗 （像是奇異博士出的那場車禍），

或是所愛的人死去，甚至是接觸到某件藝術作品——例如《奇異博士》這部電影，總之一旦你體驗過了**畏**，以後就再也無法回到漠然的態度，你會被迫做出選擇，看是要依循本真 (authenticity) 來生活，不然就得對他人隱藏真我，戴上非本真的假面具。海德格把這種體驗稱作「召喚」❷，雖然不是人人都會受到召喚，但是只要這件事發生在你身上，你的生命就不會再像從前那樣了，奇異博士正是如此。

聰明絕頂的奇異博士

　　在我們的筆下，奇異博士這個人很像班奈狄克‧康柏拜區扮演過的另一個角色，也就是夏洛克‧福爾摩斯，這兩人都聰明絕頂、缺乏耐性，且自命不凡（福爾摩斯的作者柯南‧道爾本人就是個醫生，而該角色則是改寫自他的導師約瑟夫‧貝爾〔Joseph Bell〕醫師，所以這一切並非只是湊巧而已）。史傳奇不僅擁有無比淵博的醫學知識，他還展現出驚人的手術技巧，其能力遠超一般外科醫師，甚至有辦法在進行艱難的手術時順便跟助理玩音樂冷知識比賽，並且獲得勝利❸。

---

❶參見 Martin Heidegger, *Being and Time*, trans. Joan Stambaugh (New York: State University of New York Press, 2010)，以及 Hubert Dreyfus, *Being-in-the-World: A Commentary on Heidegger's Being and Time, Division I* (Cambridge, MA: MIT Press, 1990), 289。關於 「畏」 方面，可參考 Steven Luper, *Existing: An Introduction to Existential Thought* (Palo Alto, CA: Mayfield Publishing Co., 2000), 203–206。

❷參見 William Lawhead, *The Voyage of Discovery: A Historical Introduction to Philosophy*, 4th ed. (Stamford, CT: Cengage Learning, 2015), 553–555。

❸奇異博士這個角色跟一九九一年的電影 《再生之旅》 裡的傑克‧麥克基 （Jack McKee，由威廉‧赫特飾演）醫生有很多相似之處，這兩個醫生在電影開頭都自命不

我們在電影裡也看到了他的前女友克莉斯汀‧帕瑪醫師，她同樣是一個很能幹的外科醫生，也很清楚史傳奇的才華。在她看到自己的病人太早被同事威斯特醫師宣布死亡時，她就明白只有史傳奇有可能救他，而史傳奇也馬上診斷出那個病人的狀況還救得活，並且進行了「徒手」手術——按照電影的說法，那是很不容易辦到的技術，而從他嘲弄威斯特醫師的話語中我們也可以看出，奇異博士這人就跟福爾摩斯一樣，都不太受得了跟笨蛋打交道。

　　要更進一步了解史傳奇這個人，我們可以參考海德格對於「存在的」(ontic) 和「存有的」(ontological) 之區分 ❹，如果某人選擇以存在的方式來過活，就像史傳奇那樣，那他對待其他人的方式就會跟對待物品很類似，在治療他們的疾病時，也只會把那當成是等著他解決的有趣問題，史傳奇並沒有把他的病患當成跟他自己一樣的真人來看待，治好他們只不過是要提高自己的聲望，成為一個了不起的醫生。海德格勸告我們，在看待自己的生命時不可以跟我們周遭的所有人分開，至於他所說的存有的生活方式，就不會僅僅只是作為一個旁觀者來冷眼看著世界，而是要我們參與其中，成為世界的一部分，此時我們會全心投入生活，會關心他人，也會努力讓世界變得更加美好。

　　海德格認為，體驗過恐懼或「畏」（也就是真正體認到死亡的威脅），會讓我們面臨選擇成為本真或非本真之人 ❺，而本真之人又會選擇要實現自己真心關切他人的本性，即便這樣做就等於在一個充滿他

凡、無視他人，麥克基醫生在電影裡也會在動手術的時候播放音樂、跟工作夥伴開玩笑，而當他罹患癌症之後，也同樣體驗到了畏，變得更加關心他人。

❹參見 Dreyfus, *Being-in-the-World*, 20。

❺參見 Lawhead, *Voyage of Discovery*, 552–554。

人的世界裡暴露出自己的某些弱點，而這些人可能有時會用很殘酷的方式來對待他。至於非本真之人，他會選擇把自己真正的本性隱藏在面具底下，用這個特意打造的面具來敷衍他人的要求，這樣一來他真正的自我就不會暴露在這個世界上而遭人窺見。

史傳奇一輩子都過著存在式的生活，不願接受自己的所作所為之中也暗含著存有的意義。他把自己跟世界上的其他人分隔開來，然後又以此認定所有人（包括他自己）都不想要跟彼此有真實且持續的連結，他把自己真實的感受隱藏在面具底下，這體現在他對威斯特醫師誤診後的反應，而且當他救下的病患的親屬想給他一個擁抱時，他也無法接受。

史傳奇的天分和才智為他贏得了財富與豪奢生活，但是他的優越感與得意氣焰最終讓他付出了更大的代價。當他開著亮眼的跑車，以遠超所需的車速馳騁時，史傳奇同時還透過免持通話在跟一位叫做比利的護士商議著可以接下哪些病例，電影裡刻意表現出來，他因擔心會有失敗風險而拒接一項手術，因為他不想要「搞砸自己的完美紀錄」，可見史傳奇並不會以人的角度來關心病患，對他來說，他們只是等著他去解決的問題。他之所以一心想要成功，並不是為了要幫助他人，而是為了進一步提高自己身為一個傑出的外科醫生的聲望，就像帕瑪醫師告訴他的：「天底下的事都是繞著你打轉是吧。」

車禍與卡瑪泰姬

在那之後沒多久，史傳奇就出了車禍，永遠改變了他的人生。史傳奇經歷了海德格所說的那種**畏**，他有了情感上的體悟，不僅明白了

自己的肉體終有一死，而且就連他自身的感覺也會死去。他雙手的神經受損，毀掉了他外科醫生的職涯，他再也不能過著從前那種生活，擺出一副什麼都不在意的天選之人的模樣，而且因為充滿優越感，自然也跟著就目中無人。為了恢復雙手原本的靈活，他試過了所有傳統的醫療手段，甚至還求助於同行另一位傑出的外科醫生卻無果，那個人就像史傳奇之前一樣，不想拿自己的完美紀錄來冒險。最後史傳奇只得去找強納森・潘柏恩，他原本下身癱瘓，後來卻奇蹟般重獲雙腿行動的能力，這是因為他在亞洲一個叫卡瑪泰姬的地方學到了祕術。

　　跟潘柏恩一樣，史傳奇也前往到卡瑪泰姬，他在那裡遇到了古一法師，以及她的追隨者莫度法師。史傳奇承認自己已經走投無路，可是一開始他依然表現得很頑抗，覺得怎麼可能有祕術，那不過就是沒用的迷信罷了。他從前是一位醫生，也算是個科學家，所以他不願接受精神療法，認為那只是跑江湖的騙人把戲，利用大眾只想找個簡單答案的天真心態來唬弄人。看到古一遞給他的圖示，他直接嘲弄說這種垃圾隨便在旅遊地的禮品店裡就能買到了，而當古一問他，身為一個探求知識的人，為什麼他卻不願意從更寬闊的孔洞來窺探實在界的本質，史傳奇是這樣回答的：

　　　我不會接受這種東西，因為我不相信什麼脈輪、什麼能量或信仰的力量之類的童話故事，精神這種東西根本就不存在，我們都是由物質構成的，僅此而已。在這漠然的宇宙裡，我們不過是須臾間的其中一顆渺小塵埃罷了。❻

---

❻本章所有引述的對話都出自二〇一六年的電影《奇異博士》。

只要史傳奇一直保持著他那唯物主義的信念，相信這漠然的世界裡不可能有什麼真正的意義存在，那麼他就永遠都無法被治癒，事實上，之後在電影裡我們會聽到卡西流斯也提出了類似的說法。唯物主義者相信，天底下存在的只有我們能夠用我們感官來感知與衡量的事物，他們拒絕接受所有對精神性或神祕性事物的信仰，說那些只是闇弱的愚者們可悲的胡言亂語。對此古一法師的回應方式就是一掌打在史傳奇身上，讓他的靈體與肉體分離，可是他依然不願相信，反而追問是否茶裡頭含有迷幻藥之類的致幻成分，於是古一就把他丟進了星靈維度 (astral dimension) 之中，那是一個靈魂可以獨立於身體而存在的地方，然後我們就聽到她問道：

> 什麼是真的呢？在你的感官所能接收到的範圍之外，還有什麼未知的祕密？在存在的根底之處，心靈與物質是結合的，而思想也會塑造出現實。這個宇宙只是無數宇宙中的一個，世界外還有無盡的世界，有一些是良善的，會孕育生命；其他的則充滿了惡意與饑饉。有些黑暗的地方，那裡的力量比時間還古老，正在一旁虎視眈眈。而你，史傳奇先生，在這龐大的多重宇宙裡頭又是什麼人呢？

如此史傳奇終於信服了，他央求古一訓練他學習祕術，但卻遭到拒絕而被丟出門外，直到後來莫度說服了古一法師，如果他們想要打敗卡西流斯的話，那他們以後就會需要史傳奇，所以她才同意訓練他（不過古一還是害怕他日後有可能會變得像卡西流斯那樣）。我們也看到史傳奇學藝進步的過程，證明他對祕術相當在行，就像他從前學習

醫術那樣。他發現自己必須先放下他的自我，關閉他的理智，學習怎麼隨著存有之河來流動，於是史傳奇體驗到了海德格說的「良知的召喚」❼，而一旦你經歷過召喚之後，就再也無法過著漠然的生活了，你只能選擇遮掩自己的感受，或是接受挑戰，把你的弱點對世界展示出來。

漠然宇宙中須臾間的渺小塵埃

當史傳奇第一次見到管理圖書館的王，他取笑王的全名怎麼會只有一個字，還拿來跟一些大眾明星類比，像是愛黛兒跟碧昂絲，不過其中他也提到了古代的亞里斯多德（Aristotle，西元前三八四～三二二年），這位哲學家有個為人所熟知的信念，他認為萬物之中有自然秩序，我們應該依靠自己的德性來發揮潛力，藉此來維繫此定序❽。

亞里斯多德認為德性可以分為**倫理**之德與**理智**之德，倫理之德的能力讓我們可以遵從理性的命令,拒絕接受那些明顯不合於理性的事,而且每個人都有辦法在倫理上有德,只是還是有些人,例如卡西流斯,會拋棄道德倫理,選擇淪於邪惡。相較之下,亞里斯多德認為只有一部分的人,甚至也許是非常少的人才會同時具備理智之德的潛力,才有辦法真正建構出理性的命令,並且發展在實踐方面的智慧,以此讓他們能更加理解現實、解決道德難題。這樣的說法可以適用在莫度和王身上,他們都致力於維護自然法則,對抗卡西流斯和多瑪暮這一類

❼參見 Lawhead, *Voyage of Discovery*, 553–554。
❽參見 Aristotle, *Nicomachean Ethics*, 350 BCE, trans. W. D. Ross （網址：http://classics.mit.edu/Aristotle/nicomachaen.html）。

的人，他們為了滿足自己不自然的欲望，追求權力與永生，因而干犯自然法則。

在紐約至聖所的那場戰鬥中，卡西流斯曾向奇異博士說明自己的目標，當時穿上了懸浮斗篷的史傳奇設法困住了卡西流斯，然後這位邪惡法師就想利用這個時機來勸說史傳奇，讓他轉投原力的黑暗面……啊不對！我的意思是說要他投靠黑暗維度。他告訴史傳奇，這一切才只是個開端，以後會「由多變少，由少歸一」，並說明我們可以超越自然法則，乃至於超越時間。

卡西流斯：世界並不一定要走向終結啊，醫生，這個世界其實可以得歸其所，跟其他世界一起併入那唯一世界，那偉大而美好的唯一世界，而我們也就得享永生了……生命，永恆的生命，人們總是從善與惡來思考問題，可是實際上時間才是我們所有人真正的共同敵人，時間會毀滅一切啊。

史　傳　奇：你殺了那麼多人又該怎麼說？

卡西流斯：那些只是漠然宇宙中須臾間的渺小塵埃……世界不該是這樣，人類渴望永恆，渴望有一個超越時間的世界，因為時間奴役了我們，時間是一種羞辱，死亡也是一種羞辱。醫生啊，我們並不想要統治世界──我們是想拯救世界，把它獻給多瑪暮，他才是所有革命的目標，也是所有存在的理由。

有個地方要特別注意，他說了和史傳奇一樣的話來形容世人：「漠然宇宙中須臾間的渺小塵埃」，由此可以看出卡西流斯和史傳奇曾有共

同的生命態度，都從悲觀的、個人存在性的角度看待生命。

史傳奇會受到蠱惑，加入卡西流斯那一邊，然後拒絕接受自然法則與道德倫理嗎？卡西流斯就跟哲學家弗里德里希・尼采（Friedrich Nietzsche，一八四四～一九○○年）一樣，都認為自己可以「超越善惡」❾。卡西流斯宣稱時間才是真正的敵人，因為就是時間宣判了我們所有人死刑，他回應**畏**的方式並非選擇本真，而是欺騙自己，讓自己相信死亡可以被打敗。他不肯接受死亡是生命的自然終結，視之為一種「羞辱」，於是卡西流斯也就不認為多瑪暮是「世界的毀滅者」，還反過來把他當成好心的救世主來崇拜，認為他會把永恆的生命賜給追隨者，使之永存於黑暗維度的天堂之中❿。

黑暗力量

跟卡西流斯一樣，海德格也受到了邪惡力量的蠱惑，在一九三○年代，海德格變成了阿道夫・希特勒與納粹黨的公開擁護者，他在一

❾參見 Friedrich Nietzsche, *Beyond Good and Evil: Prelude to a Philosophy of the Future*, trans. Walter Kaufmann (New York: Vintage, 1989)。

❿此處他引用了原子彈之父歐本海默 (J. Robert Oppenheimer) 的話，他曾告訴記者，當他目睹第一顆原子彈爆炸的時候，讓他想起了印度教經典《薄伽梵歌》中的一段話：「如今我化身成了死神，眾世界的毀滅者。」此語出自《薄伽梵歌》的第十一章第三十二節，英文版網路位址在 http://www.bhagavad-gita.org/index-english.html。對於歐本海默和《薄伽梵歌》的更多資料，可參考 Kai Bird and Martin Sherwin, *American Prometheus: The Triumph and Tragedy of J. Robert Oppenheimer* (New York: Vintage, 2006)，以及 James Hijiya, "The *Gita* of J. Robert Oppenheimer," *Proceedings of the American Philosophical Society* 144 (2000): 123–167。

九三三年接受任命擔任弗來堡大學的校長，背叛了他的導師埃德蒙德‧胡賽爾 (Edmund Husserl)（就像卡西流斯背叛古一法師一樣）。雖然在一九三四年，海德格辭去了職位，但卻一直沒有退出納粹黨，也沒有為自己的所作所為道過歉❶。幾十年來哲學家們一直在爭論海德格跟納粹之間的合作關係，其中有些人認為，光憑這個污點我們就不應該讀他的哲學。

類似的困擾也發生在史傳奇身上，他發現古一一直都在從黑暗維度汲取力量來延長壽命，就像卡西流斯對他說的：「我們來找她是想療傷止痛，但她卻把真正的魔法暗中留給了自己。你可曾懷疑過，她怎麼會有辦法活這麼久呢？」❷於是史傳奇拿這件事當面質問古一法師，而且也開始質疑起他們這些人的使命，此時古一告訴他無論如何一定要繼續對抗卡西流斯，而史傳奇則大聲表示自己是個醫生，醫生應該拯救生命才對，不該奪取生命──但他方才不得已就這麼做了。可是古一卻回答史傳奇還是太過膨脹他的自我了，所以便告訴他：「你想回歸過去那種妄念之中，以為自己可以控制一切事物，甚至包括死亡在內，然而其實根本沒有人可以控制這些，就連偉大的史蒂芬‧史傳奇醫生也辦不到。」

在這場對話過後，史傳奇對莫度說出了古一法師是何等虛偽，告訴他「她從黑暗維度汲取力量來延續生命」，而等到莫度確信古一真的違反了自然法則後，他便不再追隨古一。莫度表明了自己是一個矢志不渝的人，絕不接受任何違反原則的行為，但是史傳奇獲得了古一的

---

❶參見 Lawhead, *Voyage of Discovery*, 546。

❷這幾句話解釋了為什麼卡西流斯在電影開頭在倫敦打鬥時會說古一很虛偽。

一點開導，讓他足夠懂得變通，因而明白這個世界的道理遠比這還要複雜。

在兩人最後的對話裡，當古一的靈體在死前經歷了最後的時刻，她告訴史傳奇「自負與恐懼依然阻礙著你，讓你無法學會最簡單卻也是最重要的一課」，這一課就是：「你該看的不是你自己。」她解釋道：「我一直很討厭從黑暗維度汲取力量，可是你也很明白，人有時候就得要打破規則，這樣才能從事於更大的善。」當時沒有人強大到能夠頂替她的位子，而古一認為自己有責任要盡可能活久一點，這樣才能為世界抵抗各方的敵人。她確實利用了黑暗維度的力量，但這並不是因為她跟卡西流斯一樣害怕死亡，這是不得已而為之，只是為了讓她能繼續守護世界，直到找到接替者為止。因此，古一的話裡說得很明白，如果一個人願意接受自己的死亡，才可能讓他變成一個心懷他人的本真之人。

死亡賦予生命的意義

卡西流斯和多瑪暮選擇了一種非本真的存在方式，以不自然的方法把生命延長到了失去意義的地步。當史傳奇施術創造時間迴圈困住多瑪暮，這個迴圈迫使多瑪暮體認到他將會永遠反覆經歷同樣的時刻，接著他就接受了史傳奇提出的條件，放棄了地球。光想到要永遠一直重複做同樣的事情，就讓多瑪暮飽受折磨，但卻讓人聯想起薛西弗斯(Sisyphus)的神話，法國哲學家阿爾貝‧卡繆（Albert Camus，一九一三～一九六〇年）曾介紹過這個故事 ❸。薛西弗斯被希臘的神祇宙斯懲罰，被迫把一塊沉重的巨石推上陡峭的山坡，但是又只能眼睜睜看

著巨石一次次滾到山下，讓他終其一生都困在這無止盡的挫敗與無意義的絕望裡，史傳奇就是把多瑪暮困在了一個類似的循環之中，以致他願意不計代價逃出循環，甚至放棄了他征服地球的計畫。

多瑪暮（還有卡西流斯）不明白的是，其實永恆的生命也是一種類似的牢籠──就像古一告訴史傳奇的，那「並不是天堂」，反倒是一種「折磨」。不過多瑪暮後來也想通了，如果沒有終結來為我們的生命賦予意義，我們終究會墮入永無止盡的循環往復，卡在同樣的時間裡。古一法師下面這幾句話恰好呼應了海德格的想法：「是死亡為生命賦予了意義，要懂得自己時日無多，屬於你的時間短暫。」 ⓮ 而一旦古一認定了奇異博士可以接替她的任務，她就準備好要迎接死亡到來，只不過她依然會努力延長生命最後的時刻，為的是再看一眼雪景：「你大概覺得我都活了這麼久了，總該準備好了吧，可是看看我，還是拼著想多拉長一點時間，把轉瞬的一刻變成千千萬萬，這樣我才能目睹到這一場雪。」就算是明瞭死亡的真正本質的人，也可能會想要暫緩死亡的到來，這其實無可厚非，前提是只能慢個片刻而已。

⓭參見 Albert Camus, *The Myth of Sisyphus*, trans. Justin O'Brien (New York: Vintage, 2012)。

⓮哲學家伯納德・威廉斯（Bernard Williams，一九二九～二〇〇三年）也曾寫過類似的話：「我要告訴大家，永生不朽，或者說一個不會死亡的狀態，本身都是無意義的。因此，從某個方面來說，是死亡為生命賦予了意義。」（參見 "The Makropulos Case: Reflections on the Tedium of Immortality," in *Problems of the Self: Philosophical Papers, 1956–1972*, Cambridge: Cambridge University Press, 1973, 82–100，上文出自第 82 頁。）

第 3 章

「時間會證明我有多麼愛你」
當尼采式的超人碰上愛與友誼的問題

史凱・克莉里 Skye C. Cleary

ક્યુસ ઓટ ઇરયુર ડોલર ઇન રપિરહેન્ડરટિ ઇન વોલયુપ્ટેટ વેલીટ એસ્સે સવોલયુપ્ટેટિટ એસ્સ સીલમ ડોલો રપિહેનન્ડરટિ નુલલ

在二〇一六年的電影《奇異博士》裡，古一法師曾用固執、傲慢、自我中心來形容這位與影片同名的主角。她說得沒錯，史傳奇雖然迷人又風趣，但是他也有個大毛病，就是除了自己以外誰都不愛，就以他在醫院裡的同事兼前女友克莉斯汀・帕瑪為例，她跟史傳奇保持著一種多少帶點情愫的友誼，但是他們的戀愛關係卻顯然無法維繫下去。從種種跡象來看，史傳奇是不是註定會一直孤獨下去，永遠無法擁有一段真正有意義的愛情？

為了了解奇異博士在人際關係方面的問題，我們接下來要援引德國哲學家弗里德里希・尼采（Friedrich Nietzsche，一八四四～一九〇〇年）的說法，他曾經寫過許多探討性愛與友誼的內容。尼采認為性愛會干擾人追求更重要的事情，例如成為超級英雄，不過對史傳奇來說，真正讓他最放不開的其實是他的自戀。克莉斯汀・帕瑪救過史傳奇的命，至於他的其他師友——尤其是古一、王、莫度——雖然在他尚未準備好的時候就給了他許多重大的挑戰（至少一開始是這樣），但最後這些挑戰卻恰好是他所需要的鞭策，讓他得以發揮資質成長，當

上了這個維度的至尊法師。

超人博士

尼采是個「極端菁英主義人士」，以其對傳統道德、基督教、社會、政治、愛情與女性的大力批評而廣為人知❶，基本上可以說差不多所有人和所有事都逃不過他的批評（聽起來是不是覺得很熟悉？）。尼采還有個很知名的說法叫 Übermensch，一般譯為「超人」，不過精確一點來說是指「超越人類」的意思，也就是某個超越人類這種群體的強大個人❷。我們不妨把**超人**當成一種理想來解釋，而不要當成一種實際的目標，因為這個觀念的重點在於挑戰自我、對抗障礙、充盈勇氣，並且以創造力與熱情來奮力成就偉業。尼采自己知道他的哲學不會適用於所有人，他只冀望於一部分勇敢的人身上，希望他們能了解努力追求**超人**這個理想的價值何在❸。

這種思考方式奇異博士應該會懂，他自己是個非常傑出的神經外科醫生，是該領域的佼佼者——而他自己很清楚這點。我們觀眾也能看得出來，因為他會不斷說出一些名稱很複雜的手術來賣弄知識，還會大肆炫耀自己能夠進行其他人認為不可能成功的手術，他曾對帕瑪說自己接受過 CNN 的專訪，還常常以名醫身分參加豪華晚宴，並獲邀到神經學學會晚宴這一類的場合去發表演說。除此之外，他自己也

---

❶參見 Peter Fuss and Henry Shapiro (eds.), *Nietzsche: A Self-Portrait from His Letters* (Cambridge, MA: Harvard University Press, 1971), 104。

❷參見 Friedrich Nietzsche, *Thus Spoke Zarathustra* (London: Penguin Books, 1969), 41。

❸參見 Fuss and Shapiro, *Nietzsche: A Self-Portrait from His Letters*, 99。

一直想要更上一層樓──例如他會想出一些創新性的技術（通常是跟帕瑪一起的時候說的），而且只接一些最有意思、最能挑戰他的才智的病例──不過這樣做也只是為了要增加自己的聲望與財富而已。

史傳奇的情況跟尼采在 《查拉圖斯特拉如是說》 (*Thus Spoke Zarathustra*) 中所虛構的主人公查拉圖斯特拉很相似，查拉圖斯特拉是一位智者，原本一直隱居在山上，後來決定下山傳道，由於他沒有朋友，一直都很孤獨，下山後便四處與人交遊。不過相較於查拉圖斯特拉是自己選擇下山，離開原本高高在上的居所，史傳奇卻是因為自己橫衝直撞而出了一場車禍，因此才從才智超群的高處跌落人間。雖然這兩個人都在追求智慧，不過查拉圖斯特拉想要大方與人分享自己獲得的智慧，而史傳奇的動機就沒有那麼慷慨了：他只是想知道要怎麼重新靈活使用雙手，這樣他就可以重拾過去的生活、事業與地位，對此古一法師就曾明白點出，史傳奇醫生之所以要當醫生，不是為了幫助他人，而是為了救他自己。

史傳奇之所以會讓人聯想到尼采的**超人**，並不僅僅是因為他的才智，以及他對智慧的熱切追求，也是因為他跟虛無主義之間有剪不斷的關係。例如他在這部電影裡說過：「在這漠然的宇宙裡，我們不過只是須臾間的其中一顆渺小塵埃罷了。」這是一句很有虛無主義意味的話，裡頭隱含的意思是一切都不重要，因為人類的生命原本就是那麼微不足道，甚至根本就沒有意義❹。尼采有個很有名的主張：「上帝已死」，指的是我們活在一個科學取代了宗教的世界裡，讓我們找不到什麼有意義的價值來取代原本的基督教價值，以致於道德陷入空虛，而

❹本章所有引述的對話都出自二○一六年的電影《奇異博士》。

墮落、享樂與失德之風橫行。

尼采想為這樣的病況找到解方——而且是非宗教性的。他認為我們想要克服虛無主義，除了要有創造性的行動，還要奮力達到**超人**的理想境地。史傳奇有可能也領會到了這點，當時他聽到卡西流斯也說了跟他一樣的話：「我們只是須臾間的其中一顆渺小塵埃」，卡西流斯想以此合理化他與多瑪暮的交易：也就是要把地球及地球上的所有人獻給黑暗維度，這樣他自己和他幾個狂熱的同夥就可以獲得永生。相較之下，古一法師一如既往地代表著智慧之聲，她告訴史傳奇「你太小看自己了」——對一個自戀的傢伙說這句話也許很奇怪，其實不然，因為這個人身上也帶著一點虛無主義！古一法師的這個評斷是要提醒他，人類的意義並不只是什麼轉瞬即逝的太空塵埃，人類是值得他去努力拯救的，絕不可任之落入邪惡魔頭手中。

無能為愛

另外還有一個問題也是奇異博士、尼采與查拉圖斯特拉都同樣要面對的，那就是建立有意義的愛情關係。尼采從未有過女朋友，也終生未婚，但這並不是因為他壓根兒不想要有這些——其實他至少曾向兩位女性求婚，也曾在信件中感嘆到自己實在很希望能有個妻子。女性對尼采的追求卻步不前，也許是因為他那巨大而濃密的鬍子，也許是因為尼采對牛奶與水果的偏執愛好，又或者是因為他——還有查拉圖斯特拉也一樣——不時會說出一些激烈的仇女言論，致使女性打消了念頭（但是說老實話，他不管說到誰言語中都會充滿挑釁，這本來就是他的一貫作風）。

　　史蒂芬‧史傳奇的毛病跟尼采不太一樣——至少他跟克莉斯汀‧帕瑪之間的親密關係確實會讓他快樂，但她卻也是唯一一個（除了他的復健師之外）願意幫助他的人，由此不難窺見問題何在，其他的醫院同事都掛斷了他的求助電話，我們也看不出他還有任何其他的家人。他的豪華大公寓漸形寥落，除了一張書桌和筆記型電腦之外幾乎都是空蕩蕩的，只剩下帕瑪會來探望一下而已。

　　如果講得好聽一點，我們可以說史傳奇崇尚自由精神，寧可當個獨立自主的人，正如尼采書中所言：「就像遠古的預言之鳥那樣，今日那些真正在思考、能道破真相之人，必定也寧願離群獨飛。」❺由這樣的觀念也可以解釋，何以奇異博士會對於自己必須央求他人幫他治好雙手這件事感到那麼受挫。親密關係所造成的問題在於，關係裡頭的各種習慣與規矩可能會讓關係變得令人喘不過氣來，尼采就把這種關係比喻為蜘蛛網，一定得扯掉才行❻，性愛尤其是如此，照尼采的話來說：「也許就是因為我們的樹上盤踞著藤蔓，所以它們才無法長得那麼高。」❼雖然這會很痛苦，但人還是一定要從太過舒適的情況中脫身出來，要遠離會妨礙自己努力追求**超人**理想的任何威脅，這個威脅包括其他的人在內。對尼采來說，衡量自由的標準在於「需要克服多大的阻力，又需要付出多大的努力，方能長保自己**居高在上**。」❽

---

❺參見 Friedrich Nietzsche, *Human, All Too Human* (Cambridge: Cambridge University Press, 1996), 158。

❻出處同上。

❼參見 Friedrich Nietzsche, *Daybreak* (Cambridge: Cambridge University Press, 1982), 205。

❽參見 Friedrich Nietzsche, "Twilight of the Idols," in Aaron Ridley and Judith Norman

史傳奇出車禍後，克莉斯汀·帕瑪帶了些吃的來看他，但這看似毫無惡意的好心之舉卻惹得他大發雷霆，對克莉斯汀吼道：「不要，不要可憐我！」而當她告訴史傳奇自己並不是在可憐他時，史傳奇又接著再狠狠發了一頓牢騷：

> 是喔，那妳在這裡幹什麼，只是想帶一點起司和紅酒來給我，像是邀老朋友要去野餐嗎？我們根本就不算朋友啊，克莉斯汀，我們以前連戀人都算不太上，妳就只是喜歡看可憐兮兮的好戲，對嗎？我現在在妳眼裡就是這副模樣對不對？就是可憐的史蒂芬·史傳奇，多需要人家幫啊，他終於也需要我了，成了人群裡的又一個廢物，等著要我來救，讓我來開導他一下，然後讓他重返人間。妳心裡頭不就是一直發出這樣的聲音，說妳真的好關心我喔，不是這樣嗎？

雖然帕瑪一直想讓他的日子能稍稍好過一點，但是咱們這位將來的**超人**可不領這個情，畢竟「自由精神不想要假手他人，他只願靠自己發現幸福。」❾ 他們寧可面對重重阻礙的挑戰，以此來證明自己，來確認他們一心追求偉業。按照尼采的說法，「在女人的每一種愛裡，都最出現某一種的母愛」❿ ——他這樣說可不是什麼好話，尼采憎恨自己的母親，而有很多學者（尤其是佛洛伊德那一派的）還認為尼采

(eds.), *The Anti-Christ, Ecce Homo, Twilight of the Idols: and Other Writings* (Cambridge: Cambridge University Press, 2005), 153–229, at p. 213。

❾參見 Nietzsche, *Human, All Too Human*, 159。

❿出處同上，151。

之所以對女性有這些成見，就是他跟自己媽媽的關係造成的❶。雖然我們對史蒂芬・史傳奇與父母之間的關係一無所知，但是因為他對帕瑪的反應中表現出那種超乎尋常的敵意，心理分析師還是可能會從中看出一些問題的跡象。

尼采也很討厭憐憫，至少在程度上不弱於史傳奇，因為他認為憐憫是從眾道德裡的一項德行，它會對失敗與悲慘給予讚美與辯護，以此來否定生命，同時它也是「愛你的鄰人」這項基督教德行的一種表現，而這德行會把愛施予那些不配有愛的人❷。尼采認為憐憫會接受並促成人的軟弱，卻不去鼓勵他們成為更好、更強的人，而這似乎也就是為什麼史傳奇不能接受帕瑪的好心舉動，史傳奇認為她是把自己當成了她在急診室裡的那些病人來照顧——對他來說，這些都是社會上最弱小、最底層的人——而她也是用這種心態來照顧那種「喝醉了還帶著槍的笨蛋」，他甚至取笑那個診間是個「肉舖」。史傳奇不願意到急診室看診（除非帕瑪為了特殊案例來請他過去），也拒絕對病患施以憐憫，同時還不肯接那些對他的職涯沒有幫助的病例，包括強納森・潘柏恩在內，也就是後來把卡瑪泰姬之事告訴史傳奇的人。

崇高德性

在尼采看來，克服憐憫是一種「**崇高**的德行」，因為人們因此而免

---

❶例子可參考 Kelly Oliver, "Nietzsche's Abjection," in Peter J. Burgard (ed.), *Nietzsche and the Feminine* (Charlottesville, VA: University Press of Virginia, 1994), 53–67, at pp. 60–63。

❷參見 Nietzsche, *Human, All Too Human*, 45。

於受到誘惑而喪失自我，不會失去控制，並且長保「你使命的**高度**如恆，不受眾多低下而短視的衝動所誤，這些衝動打著無私之舉的名號，操縱著人的作為。」❸帕瑪堅稱她並非是在可憐史傳奇，而我們也沒有什麼理由好懷疑她，畢竟帶著紅酒和起司去看史傳奇，並不意味著她在表示同情或把他當成該可憐的對象，任何正常人對出車禍的朋友也都會做跟她一樣的事。除此之外，不論是誰走進急診室，帕瑪都會努力救他的命，而且做得相當出色，加上她原本就是個正派的好人，所做之事跟奇異博士相比，其崇高程度一點都沒有比較遜色。真正的問題在於，史傳奇這人就跟尼采一樣，都把愛錯看成了憐憫，因為他對這兩者都很陌生。

尼采還指出，雖然精神自由的人**更願意**獨自飛翔，但這並不代表他們**應該**這樣。尼采本人其實是愛的忠實擁護者，認為愛是生命中至關重要的一部分，他說如果沒有了愛，「我們的靈魂就會變得乾枯，甚至變得無法理解那些充滿愛的人所體會到的細膩情感。」當一個人不再去愛其他人的時候，他也會忘了怎麼愛自己——這個原則絕對適用於史傳奇身上。尼采在書裡也曾談過，被聰明的人所愛是一件多好的事，而且還建議「太過聰明的男人會極度需要婚姻，只是他們對此不免抗拒，就好像要他們服下一劑苦口之藥那樣。」❹雖然他沒有說得很清楚，不過他的言下之意應該是認為，能夠有一個良伴來挑戰自己乃是有益之事。而我們也確實看到帕瑪挑戰了史傳奇，例如她曾告訴史傳奇，就算失去了原本的工作，他的人生「依然會過下去，這不是

❸參見 Friedrich Nietzsche, "Ecce Homo," in Ridley and Norman (eds.), *The Anti-Christ, Ecce Homo, Twilight of the Idols: and Other Writings*, 69–151, at p. 79。

❹參見 Nietzsche, *Human, All Too Human*, 150–151。

人生的終點，世上還是有其他事情可以讓你的人生有意義」，只是當時史傳奇的心態還聽不進這些話罷了。

至於為什麼他那時候的心態還不夠到位，原因就出在他耽溺於自我的美好，還不肯放掉自己過去的生活，這點連尼采也大概會覺得有問題。不過在我們繼續探討他的自戀問題之前，有件事不妨先說明一下，就是尼采並不會覺得奇異博士一切以自我為中心會有什麼問題，尼采甚至提出一種說法，認為自我主義是愛的先決條件：「人必須要牢牢撐持**自己**，要勇敢靠自己的雙腳立足，否則根本就**無能**去愛。」❻而按照這種定義，帕瑪和史傳奇似乎完全具備愛的能力——他們看起來都自立自強，都是傑出且理性的人，他們都不會被一時激情給迷得神魂顛倒，也不會指望旁人能填補他們生命中的空虛；他們不會陷入想佔有對方的權力遊戲裡，也不會把彼此當成是達成其他目的的手段，基於以上這諸般原因，他們看起來應該具備了談一場好戀愛的條件才是（重點在於那個「看起來應該」）。

自戀之失

不幸的是，史蒂芬・史傳奇靠自己靠得過頭了，所以當他的生活狀況發生變化時，他才會覺得隨之改變是那麼痛苦的事，於是他被自戀給束縛住了——史傳奇極為迷戀自己身為神經外科醫生的形象，所以他無法想像自己的生命還有其他出路。帕瑪試圖要他思考新的生活方式，要他把目光投向他處去找尋生命的意義，卻因提出這樣的建議

---

❻參見 Nietzsche, "Ecce Homo," 105。

而遭到史傳奇的憎惡。不過尼采會同意帕瑪的作法，按照查拉圖斯特拉的說法，「你必須願意用自己的火焰來焚燒自己：如果你沒有先化為灰燼，又怎麼能煥然一新？」❻史傳奇確實還不願意燒掉那個神經外科醫生的自己——可是要成為**超人**的話，就必須這麼做。查拉圖斯特拉說：「我愛那些不願保全自己的人，我還要用全副的愛去愛那些願意下降而殞沒的人：因為他們跨過了原本的腳步。」❼雖然史傳奇確實願意「跨過原本的腳步」，嘗試接受實驗性的新技術來治療他的雙手，不過他的目標依然是要重回以往那個自我，而不是創造一個全新的自己。

自戀其實也是奇異博士發生車禍的禍根所在，因為他心目中的自己是個所向無敵的超人，而他會這樣想也並非毫無道理，畢竟他才智過人，還有能力進行非常複雜的手術。他對自己的才具太過自信，所以才會在開車的時候毫不在意風險，才會覺得在他那輛藍寶堅尼 Huracán Coupé 加速前進的時候查看醫療檔案也完全不會有問題。然而他犯下了一個太人性的錯誤，出了一場車禍，失控的不只是車子，還有他的人生，以及他的脾氣。

查拉圖斯特拉高聲主張：「人是必須被超越的東西。」❽當帕瑪建議史傳奇這樣做的時候（雖然所用的字眼不同），他並沒有動心；在進到卡瑪泰姬之前莫度也警告過他，要他忘掉他所知的一切，但是史傳奇也還沒辦法把他的話聽進去；而當古一法師說可以幫他「調校精神，如此能更有效治癒身體」，他依然不感興趣。直到古一把他扔進了一些

❻參見 Nietzsche, *Thus Spoke Zarathustra*, 90。
❼同上，217。
❽同上，41。

其他的時空維度，然後又把他掃地出門，扔在大街上五個小時，此時他身無長物，只有一支裂開的手錶，這樣他才終於願意聽進她的話——不過這也是因為他已經沒有其他選擇了。尼采認為最好的那種朋友可以挑戰我們、啟發我們，而想要當一個好朋友的話，查拉圖斯特拉則建議：「對他來說，你應該要成為一支箭、一種心嚮往之，目標是**超人**那邊。」❶朋友在背後推動我們，讓我們更有成就、更具雄心，讓我們無法想像沒有他們會怎麼樣。朋友還應該要極具挑戰性，甚至在必要的時候變成一個敵人：「如果你希望有個朋友，你就必須願意為他戰鬥；而為了要發起戰鬥，你就要**能夠**成為一個敵人。」❷此外，身為朋友還應該要多加注意，盡量避免流露出憐憫之色：「把你對朋友的同情藏在硬殼底下，你得要咬掉一顆牙才啃得動它，這樣你的同情才會有細膩而甘美的味道。」❸我們可以看到古一法師很明白這一點（比帕瑪更明白），她把史傳奇帶到聖母峰上，讓他一人面對嚴寒的氣候，只剩下死亡與自救兩種選擇，這種作法看似嚴苛，但其結果卻正好就是史傳奇所需要的那種挑戰，讓他得以超越原本為自己設定的能力極限。

凡殺不死我的，將使我更奇異

「凡殺不死我的，將使我更強大」❹可能是尼采最知名的一句話，

---

❶同上，83。

❷同上，82。

❸同上，83。

❹參見 Nietzsche, "Twilight of the Idols," 157。

雖然這句口號也許並非對每個人都有用，不過對史傳奇一定合用。車禍沒有殺死他，反倒引發了一連串的事件，引領他前往卡瑪泰姬；他沒有死在聖母峰的雪地裡，反倒學會了如何用靈環來開啟火圈傳送門。其實尼采自己也在面對身體上的挑戰，他常常拖著病體，不時有痙攣、嘔吐與癱瘓的問題，因而他說過自己的存在是一個「可怕的負擔」，然而他卻擁抱了自己的命運，這樣告訴自己的醫生：

> 要不是我在這樣充滿痛苦、幾乎完全絕望的狀態下，依然在精神與道德方面完成了最具啟發性的試驗與研究，否則我很久以前就已經放棄生命了——這種渴求知識的歡愉把我帶向了高處，我方能睥睨於所有的折磨與絕望。[23]

在另一封信裡他還寫道：「我的病痛是我所獲得最大的餽贈：它解開了我的束縛，給了我勇氣去做我自己。」[24]

史傳奇對自己雙手的狀況並沒有尼采那種壯懷的心境，不過他似乎也獲得了某種啟悟，尤其是在他發現自己可以汲取黑暗力量來復原雙手、重拾過去的生活時，他卻選擇不要這樣做，改而留下來跟他的法師同道們在一起，幫他們對抗卡西流斯與多瑪暮。這樣做固然可以讓他不用回答一些尷尬的問題，包括他的手是碰上了什麼「奇蹟」而醫好了；不過他也可能單純是明白了一件事：除非他留下來幫忙，不然世界就會落入黑暗維度，所以也不會有什麼神經外科的工作等著他

---

[23] 參見 Fuss and Shapiro, *Nietzsche: A Self-Portrait from His Letters*, 51。

[24] 同上，114。

回去做；又或者他就是開始覺得神經外科其實也沒那麼了不起——至少跟當至尊法師相比是這樣沒錯。但最有可能的還是他已然開始明白一個道理：天底下還有別的事情能賦予他人生的意義，例如選擇利用他的能力來幫助他人，而不僅僅是幫助自己。

按照尼采的說法，古一法師算得上是史傳奇的好朋友，不過其他的主要角色也一樣有類似的特質，尤其是在挑戰這位菜鳥法師方面更是如此。當莫度告訴史傳奇，要他務必把對陣當成生死關頭，此時他也主動擔起了敵人的角色，因為莫度知道有一天史傳奇真的會面臨這種狀況。還有王，他聽到史傳奇的笑話卻不願意發笑，還反唇質疑他是不是真有自己認為的那麼機智幽默，而當史傳奇說「以前大家都覺得我的話很好玩」時，王卻簡單倒打了一句：「他們都是你的手下對吧？」

史傳奇新交的這些朋友，一如查拉圖斯特拉所鼓勵的那樣，都以不同的方式在幫他超越自我、克服自戀，以及**「堅強起來！」** ❷⑤ 要當別人的好朋友，有一部分任務就是要能夠直言不諱，好朋友會幫你反思自己這個存在的多方層面，幫你看清跟自己有關但靠自己又可能看不清的事物。帕瑪沒有明確告訴史傳奇他是個混帳，但不過她話裡的意思確實是在講他是個以自我為中心的傢伙，當時她說的是：「史蒂芬，你覺得天下的事都繞著你打轉。」而後她也不願容忍史傳奇不客氣的回擊，轉頭就走出大門，同時把史傳奇的公寓鑰匙放在廚房的餐椅上。古一法師的態度也一樣，毫不遲疑地直接說他「自我過度膨脹」，又說他的自戀阻礙了他認識真正偉大的事物，告訴他「自負與恐

---

❷⑤參見 Nietzsche, *Thus Spoke Zarathustra*, 231。

懼依然阻礙著你，讓你無法學會最簡單卻也是最重要的一課」，這一課就是：「你該看的不是你自己。」

當古一讓史傳奇看到他還有很多不懂的事情，而且有很多東西比他更重要，直到此刻史傳奇才終於開始放下以前的自己，創造全新的自我。這時他縱然拋下了前人所傳授的技術資產，無法再以此來拯救數千條人命，但同時他也成為了一名戰士，他要拯救的是地球與地球上的億兆生民。從電影裡頭我們看不出來這樣的思想是不是反而助長了史傳奇的自大狂妄，抑或是他真的學到了該在意的對象不是自己，不過也許這裡頭真正要說的道理在於，幫助他人才是他所能幫助自己的最佳方式，而要想領會這點得把眼界放寬許多，寬到他從前未能想像的地方才行。

共同的更高追求

在尼采看來，好朋友會幫助對方成為更好的人，其方法是透過「一個**共同的**更高的渴求，追尋一個超越他們之上的理想」❷❻。保護人類就是一個更高的理想，這個共同的盼望把史傳奇和他的新舊朋友們結合在一起。古一法師給史傳奇的指導是「讓你的自我保持靜默，你的力量就會提升」，而當他把注意力放在外界──意思就是不放在自己身上，而是更專注於保護地球，此時他的法力確實就提升了。在電影最後，史傳奇似乎終於明白了克莉斯汀・帕瑪說得沒錯，他對她說：「妳

---

❷❻參見 Friedrich Nietzsche, *The Gay Science* (Cambridge: Cambridge University Press, 2001), 41。

以前告訴我，失去雙手並不一定代表人生的終結，那也可能是個開端。」然後帕瑪接著說道：「對，想要拯救生命還有其他方式。」接著又親了他的臉頰，然後她便轉身離去——至少暫時離去。尼采很懷疑因性而愛的伴侶是否能成為真正的好朋友，不過帕瑪和史傳奇倒是很有希望，前提是他們可以抽出些時間來，在拯救世界之餘也好好約個會——這個好點子就留給續集去用吧！

第 4 章

存在主義、虛無主義與
奇異博士的人生意義

保羅・蒂久吉歐 Paul DiGeorgio

ડ્યુસ ઓટ ઇરચુર ડોલર ઇન રપિરેહેન્ડરટિ ઇન વોલ્ચુપ્ટેટ વેલીટ એસ્સે સવોલચુપ્ટટીટ એસ્સે સીલમ ડોલો રપિહેન્ન્ડરટિ નુલલ

　　《奇異博士》至少從表面上看來是在講述一位天才醫生的電影，他受到了非常嚴重的傷，不斷試圖恢復健康，卻在過程中獲得了法力，也出手幫助人類抵禦異世界的惡魔。然而在表面的故事底下，這電影更重要的理路或許是在講述個人哲學觀所發生的深刻轉變。綜觀整部電影，我們可以看到史蒂芬‧史傳奇經歷了一次巨大的存在轉化，一種心智的轉換，改變了他看待生命意義的方式，以及他對存在到底是怎麼一回事的看法。史傳奇在一開始的時候認為生命只講求科學上的功效，其餘根本就沒有多大意義，但是到電影最後他卻明白了，為他的生命賦予意義與價值的，正是他的抉擇。

一個奇異的開端

　　在電影一開始，史傳奇所抱持的哲學觀有三個主要特徵：經驗性、實踐性與科學性。他的世界觀是科學性的，並立基於觀察之上，這相當好用，因為至少它可以在理論上解釋大量的現象，而史傳奇也憑此

成為一名出色的醫生。

　　雖然這一類的概觀方式可以解釋很多東西，但其實它同時也會受到自己的科學經驗主義所限制，在這種經驗主義的預設底下，只有能被觀察到的事物才是「真正」的事物，有時科學家或哲學家會把這種事物說成是「物質的」或「物理的」。由於抱持著這樣的觀點，史傳奇自然也就不得不否認科學觀察不到的事物之存在，例如精神或靈魂。同樣地，史傳奇也不能在科學之外找到一致的標準來討論事物的價值或意義。

　　身為一名傑出而有才華的外科醫生，這種「物理主義」的觀點在史傳奇過去的職涯中一直發揮很好的功效，卻也同時助長了他強烈的自我中心主義，以及智識上的虛榮心態。「我現在的工作內容在未來幾年裡將會拯救數千個人」，他這樣告訴克莉斯汀‧帕瑪醫師，「至於妳在急診室裡拯救的，是不是那種喝醉了還帶著槍的笨蛋？」❶一開始，史傳奇對自己正在進行的新工作內容極有信心，而他的工作就奠基在完全經驗性的世界觀上，所以他也同樣對此深信不疑，這讓他甚至變得看不起自己同行的醫生及他們的工作。畢竟他可以在實驗室裡取得最尖端的醫學進展，此時要他花時間到急診室裡拯救一個又一個的個人實在沒有多大意義，而且史傳奇認為自己是極少數能明白這個道理的優異之士，也根本看不上那些跟他抱持不同觀點的人。

　　在電影開始的那一部分，史傳奇確實有一種極為顯著的優越感，這點我們在他開車時就能看出來，他毫無顧忌地駕駛著特型跑車在車陣中穿梭，一面趕著要去演講，同時又在跟另一位醫療專業人員通話

❶本章所有引述的對話都出自二〇一六年的電影《奇異博士》。

討論工作，他拒絕了一個又一個病例，因為那些都不夠複雜或困難，有可能會浪費他的時間或心力。此時史傳奇算是故意選擇**不要**幫助或甚至拯救他人的生命，電影進行到此，生命對他來說似乎沒有價值，也沒有多少意義──這其實相當諷刺，畢竟他選擇了這個職業，而拯救生命、改善生活就是他這一行的根本志業。

在這一段劇情的最後，我們看到史傳奇出了一場慘烈的車禍，而受到毀滅性損傷的不只有他的雙手，還有他那高傲的姿態。當他再次被另一名醫師拒絕幫自己進行實驗性手術之後，史傳奇終於體會到了，從前自己那種菁英主義、只顧自己的心態有多麼經常讓別人感到挫敗，而到此刻他也終於意識到，自己也許再也無法繼續執業了，可是那些事業在很大程度上就代表了他這個人，也造就了他的優越感。他告訴帕瑪：「失去了我的工作，人生……」她打斷了話頭後接著說下去：「依然會過下去，這不是人生的終點，世上還是有其他事情可以讓你的人生有意義。」史傳奇直接反問：「例如什麼事？例如**妳**嗎？」從這裡就可以明顯看出，除了自己以外史傳奇並不關心任何其他人，他的性格同時受到兩股力量的拉扯，一邊是他的醫學志業，另一邊則是他的自我耽溺。

當其他人讓他體驗到不被重視是什麼感覺時，史傳奇不得不承認自己過去的認知出了問題。強納森‧潘柏恩曾經遭受極嚴重的脊椎損傷，後來卻恢復了行走的能力，他原本不想理會史傳奇的請求，因為他想起了當年史傳奇曾拒絕收他這個病人，不過後來他還是決定幫助史傳奇，指點他去加德滿都，試試看到那裡去找古一法師。潘柏恩的經歷預示了史傳奇後來的遭遇，他讓我們看到人在治癒後可以有多麼翻天覆地的變化，不過史傳奇將要接受的治療主要是在哲學層面上的，

而且在此之前他還得先承認——而後再超越——自己那非本真的科學假面具。

壞信仰與自相矛盾

　　如果史傳奇真的相信除了科學以外生命沒有任何真正的重要性，那他怎麼還會這麼自我中心，或者說把自己看得那麼重要呢？換個方式來說的話，既然他的科學準則不認為無法觀察到的東西會有任何重要性，而他又這麼看重自我，這樣怎麼會有一致性呢？

　　身為科學社群中的一員，史傳奇顯然是在幫助科學取得進步，不過他的想法已經太過頭，以致於他的生活方式看起來像是存在主義哲學家所說的「非本真」生活——也就是說他對於自己口中所宣稱的價值其實並不買帳。從史傳奇的所作所為來判斷，初步來說只有兩種可能：也許他並不真的相信他自稱自己相信的東西，否則從他的行為看來他就是個虛偽的人。

　　史傳奇的問題在於，他看起來常常只是在「扮演」傑出醫師的角色，而他又暗地裡把自己的自大狂心態設定成了這個角色的根本特質。在他開始想方設法治好自己，繼而跟帕瑪有了爭執之後，他這種非本真的特性就變得更加明顯了，此時我們甚至可以更清楚地看出，他活在存在主義哲學家尚－保羅・沙特（Jean-Paul Sartre，一九〇五～一九八〇年）所說的壞信仰（bad faith）之中。在沙特看來，壞信仰歸根來說就是接受了錯誤的價值，從而背叛了一個人真正為自己做決定的自由❷，沙特認為如果人們接受了壞信仰的話就會隨波逐流，以此來避免讓自己發生改變，而這正是史傳奇身上發生的狀況。他並沒有真

正以有意義而且個人化的角度來投入自己的世界觀裡頭，但也正因如此，所以他才可以一方面輕率地以自我為中心，同時又拒絕承認生命有什麼價值和重要性。

在史傳奇來到了卡瑪泰姬之後，他的「壞信仰」無疑又變得格外明顯。他一開始很輕視古一法師，因為他依然頑固地堅守自己那個過度科學化的現實觀念，畢竟自己就是靠著精通此道才獲得了他所珍視的專業聲譽。就連莫度要他「忘掉一切」，忘掉所有他自以為知道的事情，此時史傳奇還是理所當然認定了**他自己**才是真正看對了世界本質的人。即使科學告訴他世上不可能會有辦法治好他所受的那種傷，可是當他說物質性的事物就是唯一存在的事物時，他依然很堅持自己就是對的，此時古一看出史傳奇已經被自己的定見給逼到走投無路了：

> 你就是個以管窺天的人，窮其一生都在想辦法把窺看的孔洞弄大一點——這樣才能看到多一點、知道多一點。可是現在呢，你聽到人家說可以把孔洞放大到你從前無法想像的地步，你卻又回答那絕不可能。

史傳奇回答說他不相信「什麼脈輪、什麼能量或信仰的力量之類的童話故事」，他用一段話直接道出了他的世界觀：「精神這種東西根本就不存在，我們都是由物質構成的，僅此而已。在這漠然的宇宙裡，我們不過是須臾間的其中一顆渺小塵埃罷了。」史傳奇這一番話正好

---

❷參見 Jean-Paul Sartre, *Being and Nothingness*, trans. Hazel Barnes (New York: Washington Square Press, 1984), 93。

完全呼應了古一那個孔洞的比喻，他所能思考的模樣一定要符合科學理論的框架，而這些理論就規定了他對於實在界的所有觀念。

史傳奇活在自己的壞信仰裡，生活方式像是個完全以自我為中心的人，但是他的世界觀卻又認為人類的生命——包括他自己的在內——都是微不足道的。他其實並不真的在個人層面上接受科學的價值體系，相反地，他還是渴望有名望與財富，所以他才會拋棄其他看待實在界的視角（或孔洞），因為它們無法保障名利，史傳奇只是「表現得像個醫生」而已，他並沒有真的深切投入他的職業。古一告訴他，在他面對解釋事物的新方式時，他會「回答那絕不可能」，這些字眼都很像是沙特在描述一個抱持著壞信仰的人，這種人會頑固地過著奠基在謊言之上的生活，以史傳奇為例，他就是被困在這樣的矛盾狀況裡，在自我主義與科學之間相持不下。

科學的虛無主義與存在的焦慮

在史傳奇的科學觀看來，諸如精神、超自然或形而上的這類事物——也就是那些超出物理的、可見的世界之外的東西，都不具備堅實的證據。這種經驗性的世界觀並沒有什麼明顯的不足之處，因為史傳奇就是靠它才能過著成功的生活，當上一位外科權威。只不過，這種世界觀還是會把史傳奇導引到虛無主義去，也就是相信世界上沒有任何東西有意義。他心裡明白，如果他除了科學什麼都不接受，那麼他的人生就會沒有意義——可是他偏偏又**想要**自己的人生有意義，所以即使面對的是一個沒有價值的世界，他依然自豪於自己的博學多才，以及擁有強烈的自我意識。

　　然而這也不是史傳奇真正的模樣。古一明白史傳奇那個自我中心的模樣其實是非本真而虛假的，於是告訴他「你太小看自己了」，雖然電影播放到這一刻的時候看起來似乎是完全相反才對，然而在史傳奇那只重視自己的表象底下，古一認定他其實並不看重自己的觀點，而且已經處於極端的焦慮之中。哲學家馬丁・海德格（Martin Heidegger，一八八九～一九七六年）曾描述過這種存在的焦慮（existential anxiety），認為那是因為我們意識到自己被困在一個本身沒有真實意義的世界裡而造成的❸，像是史傳奇這樣的人會感到極度痛苦，但是他務必要明白一件事：唯一的解脫之道，就是要創造屬於他自己的意義。

　　當然，科學的視角可以解釋無數物理現象的機制，但是它卻無法解答人類的——或者說，存在的——意義或價值問題，類似的視角還有一種更顯激進的虛無主義版本，該觀點進一步主張，除了人類所「編造」出來的一切事物之外，根本就沒有任何東西是有意義的。要注意的是，用這種比較虛無主義式的方式來詮釋科學，這跟一般常見的科學世界觀還是有所不同的，然而也有一些科學家會把兩者連結在一起，例如弗里德里希・尼采（Friedrich Nietzsche，一八四四～一九○○年）就是如此，他認為科學的觀點一直擴張下去的話，最終就會無可避免導向虛無主義。尼采主張科學有一種要把「精神」從知識中排除掉的傾向，因此這種科學並不能真正教導我們，相反地，它只會讓我們坐困於沒有真正意義的境地❹。

---

❸參見 Martin Heidegger, *Being and Time*, trans. John Macquarrie and Edward Robinson (New York: Harper & Row, 1962), 230–231。

❹參見 Friedrich Nietzsche, *The Anti-Christ, Ecce Homo, Twilight of the Idols: and Other*

在史蒂芬‧史傳奇身上，我們可以清楚看見過度強調科學理想所造成的不良副作用，按照他早先的想法來分析到最後的話，就連存在本身從終極上來說也是沒有意義的。在談到「生命的意義」這個問題時，史傳奇被迫做出了一個結論：從哲學上或存在上的價值來說，生命是沒有任何意義的。史傳奇本身很痛苦，他被自己那虛無主義世界觀裡頭所蘊含的深層意思所折磨……但是這樣的情況不久後就會改變了。

存在不易，起步維艱

這部電影最魔幻的片段之一，就是古一法師逼著史傳奇好好思考形上實在界的存在，於是讓他親自見識一下那裡存在的證據。雖然後來史傳奇的觀點確實轉變了，但過程是漸進的，一開始他還是抱持著化約性的科學實在觀，而那終究會變成科學式的虛無主義，不過到最後，他不但已經可以接納那些神祕而無法解釋的事物，甚至還能操縱它們。

史傳奇逐漸認識到，存在也可能是有意義和價值的，但是這些東西只能在科學的虛無主義之外去找尋，只不過要明白這點，他首先還得要克服自己對於自我體認的矛盾情況。古一告訴史傳奇並非所有的事物都有道理，而且並不是每件事都**一定**要有道理，「在過去你的智識曾帶領你大大開展了世界，但是它卻不能再帶你向前進發了。」她告

Writings, ed. Aaron Ridley and Judith Norman (Cambridge: Cambridge University Press, 2005), 188。

訴史傳奇，「讓你的自我保持靜默，你的力量就會提升。」這些話聽起來好像跟她之前告訴使傳奇的有所違背，當時古一說的是他太小看自己了。解開箇中矛盾的要點在於，史傳奇其實在一方面太過看重自己——這說的是他以自我為中心——然而在另一方面卻又太過看輕自己——這指的是他的虛無主義。

史傳奇後來找到了解開這矛盾僵局的出路，就是改採存在主義式的觀點。他明白了不必每件事都一定得用科學詞彙講出個道理來，同時也學會了怎麼控制自己的身體，而且還可以控制無限的、看不見的可能世界與奇蹟，那是他從前完全不知道的領域。用更存在主義式的話來說，在他體驗過焦慮之後，史傳奇終於知道意義有時候是由我們自己為自己創造的。古一叫史傳奇要放下自我，理解自己對於萬物的全局而言有多麼微不足道——這樣說並不是因為她是個虛無主義者，而是因為只有把目光從自我上頭移開，才能讓史傳奇突破自己對於科學虛無主義的依從，他必須體認，是他所做的抉擇為他的人生賦予了意義，而不是他在科學教科書裡看到的任何東西。

史傳奇後來不斷學習咒語，他以此憑空打造出武器與傳送門來，這個劇情細節其實也很重要——這裡凸顯出了存在性的創造力與魔法活動之間的相似之處。在施展這些咒語時，他可以說就確實是在「編造事物」，而這也呼應了他當時所慢慢經歷到的哲學觀變化，如果他沒有放棄科學虛無主義的話，那史傳奇也根本就不會費心去學這些法術。從科學的觀點看，魔法或祕術這種東西根本就不存在，但是在跨出了這種世界觀之後，史傳奇終於可以看出意義與價值何在了，而這種方法是他以前絕對不可能辦到的。

當史傳奇對上卡西流斯

　　當史傳奇的法力越來越純熟，他隨之也明瞭了善與惡兩種力量之間形而上的鬥爭，這兩種成長並非湊巧同時發生。首先從科學上來說，善惡之分並不在從前的史傳奇醫師及他原本的科學觀點的解釋範圍裡，不過在這時候，他有如一個剛剛啟蒙的存在主義者，開始意識到他的抉擇會造就他這個人，也會為他的生命賦予意義——如果拿自己跟這部電影裡代表邪惡一方的卡西流斯對比，那就更明顯了。

　　電影裡兩人有一場頗為動人的對話，史傳奇聽到了卡西流斯對於這場善惡的形上之爭的看法，有意思的是，他的話不免會讓我們想起不久之前的史傳奇，他當時也有類似的心態，卡西流斯說的是：「萬物都會老去，萬物都會死去，我們的太陽終究會熄滅，我們的宇宙會變得冰冷而消亡。」雖然對他來說，生命其實根本沒有多大意義，不過這裡頭有一個很重要的條件要說清楚：卡西流斯只是認為生命無法永遠存續下去，所以終極上來說是沒有意義的，他這種觀點雖然也是一種虛無主義，但是卻跟史傳奇之前的那種不一樣。

　　這兩個人之間還有一個很明顯的區別：卡西流斯願意殺死無辜的人。他對史傳奇說：「時間殺死了一切。」史傳奇則反問道：「你殺了那麼多人又該怎麼說？」卡西流斯回答：「那些只是漠然宇宙中須臾間的渺小塵埃。」史傳奇看向一旁，忽然意識到他自己以前也說過同樣的話，因而也跟著意識到，從某些方面上來說他以前跟卡西流斯其實很像，兩人縱有部分差異，但是卡西流斯與史傳奇並不完全對立。從某方面來看，卡西流斯只是另一種不同類型的存在主義者，他之所以試圖要操縱實在界，為的是要避免虛無主義，但是他追求的目標只是

永生而已，所以卡西流斯並沒有完全走出虛無主義的思考方式，不過他在某些面向上依然像是一位存在主義者，例如他很重視選擇與個人的自由，然而渴望永生終究還是讓卡西流斯成了一個不及格的存在主義者，這點我們之後會再看到。眼下我們要注意的問題在於，卡西流斯雖然也有存在主義式的觀點，重視自由與選擇的重要性，可是他那些與眾不同的選擇其實並不好，因為它們受到了虛無主義影響，對於意義與價值的看法已然大大扭曲。

難以抉擇的史傳奇

在與卡西流斯對峙之後，史傳奇儼然已經有了不凡的成就，成了一名強大的法師，並且利用他的法力來幫忙保護紐約至聖所，可是他卻發現自己面對著一個兩難的局面。他可以一走了之，反正他已經學會了怎麼再次靈活運用他受損的雙手，又或者他也可以選擇當一名英雄，努力拯救世界。

在第一場對戰過後，史傳奇又再度見到了古一法師，她很驚訝史傳奇的法力竟會進步得如此神速，他對守護至聖所這方面出了大力，抵抗住了卡西流斯一行人的入侵。之前似乎沒有人指望他真能幫上這麼大的忙，不過現在大家都明白了他的角色有多麼重要。

可是這時候史傳奇卻猶豫了，他對古一說自己不想繼續戰鬥，因為想要保護這個基地的話就得要殺人才行，他說自己實在不能再幹下同樣的惡事了，並訴說自己當醫生就是為了要救人，而不是想殺人。在這段情節裡我們可以看到，他對於自己的選擇的重視程度已經比從前要高了很多，只不過古一還是一語道破，說史傳奇其實並沒有完全

走出他舊有的思維方式。她糾正了史傳奇的話，說他當醫生所想要救的其實就只有一個人而已──也就是他自己。這個說法呼應了莫度後來的話，他告訴史傳奇，說他沒有承擔的肩膀，卻還以為自己是個英雄，可是他想要救的人只有自己而已。

　　史傳奇被迫面對一種存在的抉擇，這會對他的人生意義產生深遠的影響，如果他選擇離開與他同道的法師，那他就是選擇成就自我而犧牲人類，這樣一來，他的人生意義就會變成是要保全自己，並且在職業的名望上繼續提高自己和內在自我的地位。另一方面，如果史傳奇選擇留下，幫他的朋友一起對抗多瑪暮，守護世界與人類，此時他所信奉的就是另一種想法，也就是認為意義和價值並不存在於簡單且自私的自我成全之中，而只存在於他的抉擇所蘊藏的忠誠與信念之中，尤其是藏在那種捨己為人的抉擇裡頭。

　　古一法師在生命的最後一刻曾與史傳奇有過深談，這段對話幫他解決了自己的存在困境。她告訴史傳奇，時間是相對的，她看不到自己的未來會有任何不同的結果，每一件事最後都歸結到現在這一刻，這個她馬上就要消逝的時刻。至於史傳奇的未來，她所能看到的也只有他各種未來的可能性，這又再次呼應了史傳奇現在所抱持的存在主義式的新觀點。她告訴史傳奇：「你有如此強大的能力可以行善。」然後又說他因為恐懼失敗所以才變得那麼傑出，史傳奇接著說，就是這種恐懼讓他當上了一名厲害的醫生，但是古一卻說：「這恰恰是你無法成就大事的原因，自負與恐懼依然阻礙著你，讓你無法學會最簡單卻也是最重要的一課。」她沒有接著把意思講完，所以史傳奇接著問：「所以那一課是⋯⋯？」她則回答：「你該看的不是你自己。」

　　請注意，這個評斷跟她第一次見到史傳奇時所說的話有多麼大的

不同,她當初說的是他「太小看自己了」。為什麼會有這種變化?就像
她當初指示史傳奇要「讓你的自我保持靜默」,這裡要傳達的也是類似
的想法,史傳奇必須完全擺脫原本的自我中心主義,這樣才能找到真
正的意義。有時我們會聽到一些人說存在主義的主旨是重視自我,這
說法其實並不精確,本真才是大多數存在主義者最看重的概念,也就
是要自由地為自己做出選擇。史傳奇的問題出在他原本一直過著一種
極度非本真的生活,深陷於矛盾的觀念,一面說生命沒有意義,同時
卻又相信自己的生命比其他一切事物都更有意義。

最後的轉折點

雖然史傳奇一開始對於生命意義的看法大多偏向於虛無主義,但
是到了電影的最後,他發現自己有自由可以做出合於本真的抉擇,而
這種抉擇最終的力量與效果都比他以前的抉擇更加強大。因此,史傳
奇所經歷的這趟心靈旅程,在起點時所認為的是存在沒有意義,然而
到達終點時的結論,卻告訴他一切的意義都在存在裡頭——加上行為
與選擇,只要一個人真實面對自我,那麼這些行為與選擇就會決定他
存在的樣貌。

史傳奇靠智取勝過了多瑪暮,而他選用的方式也有很強的存在性
意義。他用了阿迦莫多之眼,逼著多瑪暮跟他一起反覆經歷同一段時
間,而且是一遍又一遍持續不斷。電影中的這一段會讓人想起一個散
見於尼采諸多著作中的一個概念,他所探討的這個思想實驗常被稱作
「永恆復現」,該思想實驗的其中一個版本是這樣寫道的:

如果在某個朝夕之中，有個惡魔潛入你內心最孤寂的自我深處，對你說道：「你的這一生，不論是現在的人生或這輩子的過往，你是否想要照著再活一次，甚至必須再重複活上無數次……」你難道不會被嚇倒在地，咬著牙狠狠咒罵講出這種話的惡魔？還是說，你生命裡也曾經出現過重大的時刻，讓你在彼時願意這樣回答惡魔：「你真是天神啊，我從未聽聞過比這更大的神恩了！」❺

在這段文字裡尼采所探究的是，如果我們知道自己會永遠一次又一次重複經歷每個抉擇，這對我們做出決定的方式會有多麼根本的影響。確切地說，如果我們已經知道自己會陷入永無止盡的重複循環裡，那我們可能會選擇比較有意義的選項，可能會多花一點時間來想一想自己是否真的想要做這件事，而不會再把我們的自由與有所選擇視為理所當然。

史傳奇利用無限循環來迫使多瑪暮認輸，這一招也是他已經徹底完成自己的存在轉化的證據。在這段劇情裡史傳奇告訴多瑪暮，即使對手不願縮手放棄，他也已經準備好要永遠反覆跟他對陣下去，這樣做固然需要巨大的勇氣，不過另一方面也需要他徹徹底底（以存在主義式的本真意義而言）認可自己所做出的抉擇才行。

史傳奇決定留下來跟朋友一起在最後的大戰裡對抗多瑪暮，設法拯救全人類，這又令我們聯想到了沙特的**全體裁判**（universal decree）

❺參見 Friedrich Nietzsche, *The Gay Science*, ed. Bernard Williams and trans. Josefine Nauckhoff (Cambridge: Cambridge University Press, 2001), 194。

概念，沙特寫道，當一個人在類似史傳奇這種情況下做決定的時候，他其實也是在替每個人做出決定，因此等於是立下了一項全體裁判❻。沙特說在做出這種決定之前，我們應該都會體驗到很典型的存在的焦慮感，不知道自己該怎麼選才對，但沙特告訴我們，務必要確定自己的選擇是合於本真的，如此一來即使別人與我們易地而處，我們也會希望他做出同樣的選擇。

當我們看到電影的結尾，會發現史傳奇所身處的存在情境正是如此。他在考慮要不要逃離戰鬥時感到相當苦惱，但他還是選擇了留下來保護人類，此時他所做出的決定就不單單是為了自己，而是為了全人類，因為他希望任何其他人在他這種情況下也會做出相同的決定。如果按照他之前的世界觀，他唯一會顧慮到的人就是他自己，但到了最後的場景時已經不一樣了，我們看到史傳奇完全超脫了舊日的思維方式，他改用一種與以往不同卻能有新發現的方式來認真審視自己——他把視角縮減到只從自己的自由與責任來著眼。這樣一來，史傳奇不但可以直視自己的內心，也可以看清外在世界，而在他做出了豪壯的選擇，挺身對抗多瑪暮時，他也發現了其中的價值與意義。

以存在為奇異博士重下定義

在電影的最後，史傳奇已經擺脫了虛無主義的桎梏，他終於改以存在主義者的角度來看待自己的人生與世界。他這種變化會讓人想起

---

❻參見 Jean-Paul Sartre, "Existentialism Is a Humanism," in *Existentialism: From Dostoevsky to Sartre*, ed. and trans. Walter Kaufman (New York: Meridian, 1975), 292。

存在主義的一個核心思想：「存在先於本質」，這個觀念因為沙特而變得廣為人知❼。存在，還有存在的選擇與可能性，這些東西決定了一個人是怎麼樣的人，並為他的生命賦予意義及價值。沙特主張，相較於一個人用什麼存在特質來為自己下定義，例如「才華洋溢的外科醫生」，更重要的是你用自己的人生做了什麼事，外科醫生的頭銜是一回事，比這遠遠更加重要的是你當外科醫生後**選擇做了什麼事**。

　　在電影的前段，史傳奇一心想要用科學來解釋實在界，而科學似乎也揭露了各種事物的本質究竟為何，從氫原子到人類，乃至於宇宙皆然。但正如我們所見到的，史傳奇所鍾情的這種本質主義式的思考方式，後來卻帶他走向了虛無主義的道路。不過到了電影最後，史傳奇已經不再把心思放在以往那種用科學來理解事物本質的方式上了，他改而把重心調校到自己的存在上頭，此時它已經不再是顯得渺小或無足輕重，不過按照存在主義的角度來說的話，他的存在確實還是須臾即逝的。然而當史傳奇抱持著發現新意義的角度，接受了自己的存在原本就該會須臾即逝，此時他終於可以超越自己過去的自我中心主義，做出更多有力量且有意義的選擇。也因為他這樣做，這位至尊法師為他自己重新下了一個完全不一樣的定義，讓他也成為了至尊存在主義者。

---

❼同上，289。這個觀念也出現在齊克果及海德格等其他哲學家的著作中，不過選用這個措辭來加以描述的乃是沙特。

第二單元

「忘掉你以為知道的一切」

第 5 章

「穿越真假難明的球中世界」
奇異博士的求知之旅

亞蒙・布德羅 Armond Boudreaux

ડ્યુસ ઓટ ઇર્યુર ડોલર ઇન રપિરેહન્ડરડિ ઇન વોલયુપ્ટેટ વેલીટ એસ્સે સવોલયુપ્ટેટિટ એસ્સે સીલામ ડોલો રપિહેનન્ડરડિ નુલુલ

　　在原本奇異博士的漫畫故事裡，有個叫銀色匕首 (Silver Dagger) 的反派曾闖入至聖所，想要殺掉奇異博士並綁架他的門徒兼情人克莉 (Clea)。這個人一心想要消滅世上所有的魔法師，他用密法穿透了史傳奇的保護咒，然後從背後捅了這個至尊法師一刀，用的還是他的招牌武器，也就是銀色匕首（這些追殺法師的瘋子真的很不擅長想名字，取得還真沒創意）。銀色匕首以為自己已經殺掉了史傳奇，於是就取走了阿迦莫多之眼並擄走了克莉，想讓她從史傳奇的邪術之中「脫困」。

　　為了找出銀色匕首把克莉帶去了哪裡，史傳奇使用了阿迦莫多之球，這是一顆有占卜力量的水晶球，可是他在球中雖然看到了銀色匕首的臉，他卻變成了一個骷髏頭，還伸出觸手來把史傳奇給拖進水晶球裡。史傳奇就這樣踏上了阿迦莫多之界 (Realm of Agamotto)，他在上頭只看到有一隻巨型毛毛蟲邊抽著水煙邊跟他打招呼，這毛毛蟲還告訴他：「我**可不是**幻象喔……我**是真的**！」可是毛毛蟲同時卻又告訴史傳奇，說他進入了一個「非實在」的世界。這隻毛毛蟲的說法帶出了許多關乎知識與實在之本質的有趣問題，在奇異博士的冒險歷程中，

這些問題也一直在反覆出現，只是有時的形式會有變化而已。要想解答這些問題，我們得求助於知識論 (epistemology)，這個哲學門類所探討的是我們可以知道什麼、我們為什麼會覺得自己知道這些事，而我們又是怎麼知道的，有了這些答案的幫助，我們就更能看懂史蒂芬‧史傳奇的奇異世界。

你怎麼會知道？

知識論的一項主要目標就是要判定世界上最可靠的知識來源，這樣我們就可以確信自己所相信的事情的確是真的 。 我們可以用史蒂芬‧史傳奇的醫學及人體解剖學知識為例，史傳奇可以輕易辨識出腦幹的各個部位，像是橋腦和延腦，而且在他當上至尊法師之前，老早就已經可以用詳細的人類神經系統知識來拯救許多人的生命（對啦，那時候他也確實是個目中無人的混蛋——人無完人嘛）。史傳奇醫師的病患對他的知識和技術很有信心，因為他們之前都聽過他的名聲，而且也可以驗證他過去的成績，可是當知識論學家看到史傳奇聲稱自己對人體解剖學的所知之事，還是會想問他到底是**怎麼**知道的。

有些主要研究知識論問題的哲學家 ， 例如大衛‧休謨 （David Hume，一七一一～一七七六年）和約翰‧洛克（John Locke，一六三二～一七〇四年），他們的立場是**經驗主義** (empiricism)，認為我們的知識主要來自於感官經驗，例如史傳奇的醫學知識，也主要是從他的感官習得的。在他當上神經外科醫生前，史傳奇得要先去上醫學院，在那裡用功讀書，而書本會傳授他解剖學與生物學的相關資訊細節；他還會從教授及其他學生那邊學到東西，並且也會實際解剖屍體，這

一切都各自在不同面向上在培養他的外科醫生技能。在以上種種情況裡，史傳奇都是透過感官經驗來獲取知識的，有些是靠視覺（讀書），有些是聽覺（上課），還有觸覺（手術練習）。

可是經驗主義者這時會站出來說，史傳奇透過感官經驗來學習的可不只有醫學知識而已，如果完全從經驗主義的角度來看，我們**所有**知識的最終來源都是感官。我們出生的時候都是塊 tabula rasa（借用洛克的用語），也就是一塊「白板」，之後再由感官經驗把知識「寫」到板子上頭，而隨著我們年歲漸長，也會有越來越多的新經驗把越來越多的知識給寫到我們的心靈「上面」。所以早在史蒂芬‧史傳奇當上醫生之前，他老早就已經開始利用感官來學習他所知道的一切，即使到現在他當上了至尊法師，這樣的學習機制也依然沒有改變。

大部分的人可能會覺得自己算是經驗主義者——就像有句老話說的，「眼見為憑」，並認為現代社會有很大一部分都奠基在一個信念上：我們應該信任自己的感官。畢竟法院會依靠物證和目擊報告來定罪，各個學科的學生也都要看教科書、聽課、動手實作吸取經驗，就連史傳奇也是這樣，沒錯，科學方法必須對假設進行測試，而科學家則必須用感官來觀察測試結果。話雖如此，經驗主義套用在知識理論上並不是沒有毛病的——事實上，如果我們按著經驗主義的說法一直推衍下去，最終的結論可能是我們根本就什麼都不能知道！

設想你是個徹底的經驗主義者，然後請你設法證明自己可以信任你的感官。你現在手上捧著一本書（而且照我看來，還真是本挺不錯的書），可是你怎麼知道這書真的在這裡？你答道：「因為我可以摸到它、看到它啊。」這樣的話，請你還是得要向我證明，你真的可以相信你的眼睛與手指所告訴你的東西——這可就難了，說來說去大概也

就只能重申你自己真的看得到、摸得著這本書而已。也許你會想問問朋友，問他們是否看得到你手上的書，而對方回答道：「當然啦，我看到了。」可是你又怎麼知道你的朋友是真的看到了——難道只是因為他這樣對你說嗎？更有甚者，你怎麼知道他真的有跟你說這話？因為你聽到了他說話，所以才知道他有說，可是問題又來了，你怎麼知道**他**真的有出現在這裡呢？

眼見不能為憑

經驗主義可以解釋很多事情，它讓外科權威史蒂芬‧史傳奇醫師有能力修復受損的神經，也讓他的那位「帥鬍子兄弟」(Awesome Facial Hair Bro) 東尼‧史塔克有辦法造出鋼鐵裝。經驗主義讓我們可以打造出醫院、汽車與電腦，可以治療疾病、破解犯罪，還可以為所有五花八門的說法提供支持證據，可是卻唯獨有一種說法它支持不了：我們真的可以信任我們的感官。而如果你是一個無法信任自己感官的經驗主義者，那麼也許你會發現自己陷入了猶疑，不確定你到底還能不能問心無愧地宣告自己知道任何一件事。

奇異博士在阿迦莫多之球裡穿梭，想要找到出去的路，此時他的心中似乎很明白只接受經驗主義會造成什麼困難。他按照毛毛蟲的建議，在那個世界裡頭不要相信自己的感官，可是他卻選擇相信毛毛蟲，照牠的建議去水晶球的中心尋找出路。就在他穿過這個奇特的維度時，史傳奇發現自己碰到了一個又一個知識論上的難題，例如他對自己在這個地方看到的東西可以認知到什麼嗎？水晶球裡的世界奇異萬分，讓他此刻對原本認為自己知道的一切都打上了問號。

　　史傳奇後來在水晶球裡又碰到了真實世界裡的人，這讓事情變得越來越複雜。他第一個遇見的是銀色衝浪手，他並不認得史傳奇，卻又對他的困境感到同情，所以引導史傳奇去「白皇后」的城堡，而他在那裡卻又遇見了更多朋友，只是這些原本應該認識他的人都根本不認得他，包括鷹眼、X戰警的野獸、浩克、蜘蛛人、納摩、尼克‧福瑞與女武神。看著這些長得一模一樣的人聚在城堡裡吃吃喝喝，史傳奇雖然明知道他們並不是自己在真實世界裡的那些朋友，可是依然忍不住驚嘆他們從外貌到行為都跟另一個世界裡的人何其相似：「難以置信──真的太難以置信了！要不是我很清楚自己正心不甘情不願地困在水晶球裡，我敢發誓這些傢伙就是我認識的那些人啊！」❶此時史傳奇又再次差點被自己的感官所騙，因為這些貌似他朋友的副本們樣子實在太過逼真，可是他卻沒有受騙上當，因為他知道不可以相信自己的眼睛和耳朵，所以他委婉地告訴這些山寨版英雄們，說自己實在無法留下來跟他們享用大餐，接著便又繼續他原本的旅程。

　　漫畫裡的這一幕，應該已經足以讓很多徹底的經驗主義者感到絕望，不再侈言自己可以知道實在界的真實情況。就像水晶球中史傳奇的感官一樣，如果感官其實會被矇騙到那麼徹底，那他怎麼還能再繼續真心相信自己的感官？這樣看來，要想在水晶球裡能夠確知一點什麼，我們還需要感官經驗以外的東西才行。

---

❶參見 *Doctor Strange*, vol. 2, #2 (August 1974), collected in *Doctor Strange Epic Collection: A Separate Reality* (2016)。

理性主義上場了

在知識論上與經驗主義相對的另一方是**理性主義** (rationalism)，不過要說清楚的是，用「理性主義者」這個字眼，並不代表某些哲學家的思維方式就比別人更理性或更感性，理性主義一詞的由來是要強調理性在認知活動中扮演的角色：相較於經驗主義者主張我們的知識都起自於感官經驗，理性主義者會說我們所有的知識都起自於我們的理性。

舉個例子，假如你是理性主義者，例如哲學家歌特弗里德‧威廉‧萊布尼茲（Gottfried Wilhelm Leibniz，一六四六～一七一六年）或巴魯赫‧斯賓諾莎（Baruch Spinoza，一六三四～一六七七年），你可能就會說自己知道一些數學上的真理，而且不是透過經驗性的方法，而是因為數本身就是**先天觀念** (innate ideas)——或者說，是一種打從一出生的時候就已經植入你腦中的觀念。因為有這些先天觀念在，所以只要你了解「二」、「四」、「加」這些文字的意義後，你就一定會認可「二加二」就等於「四」，你不用在真實世界裡頭找例子，不用把一對對的東西放在一起然後再檢證這個信念是否正確，身為一個理性主義者，你相信自己無須藉助任何感官性的經驗，原本就可以知道數學性的事實。

理性主義主張先天觀念，而數學原理是最常被提出的例子之一，不過也還是有別的例子。想像一下，假如銀色衝浪手跑到至聖所去，想要警告奇異博士說薩諾斯已經收集到所有的無限寶石，還準備要消滅宇宙中的所有生命，然後新星 (Nova) 也衝進屋裡，他說收集到無限寶石的其實是末日博士，而且他打算利用寶石來把自己的統治範圍從

拉托維尼亞 (Latveria) 擴張到整個宇宙。經驗告訴史傳奇，銀色衝浪手和新星這兩個人他都可以相信，可是他很自然就會推斷出其中有一個人的說法一定為假，就算這兩位英雄友人他都相信，他也不能同時相信他們的兩種說法，因為兩者在邏輯上並不一致。哲學家們為這種規則取了一個很響亮的名字：不矛盾律 (Law of Non-Contradiction)，意思是說一個語句不能同時以同一種方式既為真又為假，換句話說，「薩諾斯拿到了所有無限寶石」跟「末日博士拿到了所有無限寶石」兩個語句不可以同時為真，因為它們之間是互斥的，彼此會相互矛盾。由於這種概念實在太過理所當然，理性主義者可能會說這也是先天觀念的例證，也是那種預先編排在我們心靈裡的觀念，讓我們可以處理日常生活裡的邏輯難題。

　　雖然理性主義也許可以提供我們替代經驗主義的另一種選擇，然而到目前為止，這兩者誰也沒辦法真的幫助困在水晶球裡的奇異博士解決困境。史傳奇有如一位稱職的理性主義者，他顯然不會單單依靠感官來獲取所有的知識，也不會把自己看到的東西都當成就是真的(不過持平而論，大部分的經驗主義者也知道，不要把自己的感官經驗都當成是真的)。可是就算先天觀念這個概念有可能解決過度強調經驗主義所造成的問題，史傳奇單靠數學和不矛盾律也不夠，他還需要別的東西來幫助他，才能在阿迦莫多之球的世界裡頭找到想找的路。

笛卡兒上場救援

　　要想解釋史傳奇在水晶球裡可以獲得什麼真實且可靠的知識，我們需要請勒內·笛卡兒 (René Descartes，一五九六～一六五〇年) 上

陣幫忙。笛卡兒對於在他之前的那些古典和中世紀哲學家們的知識論感到都不滿意，那些理論不只求諸於理性與感官經驗，在很大程度上還要仰賴於上帝的啟示，這讓笛卡兒質疑它們是否有辦法用來支持十七世紀初正迅速發展的新興科學，於是在他的《第一哲學沉思錄》裡，笛卡兒便矢志要為所有的知識找到堅實的基礎❷。(這完全不是野心大小的問題！)

為了找尋這樣的堅實基礎，笛卡兒首先採取了一種徹底懷疑的態度，試著從系統性角度來質疑他所相信的一切事物，由此他獲得了一個結論，所有他透過感官經驗所獲知的東西都可以合理懷疑，因為我們的感官有可能會被欺騙，就像奇異博士在水晶球裡那樣。笛卡兒接著又對近代科學的種種發現提出質疑，因為它們幾乎完全都是依靠經驗證據所獲得的，結論就是我們的確有理由認為，「要是除了我們目前已經擁有的基礎以外，沒辦法再替科學找到其他的堅實基礎，那麼我們就可以質疑所有事物，尤其是物質性的事物。」❸笛卡兒連自己的感官經驗都要質疑，因為他說不定正躺在床上作夢，而不是坐在自家的壁爐旁邊，即使知道在夢裡他所相信的事情其實都不是真事，可是如果他也有可能在夢裡被眼前的事物給說服，以為身邊發生的事真的有發生，那他還能有什麼辦法證明自己不是在作夢呢？

問題還不只這樣，笛卡兒發現自己就算是醒著，也還是有可能置身於一個虛假的世界裡頭(差不多就像是阿迦莫多之球裡頭的世界)，甚至更慘，他有可能置身於惡魔(奇異博士會叫他「星期二」)所創造

❷參見 René Descartes, *Meditations on First Philosophy*, ed. John Cottingham (Cambridge: Cambridge University Press, 1641/1996)。

❸同上，9。

出來的幻象之中，理論上這個惡魔有可能造出一個極具可信度的假象，以致於笛卡兒所相信的一**切**其實都是假的。走筆至此，雖然笛卡兒的六個「沉思」才進行完了第一個，他卻已經差不多把人們相信自己所知的一切都給摧毀殆盡了。

笛卡兒之所以要進行這樣的思辨測試，並非因為他本身在哲學方面是個懷疑論者，而是他相信這樣做最能夠清除掉他內心裡所有不夠完全確定的知識：「這樣做最大的好處在於，讓我們不再被一切先入為主的想法所束縛，同時又能提供一條最簡單的途徑來引領心靈，使之得以擺脫感官的左右。」❹等到他去除掉了心中所有明明「先入為主」卻又無法真正確信自己知道的觀念及信念，笛卡兒希望之後就能找到那些自己無法再合理懷疑的信念，由此也就等於找到了知識的穩固基礎。

我思，故我是史傳奇

笛卡兒的作法與前人的知識論形成了強烈的對比，他是反求諸己，往內心去找知識的基礎。經他一一確認之後，發現舉凡地球、天空、自己的身體，乃至於世界上其他的一切事物，其存在全部都是可以懷疑的，最後他才碰觸到了一項自己無法再加以懷疑的真理：那就是他自己的存在（如果更精確地說，是他的心靈的存在），因為但凡笛卡兒要懷疑任何事物，笛卡兒自己必得先存在不可：

---

❹同上。

> 我已然確信世上絕無一物存在……那是不是就可以說我也不存在呢？不：只要我還能確信什麼事情，那麼我就一定存在……所以，在徹底思考過一切可能後，我最終必須做出以下的結論：**我思，故我在**，不論我是直接提出或只是在心中存想，這個命題都必然為真。❺

笛卡兒可以告訴自己：「我無法確定知道這個世界存在。」可是只要他這麼做，也等於是證明了他自己的心靈確實存在，畢竟只要有思想存在的話，那就一定會有個發想之人，這個道理似乎對所有知識主張而言都是對的，不過笛卡兒認為這對「我存在」這個主張來說尤其正確，他把這個觀念歸結為哲學史上其中一句最有名的話："cogito, ergo sum"，亦即「我思，（故）我在」。簡單來說，笛卡兒可以懷疑宇宙中的任何事物，但是他卻絕對不能懷疑自己的存在。

「我思故我在」之中的那個「我」，講的並不是笛卡兒，不是那個活在十七世紀，有特定的身高、體重及外貌的法國人，那個「我」指的只有笛卡兒的心靈而已。所以笛卡兒不能因此就認為自己的身體當然也存在，因為他也只能透過感官經驗來認知自己的身體，而他之前才花了偌大的功夫告訴大家，我們可以合理懷疑一切感官經驗所告訴自己的東西，所以他可以合理相信的也只有自己心靈的存在而已。

笛卡兒這種懷疑論思辨的結果之一是產生了**心物二元論** (mind-body dualism)，亦即相信人類本身是由兩種截然不同卻又緊密相合的實體所共同組成：一者是心靈，一者是物質性的身體。對於笛卡兒這

---

❺同上，16。

樣的二元論者來說，所謂的心靈指的就是非物質性的實體，是一種「會思考的東西」，屬於我們這個人非物理性的那一部分；至於我們的身體（包括大腦在內），就是我們這個人物理性的那一部分。雖然現在大部分的哲學家對於這種二元論都抱持著懷疑的態度，因為他們會問，像是心靈這種純粹非物理性的實體，怎麼會有辦法跟一個像是身體這種純粹物理性的實體產生互動，不過咱們奇異博士卻不然，他一**定**是個二元論者。畢竟他會把自己的星體靈魂從身體裡頭分離出來，而此時他就是處於身心分家的狀態了，除非心物二元論為真，否則這種事根本就不會發生。

當奇異博士在水晶球裡四處行走，他也經歷了一場思想的冒險之旅，而且在許多方面上與笛卡兒在《沉思錄》中經歷的思路頗有相似之處。他首先遇到了抽水煙的毛毛蟲，令他心生懷疑，由此開始推斷出要懷疑在水晶球裡頭出現的所有其他事物，因此當他遇見了銀色衝浪手和浩克等朋友的時候，他心裡很明白，他們只不過是非常逼真的幻象而已。他後來跟這些山寨版的英雄們對陣打了起來，因為他們對於奇異博士不肯一起開派對感到不滿，這些山寨朋友還高喊他們打算要殺了史傳奇，這不免讓他心裡覺得不舒服。當他施咒要阻止這些人時，他也用自己的方式推論出了屬於他的「我思故我在」，當時漫畫的旁白寫道：「他們居然喊著『殺了他』？法師會不會聽錯了呢？他不敢相信會如此，所以伸手作勢要阻止他們」、「可是他們對此沒有反應，樣子看起來依然狠絕！」、「在這裡相信什麼都沒有用——只能相信自己！」❻在史傳奇自己的這趟懷疑之旅中，他似乎也抵達了跟笛卡兒

---

❻參見 *Doctor Strange*, vol. 2, #2。

一樣的立足之地，他可以質疑周遭的一切，甚至懷疑一切都是幻象，但是卻無法懷疑自己正在經歷這個幻象，因此他一定還存在於這個世界之中。

擊敗笛卡兒的惡魔

雖然認識到這點可以讓史傳奇不會陷入徹底的絕望，可是依然不足以幫他了解在水晶球裡到底可以或不可以相信什麼，幸好笛卡兒對這個難題也提供了可能的解方。在《沉思錄》第二部分的結尾，笛卡兒靠著大筆一揮，幾乎把之前所相信的一切都毀棄得乾乾淨淨，讓自己能確定的東西縮減到僅剩自己心靈的存在而已，此時他的這場知識論實驗似乎已經要宣告失敗了，畢竟他這本書的主要目標是要為所有的知識提供一個堅實的基礎，而不是把基礎給毀掉！這下子他要怎麼從自己的存在出發，推論出人類的感官是可信的，甚至他之前質疑過的那一切事物其實也的確存在呢？這是個棘手的難題，但如果笛卡兒當初沒能解決的話，那麼他現在就會被大家當成是一個**唯我論**者（solipsist），亦即他會相信除了自己的心靈以外他什麼都不能知道。可是就跟奇異博士用法術來讓自己脫困一樣，笛卡兒也提出了一種取巧的方法來擺脫唯我論，而如果想要了解這個脫身之法，那麼還得再回到理性主義所說的先天觀念上來談。

跟許多其他的理性主義者一樣，笛卡兒也相信有先天觀念，他還認為先天觀念不可能是虛構或想像出來的，而且一定會符合現實的形式規則，例如數學原理及不矛盾律等。然而，就算我們真的可以確知自己的心靈存在，而且數學也確實為真，但這依然無法讓我們推斷出

可以相信自己的感官，畢竟我們身居的這個世界也許就跟阿迦莫多之球裡頭的世界一樣，根本無從區分。

可是請別以為敗局已成定數了，因為笛卡兒找到了一個我們應該相信自己的感官的理由。除了數學原則這一類的觀念以外，我們的心靈裡還有其他的先天觀念，其中一項就是上帝的觀念，亦即某種無限、完美、純善的存在，而由於笛卡兒相信所有的先天觀念一定都會對應到某個真實存在的對象，所以他的結論就是上帝必然存在，然後他就可以藉助上帝的存在來證明我們一定可以相信自己的感官。

等一下……笛卡兒所謂的「上帝」，難道不會剛好就是他在第一個「沉思」中所想像的那個惡魔嗎？會不會對方根本不是什麼純善的存在，而是一個像多瑪暮或梅菲斯特 (Mephisto) 這樣的邪惡力量呢？有沒有可能笛卡兒的「上帝」其實是個騙子呢？不會的，笛卡兒回答說：上帝從定義上來說必定是無限、純善並完美的存在，而由於欺騙這件事是不完美的，所以上帝不可能會是騙子，因此我們一定可以相信自己的感官。

笛卡兒的推論歷來招致許多哲學家的批評，例如有些人反駁說上帝的觀念並非如笛卡兒所信的那樣，那根本就不是先天的，又或者就算完美的上帝是先天的信念，那也並不代表完美的上帝就真的存在。在此我們且不管笛卡兒對於上帝存在的說法對不對，或是那對感官知識有什麼影響，有意思的地方在於跟奇異博士的對比，他在水晶球裡的這場冒險之旅，跟笛卡兒在《沉思錄》裡的知識探索之旅頗有相似之處。史傳奇在「非實在」的世界裡探索，這段經歷恰好對應到笛卡兒的前兩個「沉思」，不只這樣，其實魔法師的冒險旅程跟哲學家之間也有類同之處，因為水晶球裡也有一個天神一般的人物，他對奇異博

士到底可以確知什麼事情起著關鍵的作用。

用這阿迦莫多之眼！

笛卡兒靠上帝來證明我們可以確切認知到事物，雖然很多人會懷疑或否定現實世界裡有上帝存在，不過在漫威宇宙裡卻無疑一定有神力存在，裡頭有一位造物之神，你可以稱祂是「上帝」，或者是「至高無上」(One-Above-All) ❼ 。

想要解決史傳奇在水晶球裡遭遇到的知識論問題，其實至高無上也幫不上多少忙，不過漫威宇宙裡還有其他的神級人物，其中一位便是阿迦莫多，祂是三位一體神維山帝 (Vishanti) 的其中一體，也是奇異博士的法力及魔法物品的力量來源。阿迦莫多的別號之一是「全知者」(The All-Seeing)，還創造了阿迦莫多之眼，這個護身符可以消除幻象，揭露背後所隱藏的事物 ❽ 。而阿迦莫多的別號也不是叫假的，祂確實是奇異博士在水晶球裡頭時最終極的知識來源。

如果沒有讀過奇異博士在漫畫裡後來所發生的故事，大概不太會知道阿迦莫多曾在水晶球裡頭現身過，劇情越到後面會越清楚，原來祂就是史傳奇在水晶球裡遇到的第一個生物——就是那隻抽水煙的毛

---

❼關於漫威宇宙中諸神的更多資訊，可參見 Adam Barkman, "'No Other Gods Before Me': God, Ontology, and Ethics in the Avengers' Universe," in Mark D. White (ed.), *The Avengers and Philosophy: Earth's Mightiest Thinkers* (Hoboken, NJ: John Wiley & Sons, 2012), 183–193。

❽參見 *Strange Tales*, vol. 1, #115 (December 1963), "The Origin of Dr. Strange," collected in *Doctor Strange Epic Collection: A Separate Reality*。

毛蟲。第一次真正的線索出現在這個故事第一期的最後三格漫畫裡，其中就暗示了毛毛蟲的真正身分：就在牠漸漸消失的時候，牠告訴史傳奇：「我會一直盯著你！」（I'll keep my eyes on you!，此為雙關語）而在牠的身影完全消失之前，我們最後看到的東西是一個發光的亮點，看起來就像是一隻眼睛❾。

　　從外觀看來，這隻毛毛蟲像是出自《愛麗絲夢遊仙境》裡的角色，並不像是笛卡兒所信仰的那位基督教的上帝（也不像漫威宇宙裡的至高無上），不過牠依然擁有許多同樣的神祇屬性，例如牠就是水晶球裡這個世界的創造者；但阿迦莫多也不是笛卡兒心中那位無限完美的存在者，例如牠絕對不會永遠都很好心❿。儘管如此，當史傳奇剛展開水晶球裡的冒險而遇見牠時，阿迦莫多還是得知該世界真相的唯一消息來源，不只這樣，阿迦莫多的指引也是讓史傳奇能夠逃出水晶球的唯一途徑，否則的話，史傳奇原本只是想當然耳，以為來時之路就是離開之路，也只有阿迦莫多告訴了他，一定要進一步深入到水晶球的**內部**，如此才能通到外界。

　　儘管阿迦莫多說起話來顯得神神祕祕，而且半帶譏諷，但牠並不是騙子。事實上，牠很像笛卡兒所說的上帝，會幫助史傳奇了解有哪

---

❾參見 *Dr. Strange*, vol. 1, #1 (June 1974), collected in *Doctor Strange Epic Collection: A Separate Reality*。阿迦莫多後來還有以毛毛蟲的模樣出現過，例子參見 *Doctor Strange, Sorcerer Supreme* #43 (July 1992), collected in *Doctor Strange, Sorcerer Supreme Omnibus Volume 2* (2018)。

❿在前不久發行的故事裡，阿迦莫多為了向史傳奇索回牠的阿迦莫多之眼，甚至還化身成古一法師的樣子，並且栽贓是史傳奇偷了這個護身符（參見 *New Avengers*, vol. 2, #1–6, August 2010–January 2011, collected in *New Avengers by Brian Michael Bendis: The Complete Collection, Volume 6*, 2017）。

些知識他可以相信、有哪些不能信。因為有了祂的幫助，史傳奇才得以從水晶球的世界裡脫身，重返現實世界，到了這裡，知識和真理就會比較可靠一些（但願如此吧）。

水晶球外的現實局面

我們知道什麼、我們如何知道這些事、為什麼我們會相信自己知道的事，以上這些都是哲學裡頭至為難解的問題，從有哲學以來，我們便一直在跟這些問題角力，許多思想家也嘗試提供各種理論，希望能說明我們到底可以確切知道什麼東西。但也有些哲學家斷定我們什麼都無法知道，這樣的說法引得其他哲學家只能「以頑石來應對」，當初山繆‧詹森（Samuel Johnson，一七〇九～一七八四年）就是直接踢了一顆石頭，以此來反駁喬治‧柏克萊 (George Berkeley) 認為物質並不存在的理論❶。雖然現在已經出現了許多知識方面的理論，但短期內大概沒有哪一個能夠解決所有對於知識的質疑，而這也讓奇異博士──以及我們──有了更多機會，可以大膽在未來這些年歲裡繼續悠遊於漫畫與電影的世界裡，探索各式各樣其他的可能答案。

❶譯者註：原文 resort to kicking a rock 雖然是講當年山繆‧詹森的故事，但是在哲學術語裡還有別的意思，在邏輯謬誤裡常稱此作法為「訴諸頑固」，亦即無法提出論證卻直接斷定某說法絕無可能。

第 6 章

禁忌知識與奇異之德
知道什麼不重要，要看你如何知道

圖瑪斯・曼尼寧 Tuomas W. Manninen

ड्युस ओट ઇરર્યુર ડોલર ઇન રપિરેહેન્ડરાિ ઇન વોલયુપ્ટેટ વેલીટ એસસે સવોલયુપ્ટેટીટ એસસે સીલામ ડોલો રપિહેન્ન્ડરટિ નુલલ

　　有些知識真的應該被劃入禁區嗎？在二〇一六年的電影《奇異博士》裡有本《卡利奧斯卓之書》，裡頭記載了許多禁忌的黑魔法知識，卡西流斯為了讓世界不再有死亡，也曾用這本書來開啟通往黑暗維度的傳送口，因為那是個沒有死亡的地方——只是也有個不幸的副作用，就是會毀滅全世界。按照莫度的說法，《卡利奧斯卓之書》裡頭的法術違反了自然法則——但那卻正是魔法師們誓言要守護的對象，而且不計任何代價。對莫度來說，利用這種法術的知識是絕對不能容忍的事，無論你是出於多麼好的意圖都不能這麼做。可是在另一方面，古一法師之所以能夠從古活到如今，其實也是拜《卡利奧斯卓之書》裡的法術所賜，她利用這些知識從黑暗維度汲取力量來讓自己一直活下去，甚至遠超於原本自然的壽數，這才讓她能繼續擊退各種會消滅人類的威脅，甚至連奇異博士也是用了這種知識，才有辦法在最後打退多瑪暮的侵襲。

　　可是，到底什麼才是知識，而又是什麼會讓知識變成禁忌呢？隨著這個問題，我們跨入了**知識論** (epistemology) 的奇異世界，這是一

個專門研究知識問題的哲學門類，而本章會用知識論的角度來審視先後曾拜在古一法師門下的四位法師：強納森‧潘柏恩、卡西流斯、莫度，以及史蒂芬‧史傳奇（當然不能少了他）。不過我們想要判斷的不是他們有誰懂得**什麼**祕術，我們的焦點會放在他們**如何**學到祕術，而在這個過程裡，我們也會明白王這位大師的一句話真說對了：「在卡瑪泰姬，知識不會是禁忌，只有某些運用方式才是。」❶

「這根本就沒有道理……」

在我們的集體意識裡，「禁忌的知識」這個觀念早已是深植人心。《聖經》裡記載亞當和夏娃——之後因為他們又擴及到了全人類——被逐出天堂，原因就是他們遭到騙誘而違抗上帝的旨意，偷吃了知識之樹上頭的蘋果。另外在希臘神話裡，普羅米修斯也從眾神那裡偷取了火，並把它交給了人類，祂自己為此也必須受罰，受到無盡的折磨。不過後面這則神話裡並沒有告訴我們有哪些知識是被明令禁止的——或者又是誰下令禁止的，結果這故事雖然清楚告訴我們這位泰坦神受著永恆之苦，但是對於哪些項目的知識要被禁（或者該被禁）卻講得不清不楚。就像在《禁忌的知識》(*Forbidden Knowledge*) 一書中，文學學者羅傑‧夏塔克 (Roger Shattuck) 自己也承認：「我這主題範圍太廣、內容太含混，所以還沒有人提出一套系統及理論來加以綜觀。」❷

事實上，就連哲學家自己也不太能回答這個問題。從一方面來看，

❶本章所有引述的對話都出自二〇一六年的電影《奇異博士》。

❷參見 Roger Shattuck, *Forbidden Knowledge: From Prometheus to Pornography* (New York: St. Martin's Press, 1996), 327。

《卡利奧斯卓之書》的部分知識似乎可能會引來災難（例如用來召喚多瑪暮），如此說來好像這本書及書中的知識最好就一直被禁絕下去；可是在另一方面，書裡的部分咒語知識也有助於消災解厄，例如奇異博士和古一法師就是這樣使用這本書的，所以禁絕這樣的知識也許是不智之舉。答案可能是這樣的：如果運用某個知識帶來了有益的結果，那麼人們就應該可以知道它，並且對之形成信念，以上是傳統知識論的解決方法，把焦點放在對信念的證成 (justification) 與評價上頭，而且把信念視為他們要加以分析、評價與證成的主要對象。

上述這些問題，《奇異博士》這部電影裡在好幾個面向上都有所著墨。古一法師活了那麼多年，已然累積了大量的知識，其中有一些就記錄在卡瑪泰姬圖書館中她的私人館藏裡，王在擔任卡瑪泰姬圖書館守護者的時候就曾對史蒂芬‧史傳奇說明過，「那些書的等級太高，遠遠不是至尊法師以外的人讀得了的。」然而這麼多年來古一法師也並非沒有把其中部分的知識傳授給跟著她的學徒，像是卡西流斯、莫度、強納森‧潘柏恩，當然還有奇異博士，他們全都名列其中。

知識德性很奇異？

人們常說，重點不在於你知道什麼事，而在你認識**什麼人**。不過如果從**德性知識論** (virtue epistemology) 的角度來看的話，上述這句話得要稍作修改：重點不光在你知道**什麼**事，更在你是**如何**知道的。德性知識論把焦點轉到了擁有信念的人身上，相較於傳統上那種探討信念本身的作法，德性知識論認為人形成信念的方式——看那來自於智能的德性還是智能的惡習——其實更加重要。

德性知識論有很大一部分的基礎都是建立在亞里斯多德（Aristotle，西元前三八四～三二二年）的倫理學基本觀念上。在亞里斯多德看來，一個行為之所以能夠算作是有德之舉，不能光看我們是否有達成自己想要的結果，而是這個行為本身就必須出於正當的理由，並以正確的方式產生我們想要的結果才行❸。更具體地說，一個有德之人會依據其品德與人格特質來行事，而這些特質一方面會反映出其道德上的卓越之處，同時又能產生好的結果。至於所謂的德性，代表的是一種不偏不倚的「中庸之道」（例如勇氣這項美德，就介乎於怯懦與魯莽之間）。如果我們不只在倫理學上採取這樣的思路，而且還將之轉用到知識論上，此時所產生的就是德性知識論，其關注的重心在於理智德性 (intellectual virtue)，因為這種德性會讓我們有效獲得知識，並且形成信念。

德性知識論有兩種不同的路線：**可靠論** (reliabilism) 與**責任論** (responsibilism)❹。如果我們是在**可靠論**的意義下來談知識德性的話，意思會是說某人擁有某些特殊能力，例如說他耳聰目明，這是因為可靠的知識能力往往能夠提供我們準確（且可靠）的知識，然後我們再以此形成符合真實情況的信念。史傳奇在卡瑪泰姬學藝的時候便曾誇口，說自己當初之所以有辦法變成一個世界知名的神經外科醫師，有

---

❸參見 Aristotle, *Nicomachean Ethics* ,350 BCE,。免費網路資源：http://classics.mit.edu/Aristotle/nicomachaen.html。

❹更多相關細節可參見 Heather Battaly, "Virtue Epistemology," *Philosophy Compass* 3/4(2008): 639–663、John Greco and John Turri, "Virtue Epistemology," in the *Stanford Encyclopedia of Philosophy*，免費網路資源：https://plato.stanford.edu/archives/win2016/entries/epistemology-virtue/。

部分原因在於他有極為可靠的照相式記憶力。相較於前者，如果我們在**責任論**的意義下說某人擁有知識德性的話，意思是他會用一種負責的方式來使用自己的特殊能力❺。畢竟大反派也可能會具有超凡的觀察與感知力量，讓他們擁有很可靠的資訊與信念，卻把這些都用來幹壞事，而不是以負責任（或合乎道德）的方式來使用它們。有些新學徒雖然才剛到卡瑪泰姬，但無疑已經顯露出非常可靠的認知能力，可是在《奇異博士》這部電影裡我們馬上就會發現，即便有這種能力，還是可能會被用來圖一己之私（潘柏恩就是如此），甚或用來遂行受到誤導產生的意識形態（卡西流斯就是如此）。

相較於可靠論著重於實用性，責任論強調的是獲取知識的倫理面向，要求我們在求知時不僅要得其法，而且方式要正當（至於最後怎麼運用知識是另一回事）。當代哲學家詹姆斯・蒙馬奎 (James Montmarquet) 認為，按照這種想法，有三種人格特徵會有助於我們成為知識上的有德者：分別是公正、勇氣，還有對前面這兩項調和鼎鼐的能力❻。所謂公正，指的是「一種對於他人意見的開放態度，願意與對方交換意見、學習對方，對別人的想法不會嫉妒也不抱偏見，而且時時感到自己未必正確」❼，這差不多可以說正好跟史傳奇第一次遇見古一時所表現的態度完全相反，因為他連對自己所知世界以外的東西稍加思考都不願意（更別說是要他在當時能意識到自己也有可能出錯了！）。

至於勇氣——或者更具體地說，**理智**的勇氣——則是：

---

❺正如一位非常擅長「爬網」的德性知識論名家說過的話：「能力越大，責任越大。」

❻參見 James A. Montmarquet, "Epistemic Virtue," *Mind* 96(1987): 482–497。

❼同上，484。

願意對一般常見的信念多加設想與檢視，並探究有無其他可能，即使面對他人的反對也能堅持己見（直到確信自己犯錯為止），以及……願意檢視、甚至主動找尋可以反駁自己的假設的證據。❽

對於這一項，史傳奇又一次在剛開始時拿了低分，他對古一法師的答話表現得很清楚：「我花了身上最後一點錢跑來這裡……而妳現在卻在跟我大談些什麼信念療法的玩意？」至於第三項德性，必須調和前兩項才能達成，這一點相當重要，因為「那兩項德性所關注的是相反的東西，可是似乎又一樣重要，達到平衡的理智人格要居於兩端之間。」❾在卡瑪泰姬學藝的過程裡，史傳奇必須要學會對新的觀念與想法開放心胸，同時又要對自己既有的觀念與想法保持信心，最終再以負責的心態來把新舊知識整合在一起。

「我終於找到老師幫我了」

在這部電影裡，我們看到了四個人物的發展：卡西流斯、莫度、強納森・潘柏恩與史蒂芬・史傳奇，他們抱著各自的殘缺來到卡瑪泰姬，想要尋找能夠幫助他們的知識，以克服當下個別遭遇到的慘況。雖然他們全都是由古一法師訓練出來的，但是所接受的訓練方向卻各不相同。

---

❽同上。
❾同上。

　　我們先從強納森‧潘柏恩開始講起吧，他因為脊椎受損而導致胸部以下癱瘓，在他跟著古一法師學藝後，其傷勢竟告復原，可謂是無比的奇蹟。與史傳奇第一次見面時，潘柏恩告訴他說自己在卡瑪泰姬努力提升心靈的力量，隨之讓他的身體獲得了治癒。可是後來古一說出了實情，潘柏恩之所以能夠復原，靠的是把其他維度的能量直接引入他的身體中——如果更直截了當地說，他其實是用魔法來行走的。潘柏恩在知識的德性方面似乎一直都只侷限在可靠論的那一種能力上，直到最後，他也只是把在卡瑪泰姬所學到的東西用在達成一己之私上頭。

　　接著看卡西流斯，他跟其他人一樣，都因自己悲慘的遭遇而痛苦不已：他失去了家人，之後來到卡瑪泰姬找尋慰藉。然而不幸的是，卡西流斯似乎受到一個念頭的驅使 ：「這個世界並不一定要走向終結。」雖然他在自己的思想中展現出理智的勇氣，但卻缺少了公正那一面，所以當史傳奇問他：「你殺了那麼多人又該怎麼說？」卡西流斯就反駁說他們只不過是「漠然宇宙中須臾間的渺小塵埃」，在他力圖要達成終極目標時，根本就不值得為他們考慮。

　　接下來看看已經在卡瑪泰姬當上大師的莫度，從這個身分多少可以看出他應該具有理智德性，然而電影裡有兩場訊息量很豐富的對話，從中可以看到莫度的想法太過偏向某一邊的極端，有違於德性那不偏不倚的「中庸之道」的理想。莫度對於史傳奇不斷質疑古一有不可告人之事感到不以為然 ， 告訴他要 「相信自己的師傅……不要迷失方向」，這顯示出他在知識上的堅定不移；但當莫度談起卡西流斯的人格時，說的是「他驕傲、專斷，還敢質疑古一法師，不肯接受她所教導的東西」，此時他突顯出的就是自己對權威人士的盲目依賴，加上他對

史傳奇的提問感到不耐，這也顯示莫度缺乏公正之心，所以只會要他
「別再問了」。

　　在電影的後半，莫度在知識德性上的表現也不甚理想。當他得知
古一法師一直利用《卡利奧斯卓之書》的法咒來從黑暗維度汲取力量，
他顯得相當驚駭，即便是在跟卡西流斯等一行狂徒進行殊死戰的時候，
莫度還是驚呆了許久後才接受這件事：「原來是真的，她真的從黑暗維
度汲取力量。」之後他雖然心不甘情不願地同意幫助史傳奇一起戰鬥，
前往拯救香港至聖所，但是他還是認為自己已經受夠了法術：「沒
錯……我們是辦到了……可是也違反了自然法則……我們打破了自己
的原則，就像她（古一法師）那樣。今天欠下的帳總有一天要還的，
永遠逃不掉。」莫度在某些方面展現出了理智的勇氣，例如他會堅守
自己的信念，可是卻又做過了頭，他似乎封閉了自己的內心，不肯思
考是否有其他替代選擇，頑固程度幾乎可比於卡西流斯。

史傳奇是知識的有德者嗎？

　　現在我們要來談談史蒂芬・史傳奇醫師。他從前是一位世界知名
的神經外科醫生，雖然也會犯錯，但我們還是可以看出他擁有多方面
的理智德性，其中特別值得注意的是他有極為可靠的記憶力，所以他
才能同時拿到哲學博士與醫學博士的學位。更何況，史傳奇還有辦法
施展《卡利奧斯卓之書》裡頭的咒語，莫度看到此事後就指出「剛剛
這些可不是記憶力好就能辦到的」，顯然史傳奇並不是光靠回想經驗來
推斷該怎麼做，在電影前面也有類似的情節，當時有一位表面上已經
腦死的病患，但史傳奇卻推斷出他只是腦子裡卡著一顆沒有外殼的子

彈，導致他出現鉛中毒現象而已。電影裡清楚告訴我們，史傳奇的確在可靠論這一方面具備了知識德性——講簡單點的話，就是他真的格外聰明。

然而就像史傳奇第一次遇見古一時所發現的那樣，其實他原本的眼界是很有限的，不過之後當他在卡瑪泰姬學藝，即使還是個新手，但他的眼界已經擴展到了讓王和古一同感吃驚的地步，而且在他與卡西流斯等一行狂徒對戰時，還能堅守住自己的立場。不過後來他接觸了《卡利奧斯卓之書》的一些咒語，因而遭到莫度與王的斥責，並告知他這些咒語中所潛藏的危險，史傳奇此時似乎就想撒手不管這一切了：「好吧，我退出……我來這裡是為了治療雙手，不是來參加什麼神祕戰爭的。」

在一場又一場的戰鬥裡，史傳奇剛剛學會的祕術知識不斷受到考驗，雖然他始終奮戰不懈，不過直到古一臨死之際，他才領受到了最重要的實情。他過去的確是一位很出色的神經外科醫師，也很快就掌握了魔法師的技能，然而古一卻說出了真正還在阻礙他的事到底是什麼：

古　一：你有如此強大的能力可以行善。你一直都很傑出，但這並非是因為你渴望成功，而是因為你恐懼失敗。

史傳奇：這也造就了我，讓我成為一名厲害的醫生。

古　一：這恰恰是你無法成就大事的原因，自負與恐懼依然阻礙著你，讓你無法學會最簡單卻也是最重要的一課。

史傳奇：所以那一課是……？

古　一：你該看的不是你自己。

　　古一告訴史傳奇，他原本其實可以選擇跟強納森‧潘柏恩走一樣的路，**僅只**將祕術用於治癒自己、重拾過往的生活──可是這麼一來的話，「世界就會因此多了一些缺憾」。史傳奇沒有選擇這麼做，由此可以看出他比潘柏恩在知識上更加有德，眼見自己是如何得到及利用所獲贈的知識，他更是理解到自己應該要承擔起更大的責任。

　　在史傳奇與古一最後的那次對談裡，她也解釋自己為什麼要使用《卡利奧斯卓之書》裡那些所謂的禁忌知識：她知道那樣有什麼風險，但是她也了解這種力量可以用來成就更大的善。我們把問題從倫理學拉回到知識論來看，就會發現此時史傳奇不只是獲知了一則新的資訊，更重要的是他完成了自己的轉變：「我不是什麼『奇異先生』或『奇異大師』──我是『奇異博士』。」古一雖然稱許奇異博士懂得如何權變，不過也提醒說他還是需要莫度的力量幫助才能打敗多瑪暮，此時她所強調的是，如果奇異博士想要成就真正的知識之德，就得要兼具兩種知識德性才行。

奇異的結局

　　雖然古一法師的弟子裡頭沒有人真能顯現出完善的知識之德，亦即既有公平之德、理智之勇，又能在兩者間拿捏得當，不過在這些人裡奇異博士終究還是最接近的一位。然而話說到這裡也還是有很多問題沒有解決，最明顯的就是：就算奇異博士在這一次的遭遇裡努力展現出了這些德性，但這些又跟未來有什麼干係？對此，亞里斯多德當年就已經指出（那時候古一可能都還稱不上是「古」），一個人**僅只**做出一次有德之行是不夠的，唯有堅持不息才能表現出真正有德的人格，

所謂的德性並不是一種成就或成果，而是一種生活方式。至於史傳奇是否已經真學到了最重要的那一課呢？只有時間——以及後續的考驗——才能告訴我們。

第 7 章

奇異博士是蘇格拉底式的英雄？

查德・威廉・提姆 Chad William Timm

ड्युस ઓट ઇરચુર ડોલર ઇન રપિરહેન૩રટિ ઇન વોલયુપટેટ વેલીટ એસસે સવોલયુપટેટીટ એસસે સીલમ ડોલો રપિહેનન૩રટિ નુલલ

　　被放射性蜘蛛給咬上一口、暴露在放射性物質裡，抑或是注射一支超級士兵血清，都不足以讓人變成英雄。當然啦，有了亞德曼合金的爪子、反重力裝甲，或是眼睛裡可以射出雷射光束，這些都可以讓我們最愛的超級英雄們更加易於行事，可是真正的英雄精神所要具備的並不只是這些——而是要選擇某種生活方式，要能幫自己在漫威宇宙的世界裡區分善惡才行。

　　祕術大師史蒂芬・史傳奇不但選擇了要過英雄的生活，而且他選的那種活法還讓自己跟史上最重要的哲學英雄產生了連結。包括他決定要求習祕術之道，一心讓自己的生活能夠全力追求智慧、遵循正道，並改善社會，奇異博士所走上的這條路，其實早在兩千多年前便已經有人鋪就了，那便是最早期的哲學家兼英雄蘇格拉底（Socrates，西元前四六九～三九九年）。決心要當英雄，這事到底跟蘇格拉底有什麼關係，難道哲學家的生活也很有英雄氣嗎？天底下真有「蘇格拉底式的英雄」這一回事嗎？

智識之謙，孰能有之？

在蘇格拉底看來，哲學家的生活有一些當行之事，包括承認你自己的無知、審視你的生活、追求智慧、正派過活，而為了要能夠一直過著這樣的生活，你還要有足夠的勇氣挑戰鄰人。好吧，蘇格拉底畢竟是活在當年的雅典，也在那裡樹敵無數，他們指控蘇格拉底敗壞青年人心，而且還信仰偽神，於是對他進行審判，定了他的罪，最後還置他於死地❶。

蘇格拉底的英雄精神，其根本在於**智識之謙** (intellectual humility)，也就是願意接受我們知識的侷限，並承認我們的錯誤，而且蘇格拉底比上述還更進一步——他宣稱自己根本就沒有智慧。德爾菲神廟曾諭示他的好友查瑞芬 (Chaerephon)，說蘇格拉底是全雅典最有智慧的人，蘇格拉底聽聞後對此神諭不以為然，說道：「因為我自己太清楚了，無論對鉅細之事，我一概都稱不上有智慧。」❷蘇格拉底的智慧及哲學都奠基在一種信念之上，就是要對重要的哲學問題感到好奇、提出疑問、追尋答案，例如「有智、有德、美麗，這些究竟是什麼意思」。對於蘇格拉底本人，乃至於蘇格拉底式的英雄而言，處理這些問題時的關鍵就在於謙遜，得先承認有哪些東西我們並不知道才行❸。

可是「謙遜」這個字眼適用於奇異博士嗎？在成為祕術大師之前，

---

❶蘇格拉底的審判分別出現在六篇對話錄裡，細節參見 *The Trials of Socrates: Six Classic Texts*, ed. C. D. C. Reeve (Indianapolis: Hackett Publishing, 2002)。

❷同上，33。

❸參見 I. F. Stone, *The Trial of Socrates* (New York: Doubleday, 1988)。（此書是介紹蘇格拉底審判的現代著作，不同於註❶中所列的經典文選。）

史蒂芬‧史傳奇這位神經外科醫師實在很難稱得上謙虛，其實應該用自負和傲慢來形容他會比較恰當。在他出車禍斷送醫學職涯之前，史傳奇是個以自我為中心的唯物主義者，電影中和他一起工作的醫生克莉斯汀‧帕瑪也曾指出這點，當時她告訴他：「史蒂芬，你覺得天下的事都繞著你打轉。」❹而史傳奇如果願意動手術，都是因為可以獲得金錢或名聲，就像他對一位同事說的：「我可能會願意稍稍少收一點費用來幫你進行研究計畫——條件是你得同意把我們所發現的任何療法都冠上我的名字！」❺史傳奇並不會認為自己的知識有限，並接受自己應為所犯的錯誤負責，他喊出口的是：「我一定是最棒的……最厲害的！不然……就什麼都不是了！」❻如果是**這樣**的史蒂芬‧史傳奇，那絕不可能會是蘇格拉底式的英雄——但等到他的人生因車禍而發生巨變，他終於不得不面對自己知識的侷限。

智慧與巫師

面對神諭的宣告，蘇格拉底也展現出智識之謙，於是開啟了探尋智慧的旅程。他並沒有從表面上的價值來領受神諭的內容，反倒是從懷疑一切的假定開始，只接受那些經由邏輯、理性與證據所支持的真理。雖然他自認一無所知，但蘇格拉底還是一一去質問那些公認的智

---

❹本章所有引述（非出自於漫畫中）的對話都出自二〇一六年的電影《奇異博士》。

❺參見 *Doctor Strange*, vol. 1, #169 (June 1968), collected in *Marvel Masterworks: Doctor Strange, Volume 3* (2007)。

❻參見 *Strange Tales*, vol. 1, #115 (December 1963), "The Origin of Dr. Strange," collected in *Marvel Masterworks: Doctor Strange, Volume 1* (2003)。

者，到後來，當他面臨別人指控敗壞青年、信仰偽神的時候，他已經給了好些雅典最有影響力的人士難堪，並因此而累積了相當的名聲。

蘇格拉底相信我們應該用理性和邏輯來理解周遭的世界，因此當他四處探訪那些公認的智慧之士時，便以一種系統化的方式來向他們提問，也就是我們現在所說的「蘇格拉底提問法」(Socratic Method)。一開始他會請對方先對智慧下定義，然後再請他們解釋為什麼認為自己有智慧，接著蘇格拉底會加碼提出其他問題，並指出對方的邏輯裡有哪些錯誤。按照蘇格拉底的心得：「就有沒有智慧這件事，那些在此方面最負盛名的人其實最是欠缺智慧，反倒是那些認為自己不如他們的人，情況還要好上許多。」❼因此蘇格拉底做出了結論，那些說自己是智者的人其實根本就沒有智慧，而當史傳奇來到卡瑪泰姬，古一法師快速打量了他一下，也產生了相同的結論。

有一次蘇格拉底對某個大膽宣稱自己有智慧的人提出疑難，而後他做出了這樣的結論：

> 我比那人更有智慧，雖然我們兩人應該都不懂什麼美善之事，但是他以為自己知道一些自己其實不懂的東西，相較之下，我因為真的什麼都不知道，所以也不會以為自己知道些什麼。❽

對蘇格拉底來說，想要獲取智慧的第一步，就是要先認清自己知道的事是何其之少。一個人只要做到這點，他就可以去拜尋那些號稱

❼參見 Reeve, *Trials of Socrates*, 33–34。

❽同上，33。

在某某領域知識淵博的人，希望向他們學習智慧，就像史蒂芬‧史傳奇，他最後也決定要到卡瑪泰姬去找古一。史傳奇的手因傷致殘，逼得他不得不面對自己知識的侷限，但是他也不肯輕易乖乖就範，即便自己的狀況極差，他依然相當傲慢，例如他會直接質疑他的物理治療師：「回答我啊，大學畢業的，你見過任何人的神經損傷得這麼嚴重，然後做這種復健後就真的康復的嗎？」直到他前往卡瑪泰姬，見到了古一法師，史傳奇才終於發現自己的所知何其之少，也是到了這個時候，他尋求智慧的旅程才真正展開。

　　蘇格拉底體認到人的知識皆有侷限，於是畢生致力於探尋智慧。史蒂芬‧史傳奇則是太過自負，把智慧視為當然之事，因為他相信自己已經懂得一切他必須懂的東西，而且肯定懂得比任何其他人都要多。正如蘇格拉底當初質疑雅典那些號稱是智者的人，古一也質疑了史蒂芬‧史傳奇，說他在智識上太狂妄，令他無法認識到自己知識的侷限何在，告訴他「你就是個以孔窺天的人」，還說他「只觀局部，未見全局」。莫度也告訴過他類似的話，要他「忘掉自以為知道的一切」。同樣的主題我們在漫畫裡頭也有看到，在漫畫中古一曾經告訴史傳奇：「來自西方世界的這位，除了用眼睛以外，還有很多其他方法可以看清東西啊！」❾

　　古一法師施展祕術，讓史傳奇看清拯救世界有多重要，否則就會落入身在暗處的跨維度敵人手中。漫畫裡頭有一幕，「永恆」──也就是宇宙的化身──曾對史傳奇說：「你已經掌握打敗敵人的方法了！力量不是唯一的解答！欲解發生之事，要先掌握關鍵……而智慧便是那

---

❾參見 *Doctor Strange*, vol. 1, #169。

關鍵所在！」❿經過這次的訓練與指導，史傳奇最終明白了：「我其實原本就已經獲得了一切中最強大的力量……那也是一切其他力量的泉源……我已經獲得了知識這項餽贈！」⓫就在他與古一初次相遇開始，奇異博士就已經有如一位蘇格拉底式的英雄，因為他已經看到了自己知識的侷限，要終生以尋求智慧為業。

博士，請審視你自己！

常常審視自我，對於智識之謙來說不僅是必要之舉，而且也是培養之法，因為那會讓你認真看待自己、自己所處的社會，乃至於社會的傳統，讓你質疑自己的預設和觀點，並且只按照以理性與邏輯做出的結論來行事。如果你想擴大自己窺看世界的孔洞，首先就得要明白自己正在以孔窺天。蘇格拉底認為除了哲學家以外，每個人都會假定自己用感官所體驗到的東西就是真實的，然而他認為真實之理只存在於天堂裡頭⓬，為了學到對於美、智慧、德性的真知，蘇格拉底式的英雄們必須超越自我，進行深刻的自我審視。

---

❿參見 *Strange Tales*, vol. 1, #138 (November 1965), "If Eternity Should Fail!," collected in *Marvel Masterworks: Doctor Strange, Volume 1*。

⓫參見 *Strange Tales*, vol. 1, #133 (June 1965), "A Nameless Land, a Nameless Time!," collected in *Marvel Masterworks: Doctor Strange, Volume 1*。

⓬在《對話錄》的〈費德魯斯篇〉(Phaedrus) 中，蘇格拉底用了很長的篇幅來講述靈魂不滅與共同真理的問題，他的主要論點在於，如果有人親見了美，或是體驗了真正的善，那些美與善也只是反映出了美與善的共同形式而已，真正的美善要由靈魂在天國裡才能體驗（參見 *Phaedrus*, trans. Alexander Nehamas and Paul Woodruff, Indianapolis: Hackett Publishing, 1995）。

　　有一回在古一法師對史傳奇所說的話裡，也反映出了這種蘇格拉底式的英雄精神：「孩子，心靈才是一切領域中最真實的領域！能夠控制心靈的人……也就控制了該心靈之主的靈魂！」❸史傳奇一開始還很抗拒這種觀念，寧可繼續仰仗他對自然世界的科學知識，但他還是滿心混亂地問自己：「我還算不算科學人士，還是被迷信給俘獲的無助獵物而已？」❹至於在電影裡，史傳奇首次認識到自己知識的侷限，是因為他對古一說「在這漠然的宇宙裡，我們不過只是須臾間的其中一顆渺小塵埃罷了」，然後古一一掌把他從物理型態推到星體型態，告訴他那是「靈魂離開身體時所存在的地方」。當史傳奇體驗過了自己的星體型態，而後又回到身體之中時，他問古一為什麼要這樣做，她的答案是「要讓你看看自己不知道的東西還有多少」。在古一的幫助下，史傳奇名副其實地放下了從前的自我，可以從全新的視角來看看自己，從一個以前從未想像過會存在的孔洞來審視自己。

　　按照蘇格拉底所言，經過審視的人生本質上就是如此，事實上蘇格拉底還主張，沒有經過這種自我審視的人生根本就算不上是活著，而且他還說：

　　一個人若能天天討論德性，以及其他你們聽我常在討論或用來審視我自己及他人的東西，那便是再好不過的事了，理由在於，未經審視的人生根本就不值得人們過下去。❺

---

❸參見 *Doctor Strange*, vol. 1, #169。
❹同上。
❺參見 Reeve, *Trials of Socrates*, 55。

在見到古一法師之後，史傳奇也選擇了要把餘生致力於鑽研學習與審視自我上，一九六三年所最早推出的原版故事裡對此有不少敘述：

> 一切就是這樣開始的！從幾天變成了幾週、幾個月，乃至於許多年過去了，奇異博士一直在鑽研失傳已久的祕術！他的人也慢慢有了改變……他的人生慢慢有了一個嶄新卻更深的意義……他慢慢地準備著要迎接將要來到的幾場史詩級大戰，而大戰的贏家只可能會是他，黑魔法大師奇異博士！❶❻

由於後來獲得了智識之謙與學習之忱，奇異博士終於步上正軌，漸漸往蘇格拉底式的英雄走去。

挺身為他人的至尊法師

不論是智識之謙或受到審視的人生，這些雖然都直接在「準」哲學家的身上映照出了絢爛光彩，不過蘇格拉底式的英雄精神並不只是如此，還得要具備一種入世的社會性要素。蘇格拉底認為，求智慧、遵德性這兩事本身就很重要，這固然自不待言，不過他也覺得，只要過著自我審視的人生，就會漸漸走上幫助他人的道路，畢竟他也曾這樣主張：「活著並不是最重要的事，活得好才是……而活得好和活得正當又是同一回事。」❶❼

---

❶❻參見 *Strange Tales*, vol. 1, #115, "The Origin of Dr. Strange"。
❶❼參見 Reeve, *Trials of Socrates*, 69。

　　人之所以要活得好、活得正當，有部分是為了要改善社會。蘇格拉底深愛他的母邦雅典及那裡的居民，事實上就是因為他太愛自己的雅典同胞，所以才會冒著生命危險挑戰他們，要他們審視自己的人生。當他被控敗壞青年、宣揚偽神而遭審判時，蘇格拉底原本可以道歉認罪，把全家帶到陪審團前，乞求他們的赦免，但是他不願如此，依然用他的蘇格拉底提問法，系統性地一一駁斥他所遭受的各項指控，直接在庭審過程裡讓指控他的人難堪。為什麼要這樣？因為人如果願意挑戰自己的鄰人，要他們活得正當、審視自己，以免讓雅典社會淪入道德崩壞的局面，那麼他就該像蘇格拉底那麼做。

　　奇異博士拯救社會的方式，是致力讓它不要落入藏在暗處的跨維度邪惡力量手中，他之所以在智識上從自負轉為謙遜，跟這件事也有很大的關係，他原本抱持的是從利己志向出發的一孔之見，後來卻脫身而出照見自我，終能真正審視自己。當他的智光受到古一開啟後，史傳奇就矢志要拯救地球，高喊「我的志向就是要精通祕術！而且我會永遠善用此術——不論我活多久都會如此！」❶❽至於在電影裡，卡西流斯試圖利用黑暗維度之力來讓自己獲得永生，為此不惜除掉任何妨礙他達成目的之人，史傳奇則跟他相反，選擇使用祕術來守護自然秩序、拯救人類性命。

　　史傳奇為正義而奉獻，而且極不願造成傷害，這兩種態度都體現了蘇格拉底式的英雄精神。在蘇格拉底遭受不公正的判決，被定下死罪之後，他原本還是可以在追隨者的幫助下逃跑，繼續多活久一點，

---

❶❽參見 *Marvel Premiere* #3 (July 1972), collected in *Doctor Strange Epic Collection: A Separate Reality* (2016)。

可是他不願如此，認為他既然不能讓陪審團相信自己無罪，就這樣離開雅典的話便會破壞法律，如此便無異於是蓄意傷害那些制訂法律的人：「所以，以不義報不義，雖然大多數人都會這樣想，但還是不應該這麼做——因為我們知道，人本就**絕不**該行不義之事。」❶❾ 奇異博士也經常會設法幫助他人，讓他們免受不義之禍，甚至還說出這樣的話：「但凡有人類同胞需要幫助，均不以陌生人待之。」❷⓿

不畏險難

當人類文明陷入無法想像的危險境地，奇異博士知道自己就是唯一的守護屏障，當然他也曾有幾度受不了壓力，就像他也曾這樣吶喊：

> 為什麼這個可怕的重擔——這個被重重危險所包圍的世界——會落在我的肩上？為什麼會是我，一定要受這種苦——一定要幾乎只憑一己之力來對抗遠古的邪惡力量？我不過就是個凡人而已……我就是個普通人啊！❷❶

雖然拯救世界要面對無比艱難的挑戰，史傳奇依然奮勇向前，因為就像他說的：「我有誓言在先，所有人類、不論是誰我都必須幫助——

---

❶❾參見 Reeve, *Trials of Socrates*, 70。

❷⓿參見 *Marvel Premiere* #4 (September 1972), collected in *Doctor Strange Epic Collection: A Separate Reality*。

❷❶參見 *Marvel Premiere* #5 (November 1972), collected in *Doctor Strange Epic Collection: A Separate Reality*。

我不敢有任何例外！」❷同樣地，對蘇格拉底而言，過著哲學家的生活也需要巨大的勇氣，而這正是英雄的一項重要特質。

蘇格拉底式英雄的生活可能會過得很危險，這樣的生活方式也許還會讓自己的身體受到嚴重損傷——尤其因為英雄得挺身對抗那些威脅到社會的力量，希望能以此來保護或改善社會。當一個討厭鬼、指陳你鄰人的錯誤，這些都不會讓你受到城裡其他人的喜愛，但卻仍然是不可不為之事，就像蘇格拉底在審判期間所體認到的：

> 我好像就是一隻牛虻，神要我吸附在這個城市之上——要這牛虻來喚醒、說服與指責你們每一個人，要牠不停飛舞，整天到處纏著你們。❸

蘇格拉底想要保護雅典，不使其道德有崩壞之虞；至於奇異博士這邊，也是一心想要保護世界，不讓它落入跨維度的黑暗邪惡力量之手。在這兩個例子裡我們都可以看到，蘇格拉底式的英雄一定要具備極大的勇氣，要能按照自己所相信的是非標準來行事，就算面對巨大壓力也不會屈從（有誰想過，原來哲學家的人生也可以過得這麼危難重重？）。

按照蘇格拉底式的英雄精神之要求，即便面對巨大的壓力要你屈從，你也必須堅守自己的原則。在蘇格拉底的時代，哲學家所過的那種自我審視的生活其實並不符合當下的文化，就連他的學生也想逼他

---

❷參見 *Strange Tales*, vol. 1, #119 (April 1964), "Beyond the Purple Veil!," collected in *Marvel Masterworks: Doctor Strange, Volume 1*。
❸參見 Reeve, *Trials of Socrates*, 46。

逃刑離開。當蘇格拉底身處牢獄，坐待行刑的時刻，他最優秀的學生之一克力同 (Crito) 就對他提出一套計畫，說大家正設法要幫蘇格拉底出逃到其他城市，如果蘇格拉底不逃的話，克力同說：「有很多對你我不甚了解的人，他們會以為我不在意你的死活，因為我明明可以救你，只要當初我願意花錢就行了。」❷❹但蘇格拉底忠於自己的哲學，因此提出了一連串的問題來挑戰克力同，問他到底是眾口紛紛比較重要，還是寥寥少數的專家之見比較重要，而最後得出了結論：「我們不應該太在意大多數人會怎麼說我們，該在意的是了解正義與不義之事的人──天下有此一人，真理昭昭如是──看他們會怎麼說。」❷❺

　　在出車禍以前，史蒂芬‧史傳奇不但傲慢自大、自我中心，也一直為了別人對他的看法而活，追求榮耀、名望與財富，但是當他開始過著審視自我的生活，有了智識之謙之後，眾多他以往所在意的東西都紛紛從他的心頭上消失了。他（就像蘇格拉底的建議那樣）改向智者尋求意見，改而直接追尋真理，更坦言道：「古一法師，我但求你施恩──雖然我明知自己完全不配！我還是希望能拜入你的門下……學習只有你才知道的祕術知識！」❷❻之後史傳奇發生了緩慢但確切的轉變，不只變成了一個謙遜之人、至尊法師，還成了一位真正的蘇格拉底式英雄，因為他已經接受了自己的侷限，改在正確的地方尋求智慧。

　　為了做自己相信正確的事，蘇格拉底式的英雄還必須願意犧牲一己之安全，奇異博士為了拯救人類也是一再面臨死亡危機。在漫畫裡有一次他面對敵人時在心裡告訴自己：「我一定要做點什麼事！我不能

<hr>

❷❹同上，64。

❷❺同上，69。

❷❻參見 *Doctor Strange*, vol. 1, #169。

讓我的朋友就這樣喪命。」然後他就告訴大家：「我會捨棄自己這條命，想辦法擋住蹣跚者 (Shambler)。」 ㉗ 正如一位真正的蘇格拉底式英雄那樣，奇異博士一再反覆冒著生命危險來守護那些幫不了自己的人，蘇格拉底對陪審團所說的話也有類似的意思：

> 看呐，雅典的人們，實情是這樣的：一個人只要站定了自己認為最當然的立場……他就應該要堅持下去，相較於棄守所帶來的羞恥，他即便遇險也會屹立不搖，完全無視於死亡或其他威脅。㉘

蘇格拉底並沒有道歉或認罪，因為那等於是認可了邪道之乖張。他不認為過著哲學家的生活是什麼應該道歉的事，他願意迎接死亡，但是對於哲學家的生活，無論是堅守自己的原則，或是維護雅典人民的福祉，他都不肯放棄。

蘇格拉底式的法師

史蒂芬·史傳奇一開始是個事業有成但充滿缺陷的人，然而經過轉變之後，他逐漸成為了一個蘇格拉底式的英雄。不論是蘇格拉底或奇異博士，兩人都接納了自己知識的侷限，將畢生致力於尋求智慧，並且在努力改善社會時展現出了巨大的勇氣。史傳奇曾對審視自我的

㉗參見 *Marvel Premiere* #6 (January 1973), collected in *Doctor Strange Epic Collection: A Separate Reality*。

㉘參見 Reeve, *The Trials of Socrates*, 43。

成效感到相當驚奇，這從某一次他對自己所說的話中便可以看出來：

> 這還真是諷刺——我從前也曾對所有的未定之數嗤之以
> 鼻……一心確信我就是自己命運的主宰！我當時懂的東西何其之
> 少，而我的自信卻又何其之強，那樣的日子彷彿已經離我好遠好
> 遠。㉙

史傳奇還有一點很像蘇格拉底，他也學會了不要相信物質世界，改而仰賴那些看不到的東西，以他的情況來說就是他在卡瑪泰姬學到的法術。他一輩子都在挑戰那些對我們世界造成威脅的神祕敵人，並希望能啟迪那些盲目的人，讓他們能睜開眼睛看清人類所面對的威脅，凡此種種，都讓我們看到了他矢志改善社會的自我承諾。

雖然你不是法師，不會發現自己一覺醒來就身在至聖所裡頭，手邊還有許多法器和魔法典籍，但是這並不代表你就不能過著蘇格拉底式英雄所過的那種審視自我的生活。即便你不是個天才或法師，也一樣可以謙遜，可以尋求智慧，可以活得正當，並且挑戰身邊其他人的既定之見來讓他們有所進步。不過你也必須謹記，這項任務是沒有盡頭的，就像奇異博士體認到的：「我必須要知道的東西還有很多，因為知識就是最強大的一種力量，所以現在我要召喚的，就是天底下最有智慧的人。」㉚而今如果你也開始審視自我，在這個過程裡又會發現什麼呢？㉛

㉙參見 *Doctor Strange*, vol. 1, #169。

㉚參見 *Marvel Premiere* #3。

㉛我要感謝我的同事史蒂夫‧施奈德 (Steve Snyder) 教授，是他教會了我成為蘇格拉底式的英雄有什麼意義。如果想要了解各種與英雄相關的知識，可以去看看他的部落格：http://myfallsemester.blogspot.com/。

第 8 章

我們都是「以孔窺天」嗎？
知識，無知與偏見

卡瑞納・帕佩 Carina Pape

ડ્યુસ ઓટ ઈર્ચ્યુર ડોલર ઈન રપિર્હેન્ડરટિ ઈન વોલ્યુપ્ટેટ વેલીટ એસ્સે સવોલ્યુપ્ટેટીટ એસ્સ સીલમ ડોલો રપિહેન્ન્ડરટિ નુલલ

　　史蒂芬・史傳奇這位神經外科醫師，他所相信的除了科學以外就只有自己——直到他撞毀了自己的藍寶堅尼 Huracán Coupé，也撞毀了他那雙有「魔力」的手。由於現代醫學找不到療法可以讓他重拾醫學的執業能力，他索性就豁了出去，跑到加德滿都去找治療方法。在那裡，古一法師一語道破了史傳奇這個人的問題核心，她用的是一種比喻，說他「從鑰匙孔看世界（以孔窺天）」❶。在開始療傷之前，史傳奇得先認清自己的視角有所侷限，要看到自己的盲點，並且承認自己的偏見。當有人說你可以看見自己的盲點、知道自己的無知，這話聽起來很像禪宗所說的「公案」，例如「一個巴掌拍得響」這種乍聽之下說不通的悖論。大凡只要是哲學家，不論是哪個流派，對於好的悖論都會很喜愛。那麼，我們真有可能確知自己的無知嗎？我們到底是怎麼知道自己所知道的東西的呢？

---

❶本章所有引述的對話若無另外註明，均出自二〇一六年的電影《奇異博士》。

信己所知，知己無知

　　哲學家法蘭西斯・培根（Francis Bacon，一五六一～一六二六年）是個對科學知識相當有信心的人，但對魔法則抱持著懷疑態度，而且他不只不願相信魔法，還認定此道中人是危險的，尤其是那些「著述研究自然魔法或煉金術的人，以及他們的同道，這種人不僅會寓言故事，還會加以追隨。」❷（真可惜，他沒有活到能看見《奇異博士》的漫畫！）培根大力鼓吹科學方法，其基礎在於進行觀察、形成假設，然後透過實驗來加以驗證。他還有一句口號：「人類的知識與人類的力量合而為一」，這話聽起來實在很像史蒂芬・史傳奇在早期會說的話，因為這兩個人都深深相信科學與知識（尤其是他們**自己**的知識）。由於史傳奇並不相信「信念療法」這種事，所以他與古一爭辯，對她說道：「我不相信什麼脈輪、什麼能量或信仰的力量之類的童話故事，精神這種東西根本就不存在，我們都是由物質構成的，僅此而已。」

　　由於當時的迷信風氣，培根被迫要站在民眾、教會與經院傳統的對立面。諷刺的是，培根自己相信科學的力量可以產生知識，而這也不過就是一種信仰而已，雖然這種信仰大大助長了人類的知識、進步與福祉，然而即使有這樣的歷史貢獻，也只能說對科學方法的信仰是一種有用的信仰，但它依然有可能是一種偏見，就像史傳奇不相信信仰的力量一樣，那也是偏見。

　　如果我們可以把培根視為一位 「哲術大師」， 那麼蘇格拉底

---

❷參見 Francis Bacon, *Novum Organum* (1858), Book II, Chapter XXIX。免費網路資源：
https://en.wikisource.org/wiki/Novum_Organum/Book_II_(Spedding)。

（Socrates，西元前四六九～三九九年）大概就相當於古一法師的地位，他也曾提出一項悖論，說他知道了自己的無知，這悖論常會濃縮成一句名言：「我唯一知道的事，就是我什麼都不知道。」❸換句話說，蘇格拉底知道自己有盲點，而**知道**你有盲點，並不等於你已經**看到**了自己的盲點——按照這種解釋，那個悖論其實就沒有那麼難解了，你有可能知道少了某樣東西，卻說不出到底少了什麼。話雖如此，要知道自己根本什麼都不知道，這等大智慧依然稱得上有古一法師的級別。

　　從某方面來說，蘇格拉底對於人類的知識抱持著批判的態度，那情況就像培根對信仰與魔法的批判，然而這種自我批判的方式是否能讓我們免受偏見之囿呢？在古一法師臨死前，她與奇異博士以星體的型態一起觀看著慢動作的閃電，她告訴史傳奇：「這麼多年來我在時間裡穿梭到處察看，看見的都是這一刻，可是我卻無法看到這之後的事了。」如果這就是《奇異博士》電影裡古一法師的盲點，那麼哲學上的古一法師的盲點又是什麼呢？

「我們不是野蠻人」

　　在《奇異博士》這部電影裡出現過許多因為偏見而導致的偏頗知識與理解，這是電影裡不斷出現的笑點。大家不妨回想一下，史傳奇當時是怎麼向他的敵人卡西流斯介紹自己的：

---

❸此悖論大致上出現於柏拉圖的〈申辯篇〉（Apology），免費網路資源：http://classics.mit.edu/Plato/apology.html。

卡西流斯：你到卡瑪泰姬有多久了，這位……

史　傳　奇：叫我「醫師」。

卡西流斯：所以是醫師先生。

史　傳　奇：是「史傳奇」才對❹。

卡西流斯：或許吧，我憑什麼說是不是呢？

　　其實這個笑話是史傳奇先鬧出來的，他太看重自己的醫學頭銜，就算已經不能動手術了也一樣。卡西流斯的盲點在於沒有看出那是在講頭銜，而史傳奇則是沒有看清法師世界中的現實，在這裡他就只是個「先生」而已——這很平常，不用像他之前那樣當成世界末日來看。

　　史傳奇和卡西流斯這段對話告訴我們，即使你倆說的是同樣的語言，還是可能會出現那種無知的情況，因為他們並沒有共同的文化背景。如果這種互不了解的狀況出在性別和種族問題上，那麼偏見還會變得更加顯著，例如當年征服北美的那些白人殖民者，他們根本無法理解原住民的想法，搞錯了他們所用的字眼與想表達的意思（只是那些人大概也不太在意）。綜觀那些人的過往歷史，不論是在漫畫或是哲學裡都看不到女人及有色人種的觀點，雖然近年來在漫畫界有較多女性開始嶄露頭角、成功出線，這種數量上的增長確實鼓舞到了人心，然而這個領域大致上還是屬於男性的——就像哲學一樣。打從一開始，不論是在漫畫界或哲學界，大多數被公認有影響力的都是白人，而這些白人男性自然也會透過某些特定且有限的視角來看待這個世界。

　　雖然科學有在研究性別與種族問題，但是卻對自己的客觀性有某

---

❹譯者註：英文原文 "It's Strange" 是雙關語，也可以理解為「這聽起來很怪是吧」。

種偏見。講究客觀與公正，這個初衷確實是好的，但是科學的操作者只是一般的人類，這些人通常不會有全知之眼或超自然能力，沒辦法「在時間裡穿梭到處察看」，而且科學家跟我們其他人一樣，也都有自己的目標、抱負乃至於缺陷，大家都一樣會在起初時立志高遠，結果卻未盡人意，這有部分就是因為大家一直都有著一些偏見及盲點，就算你跟史蒂芬・史傳奇一樣，是個擁有照相式記憶力的天才，你依然無法照見全局，只能看到其中的某些部分。許多女性主義哲學家主張，公正這個理想本身其實就帶有不公的色彩或偏見❺，諷刺的是，我們對於客觀、普遍與公正的渴望，反倒引人落入片面與偏私的視角──「知道你的無知」，如果我們無視於蘇格拉底和古一的智慧忠告，就會落入這般境地。

　　身為一名醫學家，史傳奇醫師不僅抱持著科學心態，在許多時候也都只從科學的片面角度來著眼，包括他怎麼看待自己的無知、看待其他人（他的女友、同事、其他法師）及其他文化。就好比他在卡瑪泰姬被帶到自己的房間時，莫度給了他一張小紙片，上頭寫著 "Shamballa"（指梵語裡的理想聖土），史傳奇就問：「這是什麼？我的法咒嗎？」莫度發出一種會心的笑容答道：「是 wifi 密碼，我們不是野蠻人。」這段短短的對話清楚表現出了西方人對其他人的既定態度，而這種態度就是在文化、族群或種族上產生偏見的土壤。當史傳奇承襲了這些偏見，他也等於是讓自己站在蘇格拉底那種自我批判精神的

---

❺相關例子可以參見 Miranda Fricker, "Feminism in Epistemology: Pluralism without Postmodernism," in Miranda Fricker and Jennifer Hornsby (eds.), *The Cambridge Companion to Feminism in Philosophy* (Cambridge: Cambridge University Press, 2000), 146–165。

對立面，此時他代表的是一種「棄知」(unknowing) 狀態，因為他不知道自己不知道什麼，也不承認自己的無知。

以孔窺天⋯⋯或戴著有色眼鏡

　　照這樣說的話⋯⋯我們豈不是全都成了帶有偏見的人嗎？難道我們全都是在以孔窺天嗎？當然就是這樣！科學家兼探險家格奧爾格・福斯特 (Georg Forster，一七五四～一七九四年) 認為，我們全都是透過「有色玻璃」(在他那個時代，綠色眼鏡是很流行的配件) 來看這個世界，而這玻璃就是由我們的文化背景所塑造而成的。「戴著有色眼鏡」這句話的背後意思就是帶有偏見，不論你是戴著一副綠色眼鏡，或者是透過孔洞來看東西，你都無法看到真正的全部模樣，只能獲得擷取或過濾後的某種版本。福斯特還強調，我們並不能把濾鏡直接就拿掉，因為那原本就是我們各自的文化背景。

　　如果從光明面 (又或者只是「綠色」的那一面) 來看，就是因為體認到了侷限——更精確地說，是困於侷限而產生的挫敗感——所以我們才會有動力去克服它，就像小嬰兒學著爬行或走路那樣，一旦知道了自己未見全局，我們常常就會試著找出看到更多東西的辦法，而這就會引領我們克服偏見與濾鏡的障礙。同樣地，科學要想有所進步，不帶有某種程度的偏見是不可能的，比方說如果我們現在要專注探究某個科學上的問題或領域，此時我們必須要做的事，就像是戴上東西來遮眼一樣，這樣才能專注於某個對象，遮擋掉其他東西。能夠承認自己有偏見，然後想要或願意克服這些偏見，這已經算是跨出一大步了，從這個意義上來說，也許福斯特那種自我批判的態度會讓他免受

西方式偏見之囿，能夠用同理心來談論玻里尼西亞的人民。

這種偏見有種常出現的例子，就是「高貴的野蠻人」(noble savage) 這個浪漫化概念，雖然說「所有的野蠻人都是高貴的」似乎是一種所謂的「正面偏見」，但其實這話更像是帶有譏諷的恭維——畢竟「野蠻人」依然是羞辱用語，當史傳奇錯把 wifi 密碼當成是某種法咒的時候，就是受到這種偏見所誤。在此意義底下，《奇異博士》這部電影可以說把這個問題又多往外延伸了一步，它嘲諷自己本源中的現象，藉此來**處理**其中的偏見問題。雖然整部電影裡充斥著片面性的視角，但是最主要的一個還是那種「現代＋科學」與「古代＋祕術」之間的碰撞，而且電影裡還把這兩者等同於「西方」與「東方」，這根本就是文化偏見使然。就像 wifi 那個例子一樣，我們也可以問：《奇異博士》這電影到底是延續了這些偏見，還是有助於揭露偏見呢？為了回答這個問題，我們要先跳出故事之外，思考一下這部電影本身是否就帶著偏見。

把古一洗白

「洗白」(whitewashing) 一詞指的是一種好萊塢製作電影的常見方式，他們翻拍時會找白人演員來扮演在原作中的有色人種角色，這其中有金錢上、政治上，乃至偏見上的考量。舉例來說，在二〇一〇年由電玩改編的電影《波斯王子》上映，片商不是選波斯人，而是讓傑克‧葛倫霍 (Jake Gyllenhaal) 來飾演主角；一九九五年的經典日本動畫電影《攻殼機動隊》在二〇一七年推出了真人翻拍版，主角也不是找亞洲演員，而是由史嘉蕾‧喬韓森 (Scarlett Johansson) 飾演（她另

外也在漫威電影中扮演了黑寡婦）❻；二〇一六年推出的電影《荷魯斯之眼：王者爭霸》裡，幾乎清一色都是白人面孔；還有奈・沙馬蘭 (M. Night Shyamalan) 執導的 《降世神通 ： 最後的氣宗》（二〇一〇年），這部真人版改編電影翻拍自受到許多人喜愛的動畫影集《降世神通》，而其洗白的程度比前面那些電影還更徹底，「除了個別角色的種族以外，連原作系列中所提倡的接納精神與文化多樣性訊息」，都遭到了扭曲❼。

在漫畫裡，古一法師這個角色原本是個年老的亞洲男性，但在電影《奇異博士》裡，則改由蒂妲・史雲頓 (Tilda Swinton) 飾演，雖然她是位了不起的演員，也帶有神祕氣質，但卻是個年紀相對較輕的白

❻這樣的例子還有很多， 有興趣可參見 Jessica Kiang, "The 20 Worst Examples of Hollywood Whitewashing," *IndieWire*, February 23, 2016 （免費網路資源：https://www.indiewire.com/2016/02/the-20-worst-examples-of-hollywood-whitewashing-268110/）。雖然《攻殼機動隊》大概是近年來最有名的例子，不過這部電影的情況比較複雜，因為原本動畫的導演押井守也贊同這次的選角，理由在於該角色是個生化人，而她的面貌原本就跟喬韓森頗為相似。另一方面，對於漫畫和動畫來說，種族方面的問題也比較複雜，例如月野兔，她最為人知的角色是《美少女戰士》中的水手月亮，雖然西方人會覺得她的外表看起來有很明顯的「高加索」特徵，可是在日本讀者眼中， 淺色的眼睛與頭髮的顏色並不是要表現種族，這些特徵背後另有一套顏色象徵，具有譬喻上的意義：例如紫色的頭髮代表皇室，而金黃色的頭髮代表童真。有些日本朋友曾告訴我，漫畫或動畫裡的角色基本上「根本就不屬於哪個種族」。儘管如此，《攻殼機動隊》還是有一些其他的可議之處，例如原版中所有哲學式的對話都被改編而消失了 ， 導致草薙少佐這個原創性的女性角色因此失去了許多智識上的光彩（不過這個主題我會放到另一本書裡再談）。

❼原話出自 Racebending.com 裡頭的 Michael Le ， 引述於 Deepti Hajela, "Critics: 'Airbender,' 'Prince'Were 'Whitewashed,'" *The Washington Times*, May 25, 2010。

人女性。就像前面提過的其他例子一樣，這個決定也遭到了批評，說好萊塢又在洗白了，可是這件事也沒那麼簡單，因為事實上漫畫裡原本的古一法師這個角色本身也很有爭議，該電影的其中一位編劇羅伯·卡吉爾 (C. Robert Cargill) 曾用「小林丸」(《星艦迷航記》裡的一項模擬任務，設定為必敗之局) 來比擬古一的選角工作：選用一位非亞裔的演員會被當成是在洗白，但是真選用了亞裔演員的話，又會繼承原本該角色中所蘊含的種族刻板印象 ❽。卡吉爾提到，他們希望至少可以不要再呈現出一個符合刻板印象的亞洲反派，尤其古一在這部電影裡有很多值得商榷的行為，像是欺騙自己的弟子、違反自然法則，還從黑暗維度汲取法力來延長自己的生命。此外，古一法師第一次在奇異博士的故事中現身是在一九六三年七月推出的 《奇異故事》(Strange Tales) 第一一〇期，他的形象可不太像我們現在會聯想到的那種西藏高僧，給人既和善又睿智的感覺，他毋寧更像是典型的傅滿洲 (Fu Manchu) 式人物，出自當時的「黃禍」印象，因為在那個時代裡，很多人對於東方都懷著不理性且仇視的恐懼。

按照卡吉爾的說法，「在漫威的歷史上，沒有其他角色埋了這麼大的文化地雷，你怎麼做都註定不會面面俱到。」可是他這話並不對，而且這也不是漫威影業第一次面對這種議題了。雖然古一帶有種族上的刻板印象，但他絕對不是一個反派，跟鋼鐵人的死敵滿大人根本就是不同情況，因為滿大人不但很明顯直接承繼了傅滿洲的刻板形象，而且該角色還聲稱自己是成吉思汗的後裔，援引了真實世界的人物來

❽此處及後續對卡吉爾說法的引述均出自 "Exclusive! Doctor Strange Writer C. Robert Cargill – Double Toasted Interview," April 22, 2016，參見網上影片：https://www.youtube.com/watch?v=eEpbUf8dGq0。

打造這個刻板形象。

刻板印象、超級反派與幸運餅乾

　　處理這種刻板印象的最好辦法，也許是不要正面接招，然後將之轉化為完全不同的東西。例如前兩部《鋼鐵人》電影幾乎都跟滿大人沒什麼關係，唯一牽扯到他的是恐怖組織「十環幫」，其中十環指的是一套來自其他世界的飾品，就是它給予了滿大人力量。不過製片商之所以改動角色與設定，其原因並不只是為了要免除一些令人反感的刻板印象，有時候經濟因素才是最重要的原因，《攻殼機動隊》和《波斯王子》就是這樣，製作方就只是覺得史嘉蕾‧喬韓森和傑克‧葛倫霍的票房吸引力比較大，所以才會甘冒大家對於洗白的強烈抨擊。

　　另一個實際上的考量是要確保觀眾的人數達到最大，為此製片商常會改動一些有爭議的角色，這些角色跟政治有一些牽扯，會影響到主要的國際市場，修改是為了避免讓電影被當地政府禁播。卡吉爾說過，他們擔心《奇異博士》不能在中國上映，「那可是世界上最大的觀影國家之一」，他們之所以把卡瑪泰姬的地點從西藏改成尼泊爾，有部分就是出於這個原因。但在其他時候，改動設定就只是要反映時代變化而已，像東尼‧史塔克被俘，繼而跟何銀森一起開發出他最早的一套裝甲，漫畫中這劇情原本是發生在越戰，在二〇〇八年的《鋼鐵人》電影裡就改成了阿富汗，該片導演強‧法夫洛 (Jon Favreau) 解釋他們這樣做是為了 「合乎我們這時代的恐懼， 以維持對此情節的情感反應」 ❾。

　　照這樣說的話，二〇一三年上映的 《鋼鐵人 3》 竟然把滿大人設

定成了十環幫的頭子，這似乎很冒險，因為他的名字非常明顯帶著中
國的民族色彩，而且不只如此，扮演他的還是班‧金斯利 (Ben
Kingsley)，他所扮演過最知名的角色就是一九八二年電影《甘地》中
的主角。金斯利的本名是克里希納‧潘迪特‧班吉 (Krishna Pandit
Bhanji)，他的白人母親是位演員兼模特兒，父親則是印度裔的醫生，
這其實跟漫畫裡滿大人的血統頗為相似，他的父親是一位富有的蒙古
裔中國人，母親則是一位英國貴族。

　　雖然金斯利跟滿大人之間有明顯的相似之處，但是片方還是另外
找到了個辦法來扭轉其中的傅滿洲刻板形象。在電影中我們後來會發
現，「滿大人」其實只是一個虛構的角色，由英國演員崔佛‧史萊特利
(Trevor Slattery)（就是金斯利扮演的角色）所飾演，反派利用他來迎
合西方人的既定偏見，以此讓十環幫顯得更加可怕。電影裡真正的反
派其實是奧德利奇‧齊禮安，一位美國白人及科學天才，多年前曾遭
到東尼‧史塔克的拒絕與羞辱，當他對著史塔克將自己的邪惡計畫娓
娓道來時，便解釋說他發明滿大人這個角色是因為人們需要有個「目
標」，還拿他跟賓拉登及海珊相提並論。

　　這麼一來，片方成功把滿大人轉化成了一種批判，被這個設定所
點評的不只是種族偏見，還有洗白這件事。齊禮安這個白人，把各種
刻板印象拼湊出了一個粗糙的綜合體，最後組成了一個滿大人：這個
名字會讓人聯想到中國，在他假造的那些宣傳影片裡所用的道具則會
讓人聯想到東方，至於阿富汗的恐怖組織則又連結到了中東方面。而

❾參見 Edward Douglas, "Exclusive: An In-Depth Iron Man Talk with Jon Favreau,"
　SuperHeroHype, April 29, 2008，網址：https://www.superherohype.com/features/96427-
　exclusive-an-in-depth-iron-man-talk-with-jon-favreau。

其中最**精彩絕倫**的，則是他選了一個英國演員來扮演這個角色，以荒謬至極的手法來操縱人心（這一點可以呼應到當年的選角，在一九六〇年代的電影裡，飾演傅滿洲的也是個英國白人演員克里斯多福・李〔Christopher Lee〕）。這情況很像是這部電影中滿大人所說的：「我來告訴你們幸運餅乾的真相：這東西看起來很中國、聽起來很中國，但其實是美國人發明的，所以它才會是空心的，裡頭塞滿了謊言，只會在嘴裡留下難吃的味道。」

奇異的轉變

　　相較於滿大人在轉化過後成了某種丑角，反映出了好萊塢喜歡取用種族刻板印象的傳統，古一的轉化程度其實更加劇烈，但這轉化並不像滿大人那樣，成為仿諷自己的角色。《奇異博士》背後的製片方不但去除掉了原本漫畫角色中的傅滿洲刻板形象，而且還更進一步採用白人女性演員來擔任這個角色。按照蘇格拉底式的作法，如果人們實際表現出刻板印象的話，此時來抗拒刻板印象的力量就會變得更強大，而製片方確實這麼做了，他們（其他藝術家也常如此）承認自己無力直接擺脫偏見，反過來還讓大家好好看看這個無力的情況，也看看他們的偏見——有時還會以幽默的方式來呈現。

　　就像前面所說的，成見與偏見是整部電影裡經常出現的笑點，而且通常出糗的就是奇異博士本人。例如他剛進到卡瑪泰姬的時候，史傳奇不由分說，直接把一位亞裔的老者當成了古一，但那個人其實是另一位叫做哈米爾大師的法師，他沒有回應史傳奇的錯認，而是默默地走出了房間，在那之後真正的古一法師才說出了**她**自己的身分。在

漫畫裡，哈米爾隱士是古一法師的僕人，同時也是王的父親，而王後來也接手成為奇異博士的僕人。然而這種角色刻畫方式本身就不是很討喜，因為這會讓《奇異博士》漫畫裡的多數亞洲角色只能當個僕人或反派（就算是智慧與法力高強的古一本人，其實在漫畫裡也常得要扮演無助的受害者或俘虜，只能等著自己最心愛的徒弟來救他）。

哈米爾在電影裡從僕人升級成了大師，這個改編受到了評論家的認可（不過他們還是挑出了毛病，說他這角色的表現方式還是迎合了「靜默的亞洲人」這個刻板印象），不過這一批評論家對此電影真正讚譽之處，是它「呈現亞洲形象的方式，表現王大師這個角色時給了人一點指望」，因為王看起來「風趣、聰明，而且大概還深通法術」❿。相較於電影裡有幾位亞洲角色比平常有了更好的表現機會，裡頭最主要的高加索人角色，也就是史蒂芬·史傳奇，反而遭受了不少挫折，變得更謙遜了些。在漫畫裡他看起來冷峻、鎮定，而且能力驚人，不論在那場改變他人生的車禍之前或之後都是如此；但是在電影裡，他前後所發生的轉變比較戲劇化，從原本那個自大到嚇人的傢伙，搖身一變成了古一法師底下謙遜的門徒。

選擇女性來扮演古一還解決了另一個普遍存在的偏見：把權力跟男人本性劃上等號。電影裡沒有讓年輕的男人拜在年老的男人門下、接受訓練學習強大的魔法，而是讓女人來當老師，這又顛覆了另一個

---

❿參見 Olivia Truffaut-Wong, "'Doctor Strange' Avoids One Asian Stereotype with the Ancient One But Reinforces Another," *Bustle*, November 4, 2016，網址：https://www.bustle.com/articles/192678-doctor-strange-avoids-one-asian-stereotype-with-the-ancient-one-but-reinforces-another。若想知道更多王的進一步資訊，可參見本書第 18 章由馬洛伊所寫的內容。

刻板傳統：權力與知識總是只在男人之間傳承，傳給女人是次等的選擇。史傳奇在電影一開始是個有實權、有自信的男性，然而他看待知識、文化與性別的眼界卻非常狹隘，例如他會認定古一應該是個男人，同樣地，他也對自己的同事兼前女友克莉斯汀‧帕瑪醫師的價值感到質疑，聽到她勸告自己「還有其他能讓你人生有意義的事」時，竟然報以輕蔑的回覆：「例如什麼事？例如妳嗎？」從上述兩個例子裡我們可以看見他對女性的偏見，但也是這兩個例子裡的女性，在後來指引他解開了自身的蒙昧。

我們都可以成為至尊蘇格拉底

偏見無法完全避免，千百年來形成的刻板印象與偏見不會剛好就在我們的有生之年消失。偏見之所以可以存續，是透過人們習焉而不察的重複傳遞，所以一定要挺身面對偏見，在我們的意識中將之揭露，然後再擴展我們自己認知的孔洞，而電影《奇異博士》同時做到了這兩件事，以洞察力加上一點幽默來探討偏見的問題。這部電影讓我們可以重新思考自己在性別、種族與文化方面的偏見，以及我們在生活中要如何設法處理這些偏見，包括要選擇什麼方式來批評偏見本身。如果我們想要照見自己的無知及視角的侷限，其實根本不需要用阿迦莫多之眼——只要有蘇格拉底式的至尊傳遞給我們一點啟迪之光就行了！

第9章

史蒂芬・史傳奇 vs 安・蘭德
A 不一定等於 A

艾德華多・佩雷斯 Edwardo Pérez

કૌૂસ ઓટ ઇરૂયુર ડૉલર ઇન રપિરૉहृન3રટિ ઇન વૉલયૂપ્ટૅટ વૅલીટ ઍસસૅ સવૉલયૂપ્ટૅટીટ ઍસસૅ સીલમ ડૉલૉ રપિહૅનન3રટિ નુલલ

　　當奇異博士跟多瑪暮成功「打了商量」——要這位來自其他維度的惡魔離開地球，不然就得永遠陷在無止盡的時間循環裡頭——這不光是拯救了世界而已，在整部二〇一六年的電影《奇異博士》裡頭，這一段也代表了其中對於自然法則的哲學論辯之高峰，彷彿是在告訴我們，在某些時刻，例如在世界快要被邪惡的黑魔王所吞噬的時候，稍微玩弄一下規則也許是可以接受的。史傳奇和王都樂見於這樣做的結果：事物重歸如常，人們依舊吃著晚餐，孩子們拍球玩樂，而卡西流斯等一群狂熱分子則冰消瓦解，遁於無形之中。

　　然而莫度可不這麼看，他對王和史傳奇指出，雖然他們這次贏了，卻是「靠著違反自然法則」才成功的，他們的師傅古一也是這樣，她之前就從黑暗維度裡汲取力量來延長自己的壽命。莫度問道：「你還是覺得這樣做不會有什麼後果嗎，史傳奇？不用付出代價？我們打破了自己的原則，就像她那樣。今天欠下的帳總有一天要還的，永遠逃不掉！算帳的時候要到了，我不會再繼續走這樣的路。」❶莫度並不只是生氣而已，他還感到幻滅，他的世界觀被徹底破壞了，這讓他放棄

了原本的法師生活。然而在另一方面，史傳奇卻不認為法則得要一成不變——他看到了變化的可能性，不論他的身分是外科醫生還是法師，他唯一受到的侷限就是自己的想像力。對史傳奇來說，自然法則並非像是莫度所想的那樣，它其實沒那麼自然，也沒那麼死板。

在本章中我們將會探討幾種哲學處理自然法則問題的方式，尤其會援引安‧蘭德 （Ayn Rand，一九〇五～一九八二年） 的作品來討論，她的思想對於奇異博士的其中一位創造者史蒂夫‧迪特科 (Steve Ditko) 造成了巨大的影響。到底自然法則是什麼，而違反自然法則又有什麼問題呢？是否真如莫度所言，欠下的帳總有一天要還——還是跟史傳奇說的一樣，是莫度缺乏想像力？此外，史傳奇真的違反自然法則嗎？會不會他其實是在守護自然法則呢？

停！絕不可以操弄連續時間的機率！

自然法則的意思是世界上存在著某些具有普遍性的法則，這種法則不僅不證自明，也一直約束著我們。從古到今，哲學家們試著想要列出這些法則並加以解釋，因而提出了許多細緻周密的說法，然而對於究竟這些法則的內容為何、實際上如何發揮效用，他們卻始終無法達成一致的意見。

有些哲學家，例如西塞羅 （Cicero，西元前一〇六～四三年） 以及聖多瑪斯‧阿奎納 （St. Thomas Aquinas，一二二五～一二七四年），認為自然法則出於天授而永恆不變❷，我們全都一定會受到自然法則

---

❶本章所有引述的對話都出自二〇一六年的電影《奇異博士》。

的制約，而且我們只要透過自己的理性就能發自內在地（或者說**先驗地**）獲知這種法則，因為理性本身也是上天所賜與的。此外，由於我們是透過自己的理性能力來看出上天在自然法則裡頭想要告訴我們什麼東西，世俗環境的現實情況並不會影響到自然法則，因此就算時空環境改變，自然法則也絕對依然不移不易。

透過哲學、科學與（包括非西方觀點的那種）政府法規這種種視角，我們還有很多精微奧妙的辦法可以一探自然法則之究竟，不過這裡頭有一種跟奇異博士特別相關，那就是安‧蘭德所提倡的看法。這個角色是史蒂夫‧迪特科跟漫威的漫畫大師史丹‧李一起創造的，而迪特科本人就是蘭德的狂熱信徒，他甚至似乎還把蘭德小說《源頭》(*The Fountainhead*) 中的主角霍華德‧洛克 (Howard Roark) 當成了自己的人生楷模，效法這個人物堅持信念、絕不妥協的精神（蘭德把他描寫成了一個理想的人格典範）❸。的確，我們在史蒂芬‧史傳奇的身上可以看見有霍華德‧洛克的影子，其中最明顯的一點，就是這兩個人都是超級自信的天才。

沒有其他辦法了

蘭德的哲學被稱為**客觀主義** (Objectivism)，其內容涵蓋了許多層

❷參見 Cicero, *The Republic and The Laws*, trans. Niall Rudd (Oxford: Oxford University Press, 2009)、Thomas Aquinas, *Treatise on Law*, trans. Richard J. Regan. (Indianapolis: Hackett Publishing Company, 2000)。關於更多自然法的理論介紹，可參見本書第 22 章由克洛夫撰寫的內容。

❸參見 Ayn Rand, *The Fountainhead* (Indianapolis: Bobbs-Merrill Co., 1943)。

面，為了合乎這裡的需要，所以我們只會介紹她自己所認定的基礎觀念，也就是生命的三大基本公設 (axiom)：存在、意識與同一性 (identity)。在蘭德看來，這些公設都是不證自明、無可挑戰的，因為存在就是一個對象的成立狀態，而意識則是我們感知到的內容，至於同一性則是本質的載體。按照當代的客觀主義哲學家（同時也是蘭德指定的智識繼承人）李奧納德‧培可夫 (Leonard Peikoff) 的解釋，這三項公設「必定是所有人都會接受與採納的，包括抨擊這些公設的人，以及抨擊『不證自明』這一概念的人。」❹如此一來，存在、意識與同一性「就是知識的根基，因而也是無可避免的。」❺如果按照蘭德自己的解釋，「實在界是一種客觀的絕對存在——事實就是事實，不受人類的感受、意願、希望或恐懼的影響。」❻

這些說法聽起來是不是跟莫度的想法有些相似？事實上，這種絕對邏輯——也就是相信某件事無庸置疑、不能違背、無可替代——確實很像是莫度用來回應史傳奇的那套邏輯。在卡西流斯第一次攻擊紐約至聖所後，他所提出的論點是這樣的：

莫　度：這批狂徒會把我們都殺光的，你就不能鼓起勇氣先殺了他們嗎？

史傳奇：不然你以為我剛剛是在幹嘛？

---

❹參見 Leonard Peikoff, *Objectivism: The Philosophy of Ayn Rand* (New York: Meridian, 1991), 9。

❺同上，11。

❻參見 Ayn Rand, "Introducing Objectivism"，網址：https://courses.aynrand.org/works/introducing-objectivism/。

莫　度：你只是在救自己的命!然後又像是隻受傷的小狗那樣哀哀叫。

史傳奇：哦，你來下手的話就覺得這沒什麼囉？

莫　度：你根本不知道我以前做過什麼事，你說得沒錯，我下手會毫
　　　　不遲疑。

史傳奇：就算還有其他辦法也一樣？

莫　度：沒有其他辦法了。

史傳奇：那只是你沒有想像力。

莫　度：不，史蒂芬，是你沒有肩膀。

　　某個程度上莫度這種觀點算是從古一那裡學來的，她之前在電影裡也曾告訴史傳奇：「你想回歸過去那種妄念之中，以為自己可以控制一切事物，甚至包括死亡在內，然而其實根本沒有人可以控制這些，就連偉大的史蒂芬‧史傳奇醫生也辦不到。」

　　儘管古一有各式各樣了不起的能力和知識，而且她也一直教導弟子說實在界是由思想來打造的，但是她到了最後也照樣無法控制自己的死亡，不論她從黑暗維度汲取了多少力量，她充其量也只能拖延死亡的到來，「把轉瞬的一刻拉長成千千萬萬」。對莫度來說，這件事「沒有其他辦法」，就像蘭德的客觀主義所言，現實是無可選擇的，你根本就無法「改寫或逃避，只能鄭重而自豪地去面對它」 ❼。莫度和古一正是如此：他們不但面對現實，而且還擁抱現實。古一或許可以說是作弊，躲過了死亡長達上千年，但是不論她想要拖多久，當死亡來到時，她還是會坦然接受。

---

❼同上。

天下豈有二王？

可是如果你**可以**控制死亡呢？如果蘭德的公設，或者說莫度和古一所相信的至理，**其實**並不一定對呢？如果史傳奇說對了，我們只是缺了一點想像力（外加幾件很酷的法器）而已呢？我們不妨拿王在電影最後的遭遇當例子，在卡西流斯攻擊香港至聖所的時候，王就已經戰死了，但後來史傳奇用了阿迦莫多之眼來倒轉時間，王又活了過來。這樣說來……王到底死了沒有呢？

這對客觀主義的公設來說確實是個問題，我們把焦點放在第三個公設上，也就是「同一性法則」。按照培可夫的解釋，「當某個主體存在，它一定會是某種東西，一定會有本質，也會有同一性。某物一定是它自己，如果套用傳統公式來說，就是 A 等於 A。」❽王死掉了，所以王已經死了；但是王還存活，所以王現在活著；可是死與生不能並立，所以前頭的說法只能有一邊為真，問題是哪一個說法才真的符合公設呢（哪個 A 才是 A）？如果同一性法則是不證自明的，那麼哪一個王才是不證自明的呢？

這問題有個簡單的解法，我們可以說反正王就是王，因為這個王還是那個王，畢竟他還是保有某種意義下的「王性」(Wongness)。但是這樣說也意味著兩個王是一樣的——但真是這樣嗎？他會不會在史傳奇操縱時間的時候發生了改變呢？我們來看看蘭德怎麼說吧：

> 雖然在事實上來說，某些特質在某個特定的時間裡會不為人

---

❽參見 Peikoff, *Objectivism*, 6。

所知，但這並不代表這些特質就會被排除在同一性之外——**或排除在概念之外**。A 等於 A，存在者就是它們存在的狀態，與人類的知識狀態無關，而概念會對存在者進行整合，繼而加以表達，也就是說，概念裡頭統合了其指涉對象的**所有**特質，包含已知與未知的在內。❾

　　蘭德從一開始就點出了一件事，特質必須要透過「科學上的研究、觀察與驗證」才能為我們所發現，因為她一向堅持我們的知識是開放式的 (open-ended)❿，我們並不會無所不知（就算我們的星體靈魂可以在身體睡覺的時候繼續讀書也一樣），當我們學到了新的東西，就會把它加到知識之中。如果蘭德的說法正確，那麼在那兩種不同的現實情況裡，王都是同一個王，因為他的同一性並沒有改變，我們只不過是獲知了一些與他相關但我們之前不知道的知識而已，我們之前知道他死了，但現在又知道他活過來了——所以王還是王。可是這麼說的話問題又來了：如果王死了然後又被救活，那被救活的這位真的還是同一個人嗎？看起來他應該還是同一個王，因為他沒有死得很透，就像是睡了一覺或被打昏後不醒人事一陣子而已，當然，他的性格與行止看起來好像沒有兩樣，而他的知識和經驗也依舊相同，唯一不同的地方在於他知道自己死過一回，也知道是史傳奇讓他復活的（史傳奇還為此向他致歉，但王似乎並不在意，還告訴他：「好吧，你現在可別收手。」）。事實上，真正知道這裡頭發生過什麼事、經歷了超過一次

---

❾參見 Ayn Rand, *Introduction to Objectivist Epistemology*, expanded second edition, ed. Harry Binswanger and Leonard Peikoff (New York: Meridan, 1990), 99。
❿同上。

的現實情況的人，就只有史傳奇、王、莫度，以及卡西流斯等幾名狂徒而已，相較之下，我們看到電影中其他香港街頭的人都重歸如常，就好像時間只是暫停了一下子，然後又繼續前進，中間沒有出過任何疏漏，所以我們應該可以假定地球上沒有其他人知道發生過什麼事。這樣的話，這問題還有什麼兩難之處嗎？如果根本就沒有人知道發生過什麼事，那史傳奇做過什麼會有差別嗎？

蘭德這套邏輯告訴大家，我們可以把現實中發生的改變解釋為新的知識，但是這樣似乎還不夠。確實，王和莫度都還是同一個人，但是他們也都發生了改變，雖然他們都保留了自己的本質，也就是他們的同一性，但是他們畢竟也有發生改變，王現在願意接受自然法則可以打破，不過莫度卻不願意（並且因此改變了自己的人生）。何況史傳奇也發生了改變，甚至地球上的其他所有人也一樣，只不過他們自己不知道罷了。所以史傳奇做了什麼事似乎還是會造成影響的──畢竟這兩種現實之間的變動實在太過巨大，已經不能說兩者是同一回事。

那如果我告訴你，這只是其中一種現實呢？

在這部電影裡，不論人們自己有沒有意識到，兩種現實都是存在的，只不過第二種現實後來抹去或取代了第一種而已，所以王活了下來、地球得到拯救。之所以可以辦到這點，是因為史傳奇創造出了一個時間迴圈──說起來他這樣算是創造出了第三種現實，這種現實裡的時間會無限循環，這樣就可以讓史傳奇用來談判，跟多瑪暮打打商量。某個意義上來說，在史傳奇的腦海裡這三種現實是同時存在的，而且就是因為他可以如此設想，所以才能選擇最後到底要留下哪一種

（地球上所有人的命運的確都掌握在他手上，而以一個還沒有當上至尊法師的人來說，他確實也表現得不錯了）。

　　蘭德的客觀主義似乎並不足以解釋上述這一點，除非她也可以跟史傳奇一樣觀察到三種現實，否則她就想像不到三者會同時存在，因而她也沒辦法獲得新的知識。雖然對活在三者間任何一種現實的人來說，那些公設都還是正確的，可是對史傳奇、莫度、王及卡西流斯等狂徒而言卻不然，對多瑪暮尤其不是如此——這種問題是蘭德的客觀主義未曾預料過的。多重宇宙的基礎是由哪些公設所形成的呢？蘭德只說「存在的狀況存在」（existence exists），但這是指哪一種存在狀況❶？蘭德主張意識乃是「受限、有窮、合規的」，但如果意識其實是無拘無束、無法無規的呢❷？蘭德說 A 等於 A，但如果 A 是多重宇宙的話呢？正因如此，所以蘭德那種「新知論證」才會出問題，畢竟多重宇宙是無法以科學方式來一探究竟的，除非你是史傳奇那樣的法師，不然就無法觀察或驗證它。而且即使我們的意識感知不到多重宇宙，我們也不能因為這樣就排除它的存在，因為這無異於是在排除現實——如果我們真的相信她的第一條公設「存在的狀況存在」的話，那就不能這麼做。

　　對蘭德而言，如果說我們感知不到的現實就不存在的話（就像《駭客任務》裡莫菲斯對尼歐的說法那樣），那就等於是否定了人類的感官，就等於是說我們的眼睛騙了我們，可是對客觀主義者而言這種說法萬萬不可，因為客觀主義會因此而垮臺。我們看看培可夫是怎麼說

---

❶參見 Peikoff, *Objectivism*, 4。

❷同上，48。

的：

　　客觀主義者不會接受懷疑論的核心主張：人類所感知到的並非實在，而是實在對其認知能力所產生的影響。人類確實是可以直接感知到實在的，而不只是實在的某種影響而已。人只是**利用**實在對自己感官知覺的影響來感知實在……知識的每個環節都包含了兩項要件：認知的對象與認知的手段——或者也可以說成是「我知道**什麼**」與「我**如何**知道的」……這些要件彼此不可能會有衝突……你不能用「如何」來否定「什麼」，或用「什麼」來否定「如何」——只要你明白 A 等於 A、意識等於意識，就一定會是這樣。❸

　　當然，這種說法本身忽略了一件事：有大量的科學上的因果觀測告訴我們，自己的眼睛是如何無時無刻不在「欺騙我們」，而我們所見的事物從一開始也已經被大腦所過濾，因此可以這麼說：我們所看到的，其實是我們**想要**看到或**需要**看到的東西，而不一定是實際上存在的東西。

　　無論是這一類的研究結果，或是史傳奇與王所認知到的現實狀況，在在顯示「知道什麼」與「如何知道」之間是有可能產生強烈衝突的。即便我們同意了蘭德和培可夫的主張，認為我們直接經驗到的對象就是實在，客觀主義者還是至少應該要承認，我們經驗到的東西——也就是我們感知到的實在——有可能並不完整，就像古一法師那個「以

❸同上，51–52。

孔窺天」的比喻，套用此譬喻來對照的話，蘭德就像是電影剛開始的史傳奇，不相信認知的孔洞還能夠再擴大，因為他根本察覺不到孔洞的大小，然而等到古一讓史傳奇看到了多重宇宙，他就變得跟蘭德不一樣了，他變成了一位法師，只得承認還有其他不同感知方式的實在界存在。

　　上述的說法並不代表我們就應該否認感官告訴我們的東西，或是把實在視為一種幻象，重點不是要把原本的未知解釋為我們的新知，而是要承認我們的感官會過濾現實，只不過這種過濾並不是要造就假象，它毋寧是一種保護機制，讓我們知道即使自己不能知道實在界裡的所有事物，我們依然可以生存於其中。沒錯，不然想像一下，如果每個人都可以感知到多維空間，或是可以隨意讓自己的星靈體脫離肉身的話，這會造成多少的心靈創傷？又如果每個人都可以創造出鏡像維度，或是用法器操縱自然的話，又會造成什麼結果？套句莫度的話，這些景象裡一定會冒出「太多魔法師」，這些人很難把控好正常的生活，更別說要把控他們新得到的能力了❹。

法師們最強大的武器

　　古一法師在臨死前告訴史傳奇，「我很討厭從黑暗維度汲取力量，可是你也很明白，人有時候就得要打破規則，這樣才能從事於更大的善。」❺這種觀點卻恰恰是莫度無法理解的，問題不僅在於這違反了

---

❹關於多重維度本身，以及其對實在之本質所造成的問題，可參見本書第 14 章由伯賀夫所撰寫的內容。

❺參見 Peikoff, *Objectivism*, 51–52。

蘭德那一整套哲學觀，而且還有別的原因。舉個例子，我們也許會說殺人就是不對，可是如果真想要合理化終結他人生命的行為，我們能設想出多少種情況呢？把問題的角度放大來看，我們也可能會說違反自然法則一定不對，但如果我們違反它是為了達成某個更高的目的，例如從事於更大的善呢？

如果莫度碰到這種情況，他會要我們怎麼做呢？難道我們應該要遵守自然法則，任由世界被多瑪暮吞滅嗎？一個人確實可以堅持理念不願妥協，為此拋下工作直接走人，這也是蘭德哲學觀裡頭的理想人物，但是為了這種理由而讓全人類滅亡，那可就是另一回事了。這樣做不僅太過極端，從道德上來說也不會正確，而且從結果來看，這樣做也沒有必要——何況如果用蘭德第二條公設的角度來看看她對意識的想法，就更顯得沒必要了。

按照培可夫的詮釋，「意識是一套主動的程序……而我們所意識到的對象，也就是實在，確實是存在的……只不過它不會幫人進行他自己要做的認知工作，也不會一定要出現在人的心靈之中。」❶❻換句話說，雖然我們身為人類原本就一定會思考，但是對蘭德來說，思考卻是我們刻意選擇的行為。「你無法擺脫自己的本性，理性就是你賴以生存的手段」，蘭德這樣寫道❶❼，「所以對**你**這個人類來說，哈姆雷特那個『生存還是消亡』的提問，其實就等於是『思考還是不思考』。」❶❽

這豈非正是史傳奇的寫照嗎？他到了香港後發現至聖所已毀，王也死了，多瑪暮正要把地球吸入黑暗維度之中，莫度叫道：「太遲了，

---

❶❻同上，55。

❶❼同上。

❶❽同上，56。

什麼都無法阻止他了。」但史傳奇卻回答：「還不一定。」史傳奇原本看似完全照著蘭德那些方針在行事，但他知道自己唯一擁有的武器就是時間，於是就把時間當成了利劍，順利打敗了卡西流斯等狂徒與多瑪暮。換句話說，按照蘭德和培可夫的理論，理性就是史傳奇賴以生存的工具，而即便史傳奇確實操縱了時間，但他並沒有違背自然，這樣做反而是保護了自然，所以這才是魔法師們理所當為之舉，就像王說過的，「復仇者們保護世界免受物理上的危害，我們也在守護世界，讓它不受神祕力量的威脅。」然而魔法師們要怎麼做到這一點？可不能光是靠靈環、鏡像維度和魔法，還得要用上他們手中最強大的武器才行，那就是知識與理性。

他們真應該把警語寫在咒語前頭

對於莫度這樣的客觀主義者來說，知識必須要為自然法則服務；然而對史傳奇來說，知識的服務對象是具體的目標，所以在他看來，違反自然法則也是可行的選項，而且從更宏觀的意義上來看，有時這樣做反而是讓他維護了自然法則，就像是史傳奇為了測試怎麼使用阿迦莫多之眼，曾操縱時間來反覆改變蘋果的狀態，王發現後便對他說：「在卡瑪泰姬，知識不會是禁忌，只有某些運用方式才是。」史傳奇當時感到不解，因為在他看來自己「只不過是完全照著書本裡所說的內容來做」而已，但他到最後又多說了一句：「他們真應該把警語寫在咒語前頭才對。」

這個情況跟伊甸園的故事很是相似：為什麼要把「知識之樹」放在園中央，上頭還結了漂亮又多汁的蘋果，這不就是要人家去吃上頭

的果實嗎？換成卡瑪泰姬的例子來看，這其中就顯示出了一個莫度沒有想過的道理：光是禁止做某事並沒有用，學會尊重知識、知道什麼時候該要運用知識，這才是更有用的一課——也才能真正合乎蘭德客觀主義的論述。雖然在最原本的現實與時間迴圈那兩個現實裡，史傳奇都違反了自然法則，但是他卻藉此恢復了第二個現實裡的自然法則，而且不論在**任何一個**現實裡，如果史傳奇還想要保住存在與生命，那他就只能這麼做，所以他其實是選中了最佳時間來運用該知識，做下該做的抉擇。

培可夫曾闡釋，按照客觀主義，人必須要「控制自己的為人、自己的性格與心智，以及其內在世界。不然的話他就會成為一具不由自己的傀儡，無法理解自己，任由無情的命運來支配。」[19] 重點不只是人們必須有所選擇，而且人也是透過自己的選擇來創造自己（就像史傳奇改變了現實那樣）。

> 人類生來並沒有什麼先天觀念，要等到他到達概念思考的層次後，他才開始當家做主。然而他要不要鍛鍊自己的心智，要不要思考，這都是他自己的選擇，而且他在每一回的每個時刻都得要重做一次這樣的選擇，然後這樣的選擇又影響與決定了他後來會得到什麼結論、接受什麼觀念、形成什麼價值判斷，因而也影響與決定了他會採取什麼行動，以及感受到什麼情緒。[20]

---

[19] 參見 Leonard Peikoff, "What Is Man? Philosophy and Human Nature"。網址：https://courses.aynrand.org/campus-courses/the-philosophy-of-objectivism/what-is-man-philosophy-and-human-nature/。

[20] 同上。

如果按照這種說法，那麼人就可以選擇要違反自然法則，否則的話人根本就不能成為自身這個存在的主宰。這也等於是說，如果莫度可以自己選擇不要違反自然法則，那麼史傳奇就一定也可以選擇違反自然法則才對，至於自然法（則）本身是不是普遍、自明且不可違背的，那根本就不重要——真正要緊的是人對於自然法則做出了什麼樣的選擇。

放棄控制，反而能達成控制？

其實真正有肩膀的人是史傳奇，莫度和古一反而沒有。為了守護地球，史傳奇不只願意運用自己的知識，並且選擇違反自然法則，而這麼做也讓他成了唯一能夠挺身對抗並擊敗多瑪暮的人。回頭去想想古一談到史傳奇眼裡只有自我的說法，現在看來也許她和莫度才是真正以自我為中心的人——老實說，這些也能用蘭德的哲學來解釋。黑暗維度讓古一獲得了永生的可能，而她受此吸引的理由是否真如她自己所言，是為了從事更大的善，又或者根本就是為了她的一己之私呢？莫度放棄原本的目標，改而致力於減少魔法師的人數，這是因為他心懷更大的善、關切自然法則，還是因為他的自尊受到了傷害呢？

相較於這兩個人，史傳奇並不是為了自己才選擇要違反自然法則，他甚至還為了自然法則而選擇了犧牲自己。史傳奇就像普羅米修斯或薛西弗斯一樣，願意為了人類而承受反覆持續的懲罰——他不是為了自己，也不是因為他受到道德或法律的宰制，而是因為他想要讓世界上每個人都活下去。更重要的是，他的作法本身就像是一個客觀主義者所為，他所做的選擇既是權利也是責任。我們從史傳奇的作法中可

以看到，有時候打破自然法則反而是保護自然法則的最佳途徑，而這樣做會讓蘭德、培可夫、迪特科和莫度覺得高興嗎？大概是不會——不過那也是他們的選擇就是了。

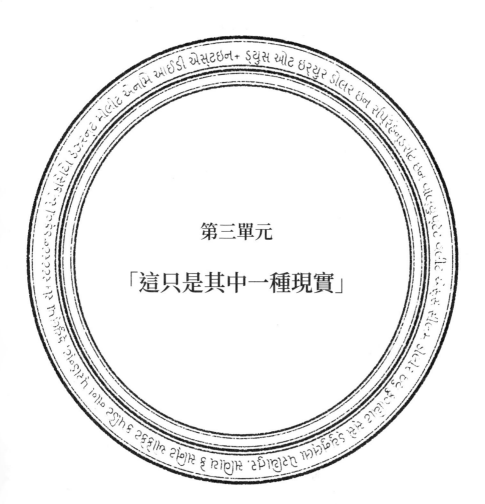

第三單元

「這只是其中一種現實」

第 10 章

星靈體與笛卡兒式的靈魂
《奇異博士》裡的心物二元論

迪恩・科瓦爾斯基 Dean A. Kowalski

ड्युस ओट ઇર્युर ડોलर ઇन रपिरहेन्ડरटि ઇन वोल्युप्टेट वेलीट એससे सवोल्युप्टेटिट એससे सीलाम ડोलो रपिहेन्ડरटि न्ुलल

　　在二〇一六年的電影《奇異博士》裡頭，主角遭遇了一場可怕的車禍，導致雙手的神經與手指損傷而無法復原。史傳奇相信他能夠治好自己，雖然成功的話也算是造就一番醫學奇觀，不過從這種想法也可以看出他身為醫生與科學研究者的自大（也有可能是他生而為人，本來就會這樣過度膨脹自我）。不管怎樣，總之從他車禍後的反應來看，我們已經知道他有一種根深蒂固的信念，認為人類不過就是一些神經、肌肉、血液、骨頭等等的組織與體液而已，如果我們想從人的身上學到什麼東西，那也只是這個身體的物理學、化學、生物學的知識而已——史傳奇的工作差不多就是在做這些事——除此之外就沒有什麼好知道的東西了。其實他之所以會對自己受傷感到那麼生氣，有部分也是出於上述這個原因，畢竟如果他真如自己所想的那樣，是一個知識淵博、技巧高超的外科醫師，那（他認為）自己就應該要能夠治好他的雙手才對。

　　一般來說，哲學家們對於追求知識的態度跟史傳奇沒什麼分別，只不過他們對於抽象或概念性的問題會更加關切，會問事物終極上來

看到底是什麼（或者應該是什麼），此外還有另一個更有趣的哲學問題，就是人類最基礎的本質為何，我們單單只是血肉之軀而已（史傳奇似乎就是這麼認為），或是還有別的什麼嗎（尤其當我們探索到心靈與靈魂的主題，其本質是什麼呢）？在本章中，我們將藉助奇異博士的例子，看看一些哲學家是如何設法回答這個重要問題的，而在這介紹的過程裡，我們也會學到一些對於哲學本身更深刻的洞見。

〈咱們就來物理一下吧〉（一九八一年，奧莉薇亞・紐頓－強曲名）

在電影開頭，史傳奇的世界觀可以簡單歸結成幾句話，就是他對古一大肆咆哮時所說的：「我不相信信仰的力量這類的童話故事，精神這種東西根本就不存在！我們都是由物質構成的，僅此而已。在這漠然的宇宙裡，我們不過是須臾間的其中一顆渺小塵埃罷了。」❶不論他自己是否知曉，史傳奇此時簡直就像是在一堂哲學課裡頭挑起一場**形上學** (metaphysics) 的辯論。形上學所問的是何物存在、為何存在、如何存在，追尋一些最根本答案，例如「人類僅僅是物理性的存在嗎？」對此有些哲學家（外加一位很聰明的神經外科醫師）會回答「沒錯」，他們所抱持的這種觀點就叫做**物理主義** (physicalism)，這種形上理論認為人類不過就是各種運作中物理性組織的總和而已。在物理主義者看來，人類的一切現象，包括意識等現象在內，光是用人體方面的知識來解釋就可以了。按照這種世界觀，舉凡思考、感受、相信、

❶本章所有引述的對話都出自二〇一六年的電影《奇異博士》。

記憶在內，我們的種種能力都可以理解為（物理性的）人腦的各種特性與功能。

史傳奇會接受物理主義並不讓人訝異，因為大多數的物理主義者在論述自己的立場時，其最主要的論據就是來自於科學，畢竟我們之所以能夠解釋物理世界的許多特性，靠的本來就是科學。因為有了科學，我們才知道事實跟表面上看起來不一樣，太陽其實不會落到水平線下面去，而地球其實是繞著地軸在旋轉的。物理主義者也會尋求神經科學的幫助，讓他們能發現人類各種現象背後所隱藏的驚人實情，例如各種精神疾病的真實性質，以及如何加以治療。雖然目前意識還有許多面向是很難用神經科學來解釋的，但物理主義者依然認為神經科學會繼續一步步挖掘出我們心理生活的諸般實情，一直到我們的一切都已經被解釋完畢為止。

古一曾向史傳奇提議說可以治好他的雙手，就像她治療潘柏恩的癱瘓那樣，當時她問的是：「如果我告訴你，你的身體可以相信自己的能力，用各式各樣的方法來讓自己恢復原狀，你會覺得怎麼樣？」史傳奇聽完後認為她可能開發出了一套「尖端」的實驗性療程，可以讓細胞再生，如果他能學會這項技術，那麼他不但比較有機會能治好雙手，而且還能夠讓細胞重新生長，這樣細胞就可以有效地進行自癒（想當然耳，他會把這個技術命名為「古一史傳奇療法」——甚至如果能更理想一點的話，就叫做「史傳奇古一療法」好了）。這種技術如此先進，這也難怪她要躲在卡瑪泰姬偷偷行醫——這樣才不會被哪個「醫學管理委員會」給盯上。在電影的最後，他總算找到了自己一直拼命尋求的治療方法，這證明了他花光僅剩的財產跑到卡瑪泰姬是正確之舉，可是在興奮之餘，史傳奇卻忘了莫度的建議，也就是「忘掉你以

為知道的一切」，然而要不了多久，他就會不得不這麼做了。

〈有靈魂的人〉（一九六七年，山姆與戴夫曲名）

對於這個世界，乃至於世界裡頭的人類，古一都有著跟上述非常不同的看法：我們不只有軀體，**還有**精神的一面。史傳奇的猜測並不正確，她的專長並不是細胞再生，她只是知道「怎麼調校精神，使之能更有效治癒身體」。然而當史傳奇發現古一居然相信身體以外還有精神這種東西，他馬上就變得意興闌珊，所以他才用童話故事這個稱呼來挖苦對方，更不客氣地回應，說在這廣大到無法想像（卻又漠然）的宇宙裡，人不過是種渺小的塵埃物質，僅此而已。

不過有些哲學家會站在古一那一邊，認為精神（或者說靈魂）本身是一種獨立的存在，而且還能對身體產生影響，這種觀點叫做**實體二元論** (substance dualism)。在實體二元論者看來，人類的存在可以區分出兩種極其不同的特性，其中當然有物質性的一面，史傳奇對此知之甚詳，而物理主義者們也相信靠這個就能解釋所有的人類經驗；然而實體二元論者卻另有堅持，認為我們不僅僅是各種物理現象的總和而已，在我們解釋了物理層面之後，依然還得要解釋心理狀態，例如史傳奇對克莉斯汀·帕瑪表現出惡形惡狀後所感受到的悔恨，或是他看見帕瑪不肯回覆他的電子郵件時所感受到的痛心。

從本質上來看，這些心理狀態是質性的 (qualitative)，比較適合用來描述，具體測量起來就很困難。這些狀態具有主觀性的意義，具有這些狀態的人才能體驗到箇中意義，外人無法直接加以觀測。而由於這些感受很難跟任何的物理現象聯繫在一起，所以實體二元論者就主

張我們一定還有非物理性的那一面，而這一面所發生的諸般現象就「安放」在非物理性的精神或靈魂之中。實體二元論者更進一步認為，一個人的非物理性現象，包括靈魂本身在內，才能「真正」解釋你是怎麼樣的一個人——你的信念、選擇、欲望、記憶皆然；相較之下，你的身體屬於非思維的那一部分，那只是你的肉身，只是你這個人物理性的那一面。兩者加在一起就是人類，天底下所有人最基礎的本質都是這樣組合而成的。

在實體二元論者中，勒內‧笛卡兒（René Descartes，一五九六～一六五〇年）是知名代表人物。事實上，人們還常會把實體二元論者直接稱為**笛卡兒式二元論者**。笛卡兒是這樣說明自己的理論的：

由於我們無論如何都設想不出身體怎麼能夠思考，因而也就有道理相信，存在於我們心裡的任何一種思想都從屬於靈魂……我們（還）必須了解到，靈魂其實也會跟整個身體結合在一起，更準確地說，我們不該以為靈魂只存在於身體的某個部位中、與其他部位沒有關係。❷

我們在電影中看到了古一法師一掌把史傳奇的「星靈體」從「肉身」中打飛了出來，使之進入「靈魂離開身體時所存在的地方」，這一幕用了很精彩的戲劇化方式來表現實體二元論，同時也反駁了物理主義——對史蒂芬‧史傳奇而言尤其如此。

❷參見 René Descartes, *Passions of the Soul* (1649), trans. E. S. Haldane and G. R. T. Ross, quoted in René Descartes: Philosophical Essays and Correspondence, ed. Roger Ariew (Indianapolis: Hackett Publishing, 2000), 298, 307。

〈想念你〉（一九七八年，滾石合唱團曲名）

史傳奇的靈魂踏上了一趟神祕旅程，可是他的身體卻巍然不動。在這趟旅程裡，他見識到了形形色色來自異世界的景象、聲音與感覺，當他的靈魂再次回到身體時，他對物理主義的信仰也隨之動搖了，因為如果物理主義是對的，那史傳奇根本就不可能會體驗到剛剛那些東西，而且古一也向他保證他沒有被下藥，所以他別無選擇，只能接受事實：人不只是漠然宇宙裡的渺小塵埃物質而已。就在這一刻，他的祕術訓練才算是真正開始。

在這部電影裡，我們曾兩度看到史傳奇利用自己的星靈體。第一次算是一種聰明的策略，讓他可以盡可能抓緊時間來學習祕術，史傳奇先是從圖書館「借」出了不少書，我們看到他在讀書，卻又看到他的身體同時也躺在床上睡覺，而史傳奇的星靈體——其實就是他的靈魂——則筆直地坐在床尾，手上拿著一本王之前不肯借他的書，邊讀邊翻動書頁。這個畫面預設了實體二元論是對的，因為史傳奇的靈魂不只能夠脫離肉體而存在，而且就算沒有物質實體，照樣可以閱讀、思考及學習——甚至還能翻動物理世界中的書本（意思就是物理與非物理這兩種面向之間是可以有互動的，這個問題我們之後會再回過頭來討論）。

史傳奇第二次利用星靈體的這一段情節，不論是從主題或概念上來看內容都顯得更加豐富。在史傳奇被卡西流斯的追隨者暗算，受到了重傷之後，他打開一個空間通道逃到了醫院，克莉斯汀·帕瑪就在那裡擔任急診室醫師，她讓史傳奇躺在手術臺上，打算要把他心包裡的血液和體液抽取出來，但他已經失去了意識。忽然間，史傳奇的星

靈體從身體裡冒了出來，他飄到了手術台臺側，看到克莉斯汀正要把一根大口徑的針筒插入他的體內，於是他就現出了身形與聲音，以便「現身說法」告訴她要怎麼正確進行這個手術。克莉斯汀被他嚇得倒退——其實觀眾也一樣——因為我們都看到史傳奇的星靈體從某種維度裂縫之類的地方忽然冒了出來，此時克莉斯汀不禁問道：「史蒂芬，我現在看到的是什麼？」他則回答：「我的星靈體。」克莉斯汀想著史傳奇會不會變成了沒有身體的鬼魂，於是又問：「你死了嗎？」他回答：「沒有，不過我確實快死了。」似乎是想要提醒她快點施救。接著他又把自己靈體的手給伸進肉身的胸腔之中，向克莉斯汀明確指出針筒要插在什麼地方。

可是啊，這個跨維度的老友重逢時刻被人給打斷了，因為史傳奇並非唯一能夠從肉身抽離出星靈體的人，史傳奇之前用懸浮斗篷困住了一個卡西流斯的跟班，他用了同樣的方法脫身，然後尾隨史傳奇來到手術室。當史傳奇看見了他，便對克莉斯汀說：「我現在得要消失一會兒，讓我活下來，好嗎？」而當史傳奇跟那個跟班打鬥的時候，他們的星靈體不時會發生激烈碰撞，尤其是在比較暴力的互毆時，還會對手術室的物理空間造成影響。一場混戰下來，兩人雙雙摔在手術臺上，而克莉斯汀同樣也在這個地方努力拯救史傳奇的肉身，她似乎也感覺到了兩人的存在。等到這兩位法師摔出了手術室外，他們的星靈體穿過了一臺販賣機，還撞落了幾包零食（有位醫師碰巧就在旁邊，便趁機撿走了那些零食）。

兩人一路又打回了手術室，那跟班發出了致命的一招，讓物質世界裡頭的史傳奇似乎停止了心跳，克莉斯汀聽到了心電圖變成一條線時所發出的警示音，便趕緊將去顫器的電擊板充電。這個電擊不但讓

他肉身的心臟又再跳動了起來,而且電力還湧出了他的星靈體,擊暈了那名跟班。於是史傳奇再次現身於克莉斯汀面前,告訴她加大電量後再電擊他一次,這一次的電擊力量更加劇烈,讓跟班的星靈體炸了開來——而他的肉身也跟著就死去了。眼見史傳奇迫切的性命之危終於獲得緩解,克莉斯汀不禁感嘆道:「這麼久不見了,你怎麼會一出現就從身體裡飛出來?」而史傳奇只是平靜地回了一句:「嗯,我也很想念妳。」

〈身體與靈魂〉(一九五七年,比莉・哈樂黛曲名)

不可否認,一個人的身體如果發生了什麼狀況,確實會影響到他的心理生活,而且反之亦然。在現實世界裡,班奈狄克・康柏拜區因為同意了要扮演史蒂芬・史傳奇醫師這個角色,所以他也決定要留鬍子,而且還要按照那位至尊法師的招牌風格來打理鬍鬚。至於在電影裡,當史傳奇被某種祕術武器刺入了胸膛、傷到了心臟,這不僅對他造成了巨大的痛苦,而且也引發他強烈的渴望,想要去找克莉斯汀來拯救他的生命。

物理世界與非物理世界之間有一種奇怪的關係,這不僅是整個形上學所面對的最大謎團之一,對實體二元論來說更是如此。笛卡兒很清楚這種交互關係的重要性,也知道這種關係對於他的世界觀會造成什麼影響:

透過這些疼痛、飢餓、口渴等等感覺,大自然也是在告訴我,我就存在於我的身體之中,那不只像水手存在於船隻之上,而是

說我根本就與身體無比緊密地相連在一起，甚至可以說是合而為一了，兩者之密切，已經到了我與身體是共同形成的同一回事之地步。因為如果不是這樣的話，那麼我就只是一個會思考的東西，就不會在身體受傷時直接感受到痛苦，這樣的話我應該只能純粹用知性的方法來感知身體的傷，就像水手那樣，無論船上有什麼地方損毀了，他都得靠著眼睛去看才能知曉。 ❸

笛卡兒老早就想到會有人反對他的看法，他們會說身體和靈魂不可能是完全獨立的存在，因為經驗就已經告訴我們，我們的生理與心理這兩種生活會緊密交織在一起。對此他的回答是這樣的：由於身體與靈魂之間有這種所謂的「合而為一」，所以兩者才能產生互動。事實上，大多數的實體二元論者也都追隨著笛卡兒的腳步，加入了**身心互動論** (interactionism) 的陣營裡頭，認為靈魂與身體會彼此造成對方的變化。身心互動論可以說是一種「解釋性的黏合劑」，它把笛卡兒式二元論的各部分理論結合在一起，如果沒有了它，笛卡兒式的二元論者就會無法解釋我們生理與心理生活統合在一起的生命經驗。

笛卡兒還進一步主張，雖然靈魂會跟整個身體「合而為一」，但彼此的交互作用只會發生在大腦的松果體 (pineal gland) 這個部位 ❹。笛卡兒相信松果體裡頭有一種他稱之為「動物精氣」（英文的標準譯法是 animal spirits）的東西，可以在身體與心靈之間相互傳遞訊息。然而很

---

❸參見 René Descartes, *Meditations on First Philosophy, Meditation VI* (1641), trans. Donald Cress, quoted in *René Descartes: Philosophical Essays and Correspondence*, ed. Roger Ariew (Indianapolis: Hackett Publishing, 2000), 136。

❹參見 Descartes, *Passions of the Soul*, Part I, articles 31–34。

快就有許多人發現，笛卡兒這套「解方」只會在後續招來進一步的問題：這些精氣是怎麼在心靈與身體之間完成訊息傳遞的？如果精氣是物理性的，那它要怎麼影響非物理性的心靈（更何況，為什麼史傳奇醫師在做腦部手術的時候都沒看過它）？而如果精氣不是物理性的，那麼它又要怎麼跟物理性的松果體發生接觸呢？

而且類似的哲學問題還有很多，不只侷限在松果體這裡，重點並非是身體和靈魂**在哪裡**產生互動，而是它們到底**如何**能夠有所互動。此外，身心互動論的本質裡頭原本就埋著一個更深的大問題：人的靈魂怎麼可能一方面完全獨立、因而可以跟身體分離，但在另一方面卻又可以跟身體產生因果連結，繼而可以解釋人類所造就的一切成果❺？當代的哲學家賈瑞特・湯姆森 (Garrett Thomson) 曾經梳理過身心互動論，並總結出其概念上會遭遇到的難處：

> 如果心靈不是物理性的，那它要怎麼控制物理性的東西呢？
> 如果心靈不存在於具體空間中的某個位置，那我們就不能想像心
> 靈跟大腦很接近，可是這樣一來，為什麼心靈又只會對我的大腦
> 產生直接的因果影響呢？……如果有一種不存在空間之中的意志

---

❺波希米亞的伊莉莎白公主 (Princess Elisabeth) 可以算是笛卡兒的學生，她曾以非常優雅的文字來向笛卡兒請教這個問題：
請您告訴我，人的靈魂何以能夠決定動物精氣在人體內的動向，從而令身體按照意志之念來行動……我們之所以會決定其動向，似乎總是因為我們身體在運動中受到了外物的推動──亦即要視身體在行動時接受到了何種推動力量而定，又或者要視後者的性質與外型而定。（引述自 *Philosophic Classics*, vol. III, ed. Forrest E. Baird and Walter Kaufmann, Upper Saddle River, NJ: Pearson-Prentice Hall, 2008, 53。）

活動可以對我的大腦造成改變，那麼它就一定是某種念力或魔法才對。❻

湯姆森也不算太客氣，直言身心互動論比起一廂情願的天真說法也好不了多少，他也講述了實體二元論的問題何在，而且認為那並沒有解決的可能。

我們在前面提過一些奇異博士引出星靈體的情節，裡頭其實也可以看到同樣的問題。奇異博士的星靈體怎麼有辦法拿著一本書，而且還能翻頁？同樣地，史傳奇跟那個跟班在克莉斯汀‧帕瑪的急診室裡打鬥，這怎麼會影響到急診室裡的人和物品？這些謎團就像是在問：我們的心靈或靈魂要怎麼跟大腦及身體互動？電影的問題只不過是擴大了前述問題的範圍，延伸到我們肉體以外的事物而已，其實急診室那一段情節會造成的問題更多。當史傳奇第一次現身在克莉斯汀面前，他的星靈體有一半還留在星靈界，另外一半則冒到了地球上的物理世界跟克莉斯汀講話，她可以看到、聽到這個星靈體，這也就意味著那個星靈體可以反射光線、推動空氣，因此也就跟物理世界有了非常強的互動——對一個「星靈體」而言尤顯強烈。更何況我根本就還沒講到最大的問題，克莉斯汀用去顫器電擊史傳奇的肉身，最後這卻殺死了那個跟班，這兩件事是怎麼連結在一起的？想要用身心互動論來解釋我們在電影裡看到的這些畫面，真的得要找出一種非常奇異的方式才行！

---

❻參見 Garrett Thomson, *On Descartes* (Belmont, CA: Wadsworth, 2000), 75。

〈不無可能〉（一九五七年，電影《仙履奇緣》曲名）

　　雖然電影《奇異博士》裡明顯預設了二元的世界觀，人間有物理性的一面，也有非物理性的星靈體，可是依然避不掉身心互動論及實體二元論通常會遇到的種種難題。我們的身體與心靈（或者說靈魂）確實需要經常互動，這兩者之間的連結看來必定非常緊密，不能光講些什麼「合而為一」或神奇的某某腺體就敷衍過去，湯姆森不就說了嗎，如果你還想繼續相信實體二元論，那得先相信有念力或魔法才行。

　　然而《奇異博士》這部電影也許會代替實體二元論者來回應上述的質疑：為什麼我們地球上發生的每件事都一定要遵守物理法則不可？確實，這部電影裡講到運用祕術時有個核心設定，就是法師們會把其他維度的能量提取到這個維度之中，就像古一對史傳奇說的：「我們從多重宇宙裡的其他維度提取能量後加以控制，以此來施展法咒、召喚護盾與武器，以及使用魔法。」其實古一的這段解釋——把能量從一個維度轉移到另一個維度——聽起來更像是科學，反而比較不像魔法。好吧，所以能量是跨過其他維度傳送過來的，那這樣是不是就多少有辦法解釋手術室裡的奇異事件了呢？雖然靈魂是非物理性的，它會不會也傳遞了類似的能量到物理性的身體上，這樣是不是就能解釋兩者的互動機制了呢？

　　如果從更大範圍的劇情來看，古一那段話其實就是想要對史傳奇傳達一種整體上的觀念，點出他的世界觀是何其狹隘，換句話說，也許是質疑實體二元論的人都目光短淺，他們都是「以孔窺天」，而當別人提出這孔洞其實「可以放大到你從前無法想像的地步」，這些人又會直接喊「絕不可能」。此時也許有些人會直接照搬古一這套說辭，對那

些反對笛卡兒的人抱怨道：「你以為你知道這個世界是怎麼運作的嗎？你以為這個物質世界就已經是全部了嗎？」也就是說，我們每個人都還有很多要學的東西，所以呢，就像史傳奇也得要學會謙遜，或許我們也該虛心一點，不要那麼快就對身心互動論妄加論斷。

的確，即使是不同意實體二元論的人，通常也都會承認身心互動論並非是**邏輯上**的不可能❼，不會像「已婚的單身漢」或「圓的方」那般不可能。然而哲學家們想要的並不只如此，他們希望自己的信念要合乎理性、相當可行、能夠證成，希望事物就如同他們信念所想的那樣，而不僅僅是可能在別的世界裡會是那樣。念力和魔法都非絕不可能之事，但是我們並沒有理由相信真有這回事，湯姆森反對實體二元論的理由就在於此，如果我們對照一下自己現實中有根據的那些信念，就會覺得應該不會有念力或魔法這種東西。不僅如此，身心互動論還有其他許多稀奇古怪的說法，如果真要接受的話，那我們就得大幅修改甚或拒絕接受科學研究者們所建立的理論基礎，包括所謂的多重宇宙、原維度與跨維度的能量轉移、大腦的運作方式，當然還有一大堆物理學、化學、生物學方面都要跟著變動。這基本上等於是在質疑我們對這個世界的一切認知，同時也質疑了其運作方式，除非我們有更好的理由這樣做，不然的話我們就應該繼續懷疑身心互動論，這樣大概會比較合理❽。

---

❼譯者註：「邏輯上的不可能」是一種形上學用語，指在其他可能世界裡皆不會為真的情況，如單身漢的定義就是未婚的，所以「已婚的單身漢」在所有可能世界都不會成立。

❽值得注意的是，就算你不接受實體二元論，也不代表你就一定要接受物理主義，這個理論本身也有很多待解之處和問題（而這也使得形上學成了哲學裡頭最有意思、又最

「奇異魔法」（一九七五年，電光交響樂團曲名）

　　只要稍微學點哲學，就可以讓人在解釋《奇異博士》這部電影時看到更多東西，但如果我們好好思考這部電影的話，其實還可以鍛鍊自己對哲學思辨方式的品鑑能力。電影裡頭出現了許多形上學中的未解之謎，提醒我們要接納各式各樣的可能性，也許這個世界會有別的運作方式，會有其他看得見或看不見的事物存在。這些事物有的並不容易想像，或是很難設想清楚，不過如果有了它們，我們便會更能夠明白為何哲學家（應該要）對自己所知道或自以為知道的東西保持著虛心態度，在追求知識這方面，哲學家確實應該仿效史蒂芬・史傳奇，而不該學他原本那副知道了一點東西就大言不慚的模樣。

讓人灰心喪志的一個學門）。想進一步了解相關內容，可以上「史丹佛哲學百科」網站去看史托傑 (Stoljar) 為物理主義寫的簡介，網址：https://plato.stanford.edu/entries/physicalism/。

第 11 章

科學家、形上學家與至尊法師

莎拉・多諾萬 Sarah K. Donovan、
尼可拉斯・李察森 Nicholas Richardson

ઙયુસ ઓટ ઇરયુર ડોલર ઇન રપિરેહેનડરટિ ઇન વોલયુપટેટ વેલીટ એસસે સવોલયુપટેટીટ એસસે સીલામ ડોલો રપિહેનનડરટિ નુલલ

　　一直以來，奇異博士在漫畫中的冒險都深具哲學上的意義，不過前不久推出的新一卷漫畫裡則更加顯露出複雜的角色內涵，這次的創作者為作家傑森・亞倫 (Jason Aaron) 及藝術家克里斯・巴查洛 (Chris Bachalo)，他們締造了一場跨維度的冒險故事，讓我們可以從中看到哲學與科學在歷史上的緊密關係。數百年來，西歐的許多哲學家本身也是科學家，當時他們所研究的主題被稱為「自然哲學」❶，而在亞倫與巴查洛的筆下，奇異博士跟他的魔法世界敵人大元帥 (Imperator) 與恩皮利庫爾 (Empirikul) 對抗時，就展現出了自然哲學家所具備的特質與作風。這幾場精彩刺激同時又引人深思的冒險可以幫助我們了解，為什麼一直以來，科學、哲學與魔法之間的界線其實並沒有劃分得那麼清楚。

---

❶另一方面，當時也不乏有科學家會建構一些與自然世界、倫理學、政治學相關的哲學理論。

勿要以斗篷之光鮮來論斷至尊法師

看到奇異博士那炫酷的咒語、不凡的頭銜，或者再加上那件光鮮奪目的斗篷，很容易就會讓人為之目眩，但是我們依然不該忘記他是一位至尊法師，他該要展現的是自律與智慧，而且如果史傳奇想要勝任這個職務，他必須鑽研的就不只是魔法，還有科學與形上學。**形上學**是哲學的一門分支，負責研究存在的根本特性，尤其常探討那些光用科學工具難以回答的問題（所以其名才會是 "**meta**physics"，也就是「物理**之後**」）。為了讓讀者一窺形上學家與科學家的工作之間有什麼異同，我們不妨看看他們是怎麼使用「歸納」和「演繹」這兩種推論方法的。

歸納法 (Inductive reasoning) 會先從觀察起步，以此來得出一個概括性的推斷，這種推斷雖然很有可能是正確的，但你並不能百分百肯定它一定會對。舉個例子，在你下班或放學回家的路上會開車經過四家不同的電影院，也許所有電影院的大型看板上都出現了《奇異博士》這部電影，根據這一輪的觀察，你就可以做出合理的推斷：《奇異博士》正在你家附近的電影院中上映，而且很有可能四家全部都有這部片。雖然這個推斷的確定程度相當之高，但是依然可能會出錯，例如剛好四家電影院的看板都出了錯等等，只是極難發生而已。

相較之下，**演繹法** (Deductive reasoning) 反而是先做出概括性的論斷，然後再用邏輯來構想出其必要的條件或前提，這樣就能證明那個推斷百分百是對的。你不妨做個論證，首先你先主張奇異博士終有一死，然後再去找一些可以在邏輯上（意思就是具有絕對的確定性）推導出這個主張的前提，例如「所有的人都終有一死」及「奇異博士是

人」，只要這兩項陳述為真，那麼從邏輯上就會得出「奇異博士終有一死」的結論。對比一下，歸納法是從證據出發，然後再看用這些證據能做出什麼論斷；而演繹法則完全仰賴邏輯的力量來推論，從較為普遍性的敘述中推導出較為具體的結論。

　　雖然形上學家和科學家都會用到這兩種推論方法，但形上學家主要採用的是演繹法，而物理科學家則大多採用歸納法。雖然形上學家和科學家似乎在真理這方面有不同的標準典範——哲學家看重邏輯，而科學家看重測量——但是這兩種標準還是有共同的核心，而且還可以用邏輯與數學這種共同語言來表示，這一點可以從歷史上找到支持的證據：比起我們如今看到的情況，哲學和科學的關係曾經要緊密得多，尤其是昔日還有好些既是哲學家又是科學家的人——不過我們現在也有這樣的至尊法師就是了。

至尊法師並不會創造魔法

　　就像歷史上那些哲學家兼科學家一樣，奇異博士會研究形上學，也會研究它與物理世界的關係。例如在亞倫與巴查洛推出連載的第一期裡，有一個來自其他維度的部落，這些人會吃掉別人的靈魂，而且還感染了一個小男孩的靈魂，於是史傳奇與他們發生了戰鬥，當他跟這些食魂者對陣時，雖然我們這些讀者可以看到張力十足的戰鬥場面，可是男孩的父母卻看不到。後來史傳奇告訴他們，他們的兒子已經痊癒了，對方的反應卻是說：「就這樣？……你剛剛只是盤腿飄在空中，在那邊坐了幾分鐘而已耶。」❷

　　當然，奇異博士之所以可以施展法咒來大顯神通，是因為他曾拜

入古一門下學藝，但是我們務必要注意，不能忘掉他其實並非真的**具有**法力，他只是受過訓練，能夠找出原本就存在於宇宙中的魔法力量，然後加以運用。在至尊法師這個博大精深的傳承體系裡，史傳奇也只是其中一分子，他們力量的主要來源是《維山帝之書》，只有懂得怎麼使用這本書的人才能發揮其威力。古一就像是個老練的哲學家或科學家，一手指導及訓練奇異博士，讓他了解怎麼利用這本神書的力量，用其中的古老法咒來解決新的問題。

在漫畫裡有一種跨維度的心靈蛆怪，牠們在一名地區圖書館館員澤爾瑪‧史丹頓 (Zelma Stanton) 心中肆虐，這個事件便是史傳奇善用知識來操縱力量的具體例證❸，從中可以看出他並不是直接具有這種神力。史傳奇一開始也對這種心靈蛆怪一無所知，他試圖要幫助史丹頓，卻不小心把這些怪物從她的心靈中釋放了出來……還跑進了他家，於是史丹頓和王就跟這些逃逸的心靈蛆怪打了起來，然後他們發現史傳奇居然自顧自在一旁讀書，因此史丹頓便問道：「嘿，博士，我們啊……等一下，你是在看書嗎？你一直坐在這裡看書？」史傳奇答道：「妳說錯了，我是一直飄在這裡看書，而且我是在找解決的辦法啦。」❹此時的史傳奇跟形上學家及科學家一樣，都得要先做研究，這樣他才能找到運用魔法的法門，以此來對付他從來都沒碰過的現象。史傳奇從書中的內容做出推論，他可以利用史丹頓跟這些怪物之間還

---

❷參見 *Doctor Strange*, vol. 4, #1 (October 2015), collected in *Doctor Strange: The Way of the Weird* (2016)。

❸同上。

❹參見 *Doctor Strange*, vol. 4, #2 (November 2015), collected in *Doctor Strange: The Way of the Weird*。

殘存的連結——也就是透過那些牽絲的外質黏液（好噁）——來引誘牠們通通跑回史丹頓所在的位置，然後再把牠們困在他自己的體內，這樣他會更清楚要怎麼除掉牠們。

在上面那段故事裡，史傳奇用到了歸納和演繹兩種推論方法，因為他注意到形上世界的系統已經失衡，所以讓他做出推斷，不久後就會發生非常危險、具有毀滅性的事情。他發現自己必須構想出一套新的方式來思考周遭世界在當時的情況，以及自己在當中要扮演的角色，此時派上用場、幫他發揮法力的，是他的智識與技巧，這種情況跟歷史上那些自然哲學很像。經過了這次的事件後，史傳奇了解到魔法世界已經發生了巨大變化，《維山帝之書》已經無法再派上用場，他必須為這個新的現實撰寫一本他自己的魔法書❺。

當心地窖裡的東西

在亞倫與巴查洛創作的後續故事中，奇異博士和所有與魔法相關的人事物都遭到了追殺，一一遭人消滅，對方是個自詡科技無可匹敵的魔頭「大元帥」，以及他手下的軍隊「恩皮利庫爾」。史傳奇和大元帥各自都抱持著一套代表性的世界觀——一方是魔法，一方是科學——他們以此來解釋現實、指引行為。當代的邏輯學家派翠克·赫利 (Patrick Hurley) 曾指出，當哲學家（包括形上學家）與科學家面對複雜經驗，想要加以解釋的時候，兩者所用的方法其實如出一轍❻，

❺參見 *Doctor Strange*, vol. 4, #11–16 (November 2016–March 2017), collected in *Doctor Strange: Blood in the Aether* (2017)。

❻參見 Patrick Hurley, *A Concise Introduction to Logic*, 11th ed. (Stamford, CT: Cengage

按照赫利的觀察，雙方都會試圖發展出能夠解釋複雜現象的理論，科學家這邊問的可能是：「為何重力會影響物體？如何影響？」而哲學家這邊則可能是問：「是否有個創造出重力的神存在？」這兩種提問都試圖想要揭露實在界背後某個全面性的結構，如此就能解釋為什麼現實會是這樣在運作。

大元帥認為現實的結構非常簡單：魔法就是純粹的惡，而科學是唯一的善。他認為自己殺掉那些魔法師是在幫助這個宇宙，因為他這樣是在「清除宇宙所感染的重大癌症」❼。他的世界觀非常嚴酷，因此他甚至從來沒有問**某些**魔法是不是需要摧毀，他只會問要怎麼利用他們的科技來測量眼前出現的魔法數值，好讓他們可以毀得乾乾淨淨。當恩皮利庫爾軍隊來到至聖所時曾說，「這些儀器從來沒有測到如此嚴重的感染指數」，然而前面之所以要收集這種資訊，其實只是為了帶出後頭這句最有戲劇效果的回應：「探測器會從次原子的尺度來攻擊這裡的魔法，一切將重歸純淨。」❽既然這些人的想法如此堅定，抱定了魔法就是惡、科學就純淨，那麼當他們發現有魔法時，唯一還需要決定的事情就只有選擇哪種摧毀方式最徹底而已。

相較於他們，奇異博士另有一套他深信不疑的世界觀，他認為魔法是宇宙中根本性的一部分，更曾多次冒著生命危險來保護魔法的存續。為了打敗大元帥，史傳奇甚至願意面對自己內心最陰暗的祕密，

Learning, 2014)。

❼參見 *Doctor Strange*, vol. 4, #7 (April 2016), collected in *Doctor Strange: The Last Days of Magic* (2016)。

❽參見 *Doctor Strange*, vol. 4, #6 (March 2016), collected in *Doctor Strange: The Last Days of Magic*。

以及他最深的焦慮、恐懼與羞恥的根源——那就是「地窖裡的東西」
(Thing in the Cellar)，這是史傳奇的魔法所造就的醜惡產物。當年古一
在史傳奇學藝時就曾對他說過，每個咒語都是有代價的，而且法咒越
強代價就越大 ❾，後來王把史傳奇（由於使用魔法）所承受的苦痛給
轉移到至聖所的地窖中，這個東西在地窖裡變成了痛苦的化身，藏在
深鎖的門後繼續成長與惡化。

　　由於恩皮利庫爾想要淨化至聖所的魔法，結果釋放出了地窖裡的
東西，然而他們卻不是這怪物的對手，只能呼叫大元帥來對付牠，而
地窖也就成了大元帥和史傳奇之間的最後戰場。然而事情的發展令人
意想不到，史傳奇後來竟然需要地窖裡的東西幫忙才能打敗大元帥，
於是他對那東西說道：「大元帥會殺了你，也會殺了我，我們在他眼裡
都是怪物，你現在得要幫我，之後再恨我吧。只是我拜託你……」 ❿
雖然這個魔法生物被毀滅的話對奇異博士會是一大解脫，但他還是甘
願救下牠，只為了能拯救魔法。

　　當史傳奇明白自己必須肩負起重任，著手改寫魔法的規則與律條，
此時他又進一步展現出了對於自己那個世界觀的堅定信念。在打敗了
恩皮利庫爾之後，史傳奇跟天都 (Chondu) 展開了一場對話，天都只有
一顆頭，被收放在一個會漂浮的玻璃盒裡，他在「無門酒吧」裡頭當
酒保，史傳奇老實對他說：「我覺得自己現在好像是被打回原形從零開
始。」天都則提醒他：「奇異博士，這樣的話找出答案就是你的責任，

---

❾參見 *Doctor Strange*, vol. 4, #4 (January 2016), collected in *Doctor Strange: The Way of the Weird*。

❿參見 *Doctor Strange*, vol. 4, #10 (October 2016), collected in *Doctor Strange: The Last Days of Magic*。

如果從前的魔法書都不能再派上用場了……那就是時候寫幾本新的出來了，即使一次只能寫成一條咒語也沒關係。」❶而後來奇異博士也開始完全照著這樣做，就像幾千年來的哲學家與科學家們所做的那樣。

目的論、橡子和恩高沃里蚰蜒

能夠做出這番大事的哲學家兼科學家，亞里斯多德（Aristotle，西元前三八四～三二二年）是其中之一，他不只開展出了一套物理學，也開展出了物理之後的形上學，而他對自然的看法更是有著歷久不衰的影響力，一直到十七世紀的科學革命才見式微。亞里斯多德認為原因一共有四種，以此就能解釋自然界中發生的一切事物，這四因分別是：①動力因（讓狀態開始改變）、②物質因（事物的構成材料）、③形式因（事物的本質或藍圖）、④目的因（事物的目的或目標）❷。

亞里斯多德的體系裡通常都很重視因果關係，因為他的科學目標就是要解釋自然現象的**原因**為何，而且對他來說最後一項「目的因」尤其重要，它代表對自然的一種**目的論** (teleology) 觀點，意思就是萬事萬物都有其自身的目的，是以如果有某件事能夠達到其目的，那麼它就算是好事一件。舉橡樹種子為例，它本身就會具備一個目標：長成一棵健康的橡樹，這個目標就像是一張藍圖，如果橡子處在正確的外在環境底下就會依樣發展。至於到底要怎麼長成一棵橡樹，橡子本

---

❶參見 *Doctor Strange*, vol. 4, #11 (November 2016), collected in *Doctor Strange: Blood in the Aether*。

❷參見 Aristotle, *Physics*, Book II, Part 3。免費網路資源：http://classics.mit.edu/Aristotle/physics.html。

身並不須要知道，這甚至也無關乎意願問題，因為它的目的自然就會引導出如此的發展結果。

　　我們來看看奇異博士故事裡一個與目的論有關的例子，有一回他碰到了一群叫做恩高沃里 (Een'Gawori) 的蛞蝓，牠們以魔法為食，而奇異博士在牠們的攻擊下以星靈體的形式醒了過來❸。在他成功打退了恩高沃里後又返回到肉身之中，但史傳奇此時卻沒有殺掉牠們，反而讓牠們吃到飽睏的狀態。為什麼要這樣做？史傳奇知道這些蛞蝓的目的並不是想要毀滅世界，牠們就只是想取食魔法而已。史傳奇和王還發現這些蛞蝓的家園番達蚩富 (Fandazar Foo) 已經毀滅了，王就問說這些蛞蝓是不是該為此負責，但史傳奇卻說不該，「因為牠們並沒有能力造成此等規模的毀壞。」❹史傳奇是用一種目的論的觀點來詮釋這些蛞蝓的行為，所以當牠們跑進了我們的維度時並無意傷害任何人，牠們只是想要滿足自己的目的，也就是只想取食魔法而已。就像橡子不會長成松樹，這些魔法蛞蝓也不是跨維度的征服者，而且就因為奇異博士明白了這些蛞蝓的目的，所以他也可以做出合理的推論，摧毀番達蚩富的應該另有其人。

　　亞里斯多德的物理學觀點對西歐產生了深遠的影響，甚至在後來還有中世紀哲學家加以重新詮釋——但也不是在中世紀一開始就如此。他的著作曾經沉寂了許多個世紀，西歐的知識分子並沒有讀到這些書，直到中世紀被從希臘文翻譯成拉丁文後才改觀，這其中有不少地方要歸功於中世紀極具影響力的哲學家兼神學家多瑪斯·阿奎納

❸參見 *Doctor Strange*, vol. 4, #3 (December 2015), collected in *Doctor Strange: The Way of the Weird*。

❹同上。

（Thomas Aquinas，一二二五～一二七四年），在當時的基督教背景中，教育體系只圍繞著修士階級的人在打轉，而他在這樣的大環境底下拉高了亞里斯多德思想的地位❺。阿奎納主張亞里斯多德的看法跟基督教是相容的，因為亞里斯多德相信地球是宇宙的中心，而且世界上還存在著一個最核心的神性主體，叫做「不動的原動者」(unmoved mover)❻。雖然阿奎納本身主要是位哲學家及神學家，但是他依然影響到了自然科學的對話方式，而他身為教會裡的領導人物，也會幫忙決定修道院裡該教什麼，以及該怎麼教（在印刷術流行之前，修道院乃是知識最主要的傳播場所）。

當正義被（擅自）打上科學的名號

等到知識分子們開始挑戰亞里斯多德的目的論世界觀，除了天主教會因為認為亞里斯多德的觀點合乎《聖經》而反對他們，而且就連科學社群這邊也不贊同。儘管如此，還是有好幾位著名的哲學家兼科學家站出來反對用目的論看待自然，他們也為現代版的**機械論**(mechanism) 鋪就了發展的道路，這種觀點認為事件是根據自然的物理法則來發展的，而不是根據預定好的某個目的。

---

❺關於阿奎納本人，以及他對亞里斯多德著作的觀點所造成的影響，想了解更多內容的話可以上史丹佛哲學百科網站去看約翰‧歐卡拉漢 (John O'Callaghan) 所寫的條目 "Saint Thomas Aquinas"，網址：https://plato.stanford.edu/entries/aquinas/。

❻必須注意的是，亞里斯多德的時代還沒有基督教，而他哲學中那位不動的原動者也沒有創造出一個永恆存在的宇宙。不動的原動者是亞里斯多德在他的《形上學》中提出的，在此推薦大家可以到史丹佛哲學百科網站上找，裡頭有很多相關文章。

在上述的那些先驅裡，有四位特別值得一提：

一、尼古拉·哥白尼（Nicolaus Copernicus，一四七三～一五四三年）：他提出了一個不同於亞里斯多德物理學的著名假設，認為宇宙的中心不是地球，而是太陽。

二、法蘭西斯·培根（Francis Bacon，一五六一～一六二六年）：他不只批評了亞里斯多德的邏輯，最重要的是還批評了亞里斯多德過度重視自然的原因，卻不重視如何操控自然。

三、伽利略·伽利萊（Galileo Galilei，一五六四～一六四二年）：數學家兼天文學家，曾以等加速度實驗對亞里斯多德的物理學做出深具影響力的批評，他還有一個著名事蹟，就是利用新發明的望遠鏡來觀測行星。

四、約翰尼斯·克卜勒（Johannes Kepler，一五七一～一六三〇年）：他進一步開展哥白尼的日心說宇宙觀，做出橢圓運行軌道的假設（這也違背了亞里斯多德學理中的圓形軌道說法）**⓱** 。

總的來說，這些思想家都不認同亞里斯多德對於目的論的關注（此外還有亞里斯多德思想中其他方面的內容，例如他對本質的看法，以及為諸學門分類編目的方式），而且他們也反對當時把自然科學與數學區分開來的既定作法。這些人另外還有一個共同點，他們那個時代氛圍對於新思想的產生可謂充滿敵意，伽利略被當成異端而入獄就是明證，但是他們依然敢於直言。

⓱關於這些理論發展的諸般細節解說，在此推薦弗雷德里克·科普勒登(Frederick Copleston) 所撰寫的《西洋哲學史（二）中世紀哲學（奧古斯丁到斯考特)》。科普勒登的九大冊《西洋哲學史》從介紹的範圍到細節都令人讚嘆不已，對於有興趣多涉獵一些西方哲學史的人來說乃是上好的資料來源。

　　有人拼命捍衛亞里斯多德的思想成果，同樣地，大元帥也努力想要控制思想，不要讓任何跟他想法不同的其他世界觀傳播開來。他行動時打著科學的名號，不過很明顯真正引導他的是另一種狂熱的世界觀，而且他也無法忍受任何可能會挑戰到他正統權威的證據出現。當他的士兵回報奇異博士可能已經知道他們正在獵殺所有的至尊法師，他說的話是：「解放的時候已經到了，我們要再次從邪惡那方救下另一個世界……我們要繼續進行神聖的審判……要讚頌恩皮利庫爾，讚頌魔法的覆亡。」[18]對奇異博士來說，批判性思考和未知的知識都是很有價值的東西，然而在大元帥看來，這兩者對於他那套受到操控的偽科學世界觀卻成了威脅。

　　雖然大元帥矢志要奉獻於科學，但是他毋寧跟宗教狂熱者有更多的共同點，你不妨想想他講到那些使用魔法的人時所用的字眼，都是些什麼清洗、淨化、聖潔之類的。當恩皮利庫爾軍隊在至聖所外攻擊奇異博士的時候，其中一名士兵對他說：「恭喜了，魔法之人，你剛剛已經踏出了邁向淨化的第一步……科學的力量會燒盡一切的謊言與邪道。」[19]正常科學所標榜的是公開探究、批判思考、詳細記錄實驗過程，但是大元帥手上那一套科學名目卻是邪門歪道，只想著要除掉無辜的人。他告訴史傳奇：「你會跟其他人一樣被燒毀，至尊法師，你的審判現在開始了。」[20]在此當時，他的宗教式情懷已然展露無疑。

　　其實我們已經看出，大元帥所發展出的那套「科學」，其追求的真理並不是開放性的，那只是出於一種對魔法生物的仇視，因為他們曾

[18]參見 *Doctor Strange*, vol. 4, #3。

[19]參見 *Doctor Strange*, vol. 4, #6。

[20]同上。

在他的嬰兒時期差點害死他而已。大元帥告訴史傳奇：「我本不該活過嬰兒時期，我從出生時就已經準備要被獻祭，就像我的許多族人一樣，都被獻給了他們所敬拜的神，大家把生命中的一切都毫無保留地獻了出去，獻給那個叫做歔魔－葛拉斯 (Shuma-Gorath) 的大怪物。」而這個怪物正巧就是奇異博士的魔法宿敵 ❹。我們後來還得知，大元帥的父母跟他並不一樣，他們似乎是真正的好人、真誠的科學家，而且他們好像還努力想證明歔魔－葛拉斯其實並不是大家應該要敬拜的神，牠只是個邪惡的怪獸，不斷在屠殺他們星球上的孩童。在兩人死前，大元帥的母親表示他們一心只想拯救生命，並不想懲罰或傷害任何人，所以她對丈夫說道：「你是個好人……但是我們救不了這個世界，我們從來就辦不到。」 ❷大元帥的雙親就這樣死在宗教狂熱者的手上，然而他卻完全曲解了父母犧牲的意義，所以他沒有去說服那些跟他意見不同的人，而是直接殺掉了事。

科技的一體兩面

大元帥的科技實力非常強大，這點奇異博士算是領教到了。在發現他的一本書 《瓦圖姆魔典》 (*The Grimoire of Watoomb*) 失去魔力之後，史傳奇前往瓦圖姆神殿調查，然後又驚訝地發現，「所有的防禦都已失效，這個地方的魔力已經被掃光了。」當時他還在想這種情況到底是什麼魔法所造成的，然後就發現「根本不是法術，那是機械的力

---

❹參見 *Doctor Strange*, vol. 4, #7。
❷同上。

量」❷。於是史傳奇透過所有的魔法溝通管道來向大家傳遞了一則絕望的訊息，警告大家「我們的敵人不是魔法師，他們用的是科技武器……而且……我從來沒有看過任何類似的科技……這種科技的力量居然可以打敗魔法。」❷

從大元帥如此仇視魔法就可以看出，雖然我們往往會正面看待科學的進步，但是這些進步也可能有不好的一面。大元帥把自然中的機械化力量用在摧毀與征服之上，即便他相信這樣做的目標良善，只是要淨化那些使用魔法的罪人，但是造成的結果卻是妄殺，還導致許多不同維度發生了大規模的毀滅，就像史傳奇目睹被恩皮利庫爾所毀掉的番達蚩富時所說的：「全都完了，一切都被燒光了。」❷

大元帥的科技不但毀滅力十足，而且我們還看到了它疏離情感的能力也一樣強大，他居然利用科技創造出了一個讓自己不會跟任何人有關係的世界。他不只逃出了母星，也逃過了歃魔－葛拉斯的死亡召喚，接著他便說道：

> 我在科學的子宮裡獨自長大，我唯一關心的事，就是要找到我需要的科技工具來消滅魔法。我現在就是這樣的人，這就是當大元帥的生命意義。

---

❷參見 *Doctor Strange*, vol. 4, #4。不過我們並沒有找到《瓦圖姆魔典》的正確出處，我們還寫了電子郵件問史丹頓小姐，不過沒有得到回音。

❷參見 *Doctor Strange*, vol. 4, #5 (February 2016), collected in *Doctor Strange: The Way of the Weird*。

❷參見 *Doctor Strange*, vol. 4, #7。

在大元帥的言語裡頭，自己跟其他人並不一樣，就像他曾說過：「超級科學造就了現在的我，相較於我世界裡所有人所曾經夢想過要具有的力量，我都來得更為強大。」❷之後當他在跟史傳奇及地窖裡的東西對戰時又說：「我學會了要怎麼引導超新星爆炸的炙熱白色火焰，我的速度可比彗星，還擁有超大質量黑洞的量子力量。我受過科學之水的洗禮，由此我才獲得了新生。」❷然而大元帥並沒有用這樣的科技來改善人類的生活，而是用它來腐蝕自己的人性，也毀掉了其他的世界，讓它們徒留下荒蕪一片、渺無人煙的景象，就像史傳奇提到大元帥時所說的話：「很顯然，科學要讓人變成怪物，就跟魔法一樣容易。」❷

相較於大元帥的肆意破壞，我們在科學革命時期可以看到一些正面案例，科學也可以善用機械化的進展。以勒內・笛卡兒（René Descartes，一五九六～一六五〇年）為例，他從機械及數學的角度來看待自然，這與亞里斯多德的目的論視角形成了強烈對比，笛卡兒把自然世界視為死物，可以任由我們來加以操控。當時還有其他像笛卡兒這樣有開創性的思想家，他們擴展了科學對話的邊界，以此鋪就了一條大道，等著像艾薩克・牛頓爵士（Sir Isaac Newton，一六四三～一七二七年）這樣的人前來展現其偉大的發現，包括他那著名的萬有引力理論、三大運動定律，以及微積分——因為有了這些發現，日後的太空旅行與量子力學才能出現。

此外，雖然大元帥那套科學要求大家要否定一切精神性的事物，

❷同上。

❷參見 *Doctor Strange*, vol. 4, #10。

❷參見 *Doctor Strange*, vol. 4, #7。

但在現實裡科學和精神特質卻是相容的，笛卡兒和牛頓本身雖然高舉科學名號，卻都並不拒斥宗教或精神特質。他們並不像大元帥，即使獻身於科學，但如果認為這會有礙於他們獻身於比個人更為遠大的事物時，他們會設法解決其中的衝突。例如笛卡兒的物理學，大家都將之視為一套關鍵性的知識學說，扭轉了科學原本所抱持的亞里斯多德自然觀（也就是教會支持的那種觀點），即便如此，笛卡兒還是另外開發出了一套形上學，主張人類擁有上帝用獨特方式所打造的心靈，所以可以理解自然世界❷。至於牛頓，雖然他並不接受當時主流的宗教見解，但他其實是個非常虔誠的教徒——甚至還會進行煉金術的實驗，而煉金術也是現代化學的先驅，只不過它通常也籠罩著神祕主義與魔法的氣息❸。

哲學、科學與……魔法？

　　歷史學家彼得・迪爾 (Peter Dear) 的著作 《讓科學成為革命》

❷參見 René Descartes, *Meditations on First Philosophy*, 3rd ed., trans. Donald A. Cress (Indianapolis: Hackett Publishing, 1993)。關於笛卡兒對於物理學和上帝的看法，以及這些看法跟基督教會教義上的衝突 ，相關討論可參見 Tom Sorrell, *Descartes: A Very Short Introduction* (Oxford: Oxford University Press, 1987), 65–70。

❸羅布・伊利夫 (Rob Iliffe) 曾有著作討論牛頓的煉金術實驗、牛頓的宗教觀，以及他與正統基督教之間的爭端 ，參見 *Newton: A Very Short Introduction* (Oxford: Oxford University Press, 2007), 54–82。至於在漫威宇宙裡，牛頓當年其實也擔任過至尊法師，還曾用他的法力來尋找 「上帝之道」（參見 *Doctor Strange and the Sorcerers Supreme* #5, April 2017, collected in *Doctor Strange and the Sorcerers Supreme: Out of Time*, 2017）。

(*Revolutionizing the Sciences*) 可以幫我們理解，在科學革命的歷史背景下會怎麼看待古代哲學家（例如亞里斯多德）的工作❸。迪爾強調，知識史是很複雜的，他尤其想要挑戰一種既定看法，就是好像我們可以很乾脆地把科學革命之前設想成一個充滿迷信、相信魔法的時代，然後忽然又無條件地跳到了下個階段，新的科學方法就此大獲全勝。事實上，迪爾寫道，即使進入了大家所說的那個科學革命的年代之後，科學和魔法與迷信依然彼此交纏，牽扯不休。

不論你是否相信魔法，我們都一樣可以這麼說：歷史上有許多原本被視為魔法的東西，最後都獲得了科學上的解釋，而類似的情況將會繼續發生。到了這個時代，依然有些人相信真的有人有離體或者說出魂的經驗，我們一樣也可以說，這些經驗最終也會得到解釋，也許是神經放電造成的，甚至也有可能科學會證明真的有其他維度存在。我們在讀奇異博士的各種故事內容時，也不妨將之當作上述情況的例證，看看那些在外行人眼中好像是魔法的奇事，最後怎麼會生出一套合乎邏輯與科學的解釋。對史傳奇來說，形而上的領域似乎就是物理世界的反映，只是裡頭所遵循的基本法則有所不同而已（雖然只有魔法師才懂得這些法則）。我們也可以想像，如果有一些領先自己的時代的科學家，別人認為無法解釋的現象，在他們的眼裡卻是一清二楚，只是其他人不了解其中的因果關係，所以才會覺得這些事看起來很神奇，對這些科學家來說，他們也可能會產生類似上述的那種與時代脫節的感覺。

---

❸參見 Peter Dear, *Revolutionizing the Sciences: European Knowledge and Its Ambitions, 1500–1700* (Princeton, NJ: Princeton University Press, 2001)。這是一本很出色的著作，對於任何想要多了解一點科學史的人來說也是很簡明的資料來源。

上述那種情況在現代科學裡有一個很好的例子，就是量子物理，對外行人來說那似乎就比較像是魔法。牛頓力學所描述的是日常物體的運動，例如行星的移動、物體的墜落、波的傳送等等；相較之下，量子力學的描述對象是次原子粒子，其表現方式可謂大不相同。舉個例子，波在牛頓力學的尺度裡是一種能量，需要透過介質才能傳遞（可以想想聲波和海浪的情況），而粒子本身就是構成那些介質（空氣或水）的物體，所以兩者完全是不同的東西；然而換到量子的尺度裡，兩者的表現卻是一樣的：光就是個很有名的例子，它本身就既是一種波又是一種粒子❷。這套力學具有一種超驗的，或者說形而上的本質，它打破了牛頓力學的範式，可是現在的科學家們還是接受了它，這對外行人來說實在很是奇妙──量子糾纏也一樣，即使兩個粒子之間隔著非常大的距離，竟然還是可以**立即**產生同步動作❸，所以才有人稱這個現象叫「鬼魅般的超距作用」，這可不是叫假的❹！

　在漫畫裡我們也可以看到這樣的魔法觀念，有些人完全沒有接觸其他維度的經驗，一旦他們「驚鴻一瞥後，發現在暗處裡還有其他自己看不見的生物，發現存在的光譜原來那麼巨大，裡頭有各種想像不到的形式」❺，此時他們就會陷入「混亂與恐慌」──這是奇異博士

---

❷你不信我們說的？請參考文章 "The First Ever Photograph of Light as Both a Particle and a Wave," *Phys.Org*, March 2, 2015，網址：https://phys.org/news/2015-03-particle.html。

❸參見 Frank Wilczek, "Entanglement Made Simple," *Quanta Magazine*, April 28, 2016。網址：https://www.quantamagazine.org/entanglement-made-simple-20160428/。

❹關於其他量子力學及其造成的哲學謎題，可以參見本書第 14 章由伯賀夫所撰寫的內容。

❺參見 *Doctor Strange*, vol. 4, #1。

對他們模樣的形容，他太熟悉這種情況了。相較之下，史傳奇自己則有能力解釋那些形而上的存在，他的說法大抵會像是這樣：「對許多微觀尺度下的奇特生物而言，人類的身體就是牠們生長的溫床……你的靈魂也一樣會引來寄生蟲，只是牠們不是來自微觀世界，而是來自另一個神祕世界。」❸史傳奇有各式各樣的魔法書和理論可以指引他，讓他明白其他維度的現象背後隱藏著什麼樣的邏輯與科學，所以這些現象在他的眼裡都有一番道理——也就是說它們其實遵循著一套他看得出來的規則，但是在絕大多數其他的芸芸眾生眼裡，這種情況就只是會嚇壞人的鬼玩意——或者也可以說是魔法。

　　奇異博士有一段話在解釋魔法師的能力，讓人聽完後覺得其實至尊法師也沒什麼：「成為魔法師並不代表你可以憑空造法，你只不過是在引導已經存在於你周遭的魔法能量而已，這情況有點類似電氣工程師在做的事。」❸而且他跟大元帥戰鬥的時候也恰恰就是這麼做的，「法咒到處都不靈，我身邊的整個魔法世界都在消散……不得不破釜沉舟，用盡龍脈裡的力量，用光地球裡頭僅剩的所有魔法能量。」❸史傳奇並不是憑空生出法力，也不是從自己體內輸送出魔法，他不過就是知道要去哪裡找大自然的能量庫，找到後又要怎麼引為己用，他只是遵照那一套法則來行事而已，如同牛頓物理學及量子物理也有自己的一套規則那樣（只不過這些規則的內容天差地別罷了）。

　　上述這兩種例子有個共同點，就是奇異博士對自己在做的事都有一套邏輯與科學上的解釋，但是在外行人眼裡，他的行為就顯得既陌

❸同上。
❸參見 *Doctor Strange*, vol. 4, #2。
❸參見 *Doctor Strange*, vol. 4, #7。

生又神祕。當然我們這樣講的意思不是說真實世界裡也有史傳奇所進行或遭遇到的一切事物——我們可不會真的認為有什麼跨維度的食魂者或心靈蛆怪——我們只是想要指出，從歷史的經驗來看，那些有開創性的哲學家兼科學家們本來就會顯得難以令人理解，而且不只是在大眾的眼裡如此，連同儕也會這樣看他們。那些從前無法解釋的現象，縱然會被人用於迷信之途，然而終究還是會有人用簡單明瞭的詞彙就把它們解釋清楚，而且簡單到連小孩都能琅琅上口，像是一顆蘋果從樹上掉了下來之類的話。

我們只知道，人生本就奇異

科學、哲學與魔法之間有著錯綜複雜的共同過往，奇異博士的冒險則可以幫我們將之梳理清楚。時至今日，雖然很難再找到能夠兼具科學家、形上學家乃至至尊法師身分於一身的人——現在三項裡頂多只能有兩項了——我們還是可以肯定地說，一個人眼裡的科學會是另一個人眼裡的魔法，而且世界上還有許多未解之事、奇異之謎。才華頂尖的科學家兼科幻作家亞瑟‧克拉克（Arthur C. Clarke，一九一七～二〇〇八年）曾說，「任何足夠先進的科技，其實都跟魔法沒什麼兩樣。」❸❾妙哉斯言，讓奇異博士來說也不會表達得更好了。

---

❸❾參見 Arthur C. Clarke, *Profiles of the Future: An Inquiry into the Limits of the Possible* (New York: Harper & Row, 1973), 21。

第 12 章

「這就是時間」
以柏格森之鐘與《奇異博士》對時

科瑞‧拉塔 Corey Latta

ક્યુસ ઓટ ઇરયુર ડોલર ઇન રપ્રિર્હેન્ડરટિ ઇન વોલ્યુપ્ટેટ વેલીટ એસ્સે સવોલ્યુપ્ટેટિટ એસ્સે સીલમ ડોલો રપિહેન્નડરટિ નુલ્લ

　　我們怎麼理解自己與時間的關係，就決定了我們會怎麼過我們的生活，只要我們一個不小心，就可能被逼迫跟著現代世界飛快的腳步行進，時間在我們的腦中只剩下跟時鐘與日曆有關的意義，到頭來的結果是，我們只顧著對未來施展自己最遠大的抱負，卻一點也不關心當下的此刻讓我們變成了什麼模樣。或者我們可以不必如此，我們可以學著在生活裡漸漸開始對自己與時間的關係進行反思，體驗時間的力量，畢竟身在時間裡的我們不只有著活生生的情感，甚至也有活生生的精神。

　　我們如何體驗時間，這是電影《奇異博士》的一大主題，片中的一條主軸就是主人公的精神蛻變，他從一個自我中心的唯物論者，變成了一個無私的靈性之人。為了了解這位好博士在啟迪心靈後是怎麼看待時間的，我們接下來要援引一位革命性的哲學家的思想，那就是亨利‧伯格森（Henri Bergson，一八五九～一九四一年）。

柏格森的時刻到了

　　在近代哲學家裡，很少有人能如柏格森那樣留下如此廣泛又不可磨滅的影響痕跡，他曾被任命為法蘭西學院的古典哲學主席，並於一九二七年獲得諾貝爾文學獎，此外柏格森的講座也很有名，內行人和外行人都知道，聽課的人潮站滿了整個講廳。美國的心理學家兼哲學家威廉・詹姆斯（William James，一八四二～一九一〇年）曾稱呼柏格森的《創造進化論》(*Creative Evolution*) 一書是「真正的奇蹟」以及「新時代之肇始」❶；而哲學家讓・瓦爾（Jean Wahl，一八八八～一九七四年）更說，「如果非得要選出四位偉大的哲人的話，可以選這四位：蘇格拉底及柏拉圖──以上兩位算一個名額──笛卡兒、康德，還有柏格森。」❷此外，柏格森也獲得了美國老羅斯福總統的高度讚譽，並影響了許多大作家，像是艾略特和維吉尼亞・吳爾芙，但也同時遭到哲學家伯特蘭・羅素 (Bertrand Russell) 大力批評。不過我們最需要知道的是在哲學界裡，柏格森在時間方面的著述，其分量就好比在科學界裡的愛因斯坦狹義相對論那般重要。

　　柏格森認為，十九世紀末和二十世紀初所強調的科學理性，使時

---

❶引述自 Richard A. Cohen, "Philo, Spinoza, Bergson: The Rise of an Ecological Age," in John Mullarky (ed.), *The New Bergson* (Manchester: Manchester University Press, 1999), 18–31, at p. 18 ；以及 Jimena Canales, *The Physicist & The Philosopher: Einstein, Bergson, and the Debate that Changed Our Understanding of Time* (Princeton, NJ: Princeton University Press, 2015), 12。

❷參見 Jean Wahl, "At the Sorbonne," in Thomas Hanna (ed.), *The Bergsonian Heritage* (New York: Columbia University Press, 1962), 150–155, at p. 153。

間受到了嚴重的影響，因為科學測量時間的方法無法掌握到時間的本質。在柏格森看來，愛因斯坦等思想家的工作讓時間屈從於某種冷冰冰的經驗主義，忽略掉了我們對於時間的切身體驗：「時間可以加速，不只加到很快，甚至可以無限加速下去，但是數學家不認為這造成了什麼改變，物理學家或天文學家也一樣。」❸不論時間是變快或變慢，在科學家眼中都只是一個靜態的對象，或者說只是實驗過程中的對象，科學家不會以自己的感知來理解時間，但這卻讓他們無法看到時間對於人類的意識具有何等力量。

　　然而真正活在時間之中的那種體驗並沒有那麼容易掌控，柏格森認為我們活在與時間的相處關係中，但凡時間有了任何變動，人類的心靈都會敏銳地察覺到。按照柏格森的說法，如果時間裡頭出現了某個變化，「在意識這方面造成的差異就會非常巨大」❹。人類是有意識的生物，我們跟時間的關係超越了經驗知識，這種關係所涉及的是人類本質的核心，其實也就是我們精神的核心。

　　柏格森對時間的看法開創了一門「新精神論」(new spiritualism)，它代表的是一種「對機械論的反抗」❺。對柏格森而言，機械論跟科學是緊密相關的，而在機械論的視角看來，實在界不過就跟一具時鐘的內部運轉機制沒什麼兩樣，這種看法不但扭曲了時間的真實面目，而且也無視於人們在時間裡可以過著有意義的生活。相較之下，只有

---

❸參見 Henri Bergson, *The Creative Mind*, trans. Mabelle L. Andison (New York: The Citadel Press, 1946/1992), 3。

❹同上。

❺參見 Robert C. Grogin, *The Bergsonian Controversy in France*, 1900–1914 (Calgary: University of Calgary Press, 1988), 39, 56。

在哲學上採取開放態度的精神論才可以彰顯時間的本色：也就是一種活生生的力量。

如果真如柏格森所言，物理學並不能完整掌握時間的意義，那我們就必須找到一個更合適的方式來理解時間。科學習慣把時間加以量化及排序，為了有別於這種作法，柏格森喜歡用「綿延」(duration) 一詞來表述時間❻。綿延給人的感覺就像一種力，我們會感到這個力在我們心中產生作用，我們並不是單純存在時間裡頭的死物而已，在時間裡，我們其實是在**變化**的，而由於科學「只要面對移動（的時間）就會對變化無能為力，就像溪流上頭搭建的眾多橋梁，只能任憑溪水在它們底下流逝。」我們必須超越科學的侷限，要把我們在「時間」裡的生命體驗給解放出來，不能只用靜態的理性或類似時鐘的思考方式來看待時間❼。

〈感覺真好〉（一九七七年，恰克·曼吉歐尼曲名）

按照柏格森對時間的區分方式，史蒂芬·史傳奇一開始就站在了錯誤的那一邊。他是個科學人，他聰明、理性，除了物質世界以外的任何實在觀一概不接受。我們頭一回在手術室裡看到史傳奇的時候，他剛好正要完成一個手術，而他即使動腦部手術也是一派輕鬆，好像

---

❻柏格森認為時間是科學所不能理解的，所以他在《綿延與同時性》(*Duration and Simultaneity*) 的第二版前言裡堅持把 "Time" 這個字的字首大寫，此時這種大寫的「時間」便已超出了時間所能掌握到的意義。

❼參見 Henri Bergson, *Creative Evolution*, trans. Arthur Mitchell (New York: Dover, 1911/1998), 169。

只是在做沙拉一樣，甚至為了好玩，也為了展現一下自己知識的豐富程度，這位醫生還跟外科的技術人員比賽，由他負責講出當時所隨機播放的歌曲名稱。史傳奇只花了片刻就聽出了第一首歌是恰克·曼吉歐尼 (Chuck Mangione) 一九七七年的曲子〈感覺真好〉(Feels So Good)❽，雖然一開始他好像講錯了年份，但是後來證實〈感覺真好〉還真的是在一九七七年發行的，只是到了一九七八年才變成發燒金曲。電影這裡要我們看到史傳奇對於時鐘的癡迷，這個角色被設定成了一個會記住所有時間的人，再怎麼模糊的日期他也不會搞錯，而這每個日子所代表的，則是一個個日曆上的時間。

　　隨著我們越來越了解史蒂芬·史傳奇是怎麼樣的一個人，我們也從他的醫學環境一路看到了他的物質環境，從手術室一路看到了他住的頂層豪宅。在他的曼哈頓市區公寓裡，史傳奇屋裡到處都是奢侈品，例如我們就看到了其中一項，也就是他的手錶收藏，他有一排又一排的手錶，一支比一支還貴——時間在他面前可謂是鋪張揚厲，垂手可得。他從裡頭選了一支克莉斯汀·帕瑪醫師送的錶，她在電影裡一直跟史傳奇有愛情上的糾葛，而錶的背後還刻著一句話：「時間會證明我有多愛你。」

　　這支手錶是個伏筆，暗示了時間很快就會跟史傳奇產生更深刻的情感連結，而且深刻到了他從來沒有領會過的程度，只是這一切還要等他擺脫了自身的膚淺後才會到來。在下一個場景裡頭，他進入了一個魯莽又狂妄的時刻，一面莽莽撞撞地開著車，一面在看有哪些手術等著他來接，等著為他帶來更多的名望嘉獎，最後史傳奇把車開下了

---

❽本章所有引述的對話都出自二〇一六年的電影《奇異博士》。

懸崖，連同他那以自我為中心的生活也一起跌了下去。就在這一刻，史傳奇停下了他原本飛快的腳步，人生不再朝著未來狂奔，在有生以來，他第一次面對了當下。

奇異的多樣性

　　當史傳奇來到卡瑪泰姬，也就是他求醫之路的終點，同時也是古一法師的居所，他發現自己的科學理性在這裡根本派不上用場，於是在這裡，這位醫生跟時間的關係發生了一次大轉彎，急轉到了柏格森的那一邊。史傳奇跟古一的首次見面，不只代表了一次世界觀的對照，這也是兩種體驗「綿延」的方式之間的一場較量，史傳奇代表為了遠大抱負而濫用時間的一方，因為他關注的只有下一刻會為他帶來什麼，他也只能透過科學的孔洞來窺探時間的面目；相較之下，古一不只活在當下，也體現了當下。相對於現代唯物主義的急切心態，以及科學主義對於超自然事物的蓋棺否定，古一刻意活在這些立場的對立面，她藉由沉思來參悟神祕維度的力量，又用這些力量不斷活化每個當下的時刻。

　　按照柏格森的理論，生命的目的就是要從史傳奇體驗時間的方式轉變成古一的那種， 也就是從柏格森所說的**量的多樣性** (quantitative multiplicity) 轉變成**質的多樣性** (qualitative multiplicity)。我們可以把多樣性視為表達實在界的多面性本質的一種方式，因為實在界，或者說人類在實在界裡的體驗，並不只涉及單一的事物，用多樣性這個概念則可以掌握人們切身經驗裡那種萬事交雜的本色。多樣性一詞所表現的，是我們在現實裡體驗到了**哪些**東西的諸多面向，至於質和量這些

用詞，則是要表現我們體驗那些東西的**方式**。以量的多樣性這種方式來認知事物，靠的是測量和估算，面對的是數量和數字；至於質的多樣性，其方法就會比較精細微妙，這點我們之後會再介紹。

按照柏格森的說法，量的多樣性會出現在統一性或同質性的空間裡，柏格森還曾拿數羊來當例子：在一個定義明確的環境裡，對著各自獨立卻又無甚區別的對象細數。然而如果我們碰到的是較為抽象的對象，例如時間，那麼量的多樣性就會出現問題，我們會發現自己不能像是數天上的星星那樣來測量時間，此時如果硬是採用量的多樣性，就會變成是在替不可計數的對象加以計數。史傳奇在一開始就是用這種機械論式的方式來理解「綿延」的，當古一問他：「在你的感官所能觸及的範圍之外，還有什麼未知的祕密？」此時史傳奇只能從量的多樣性這一方面來回答，因為他被困在了自己的科學世界觀裡頭，只懂得怎麼把事物加總計算。

然而，當史傳奇在祕術方面的知識與技能不斷增長——而且也在學習怎麼讓他那個很有存在感的自我靜心思退——他蛻變成了一個心懷精神的人，變得可以從質的多樣性來體驗時間了，他不再想方設法去計算「綿延」，而是發展出了一套直覺式、主觀式的感知時間方法。柏格森相信，我們不能把生命和時間看成好像都位在一個同質性的平面上，然後就對它們進行測量，畢竟我們對時間的體驗並不像是在數星星或數羊，相反地，他認為我們在時間中的切身體驗其實具有非常大的多元性或異質性；更有甚者，我們在時間裡的意識經驗不但有異質性，而且各個部分之間也區分不開，無法加以分割及計算——否則的話，我們乾脆就回去用量的多樣性那種方法，直接進行計量就好了。時間就是那麼複雜，我們只能接受，無法反抗或操控它。

感受時間

　　量的多樣性會造成誤導，讓我們錯用分析的方式來看待時間中的生活，讓我們想要用理解空間的方式來理解時間——先加以分割，然後對各個組成部分進行測量；相比之下，質的多樣性就能理解時間的綿延之力，以及我們體驗生活的真正方式。有意識的心靈在運作時會感受到時間的力量，切身體驗在本質上是一種動態的力量，心靈便是藉此才得以成形，而且在質的多樣性裡，「數種意識狀態會被組織成一個彼此交織滲透的整體，終而逐漸成就出更豐富的內容。」❾綿延之流會讓當下具有生命本身的力量，只要心靈開始懂得用直覺方法來把握綿延，它也就跟著能夠把握到每個複雜的時刻，史傳奇在卡瑪泰姬的時候，就是憑此而成長為一個在情感上具有多重維度的人，柏格森想必會說，史傳奇這是先學著怎麼「在意識狀態的數量多樣性(numerical multiplicity) 之下」來進行探究，終而才發現了「質的多樣性」❿。

　　要想了解什麼是質的多樣性——以及史傳奇在整部電影裡完成了怎麼樣的個人轉變——有一個好辦法，就是想想使我們跟他人產生聯繫的情感，舉兩個柏格森最喜歡的例子，那就是同情與憐憫。同情讓我們超脫自我，進入他人的痛苦之中，如果顧名思義的話，就是要與他人同受苦痛之情，在這種同情狀態下，我們是不可能繼續以自我為中心的，因為同情就意味著要放空自我。同情是一種質的多樣性的狀

❾參見 Henri Bergson, *Time and Free Will: An Essay on the Immediate Data of Consciousness*, trans. F. L. Pogson (New York: Macmillan, 1910), 122。

❿同上，128。

態，會讓我們脫離計算式的理性，不再想要測算自己的經驗，並且還會引導我們進入一種深層的直覺模式，覺得已然完全了解人生的真貌。

　　憐憫的情況也一樣。因為憐憫，我們看到了他人身受著痛苦，並且選擇跟他們一起受痛。我們是為了他們而感受，如此一來，我們也卸去了自己原本的膚淺之情。透過憐憫，我們會用更深刻的方式來認知自己和周遭的世界，而這又會幫我們擺脫掉那種自以為是的可量化知識，或者套用柏格森的話：「這麼說來，憐憫的本質就是一種放低自我的需求，一種向下探求的渴望。」❶柏格森稱此為「進步的質變」(qualitative progress)，而我們在史傳奇精神上與情感上的成長軌跡中也看到了這種情況，當他進一步認識自己跟「綿延」之間乃是質的關係，他原本那貪婪的物質主義也就跟著開始出現了扭轉。從古一那裡，他領會了自己過去不曾發現的一種滿足感，滿足於當下這個時刻，滿足於綿延的力量，這讓他得以接納意識狀態的複雜性與多樣性，也把他變成了一個有情之人。

無人可盼的卡西流斯

　　卡西流斯第一次出場就從卡瑪泰姬圖書館裡偷走了研究時間的《卡利奧斯卓之書》，他用這本書來施展黑暗法咒，以此召喚多瑪暮，這個邪惡魔物存在於時間之外，一直想把多重宇宙吞噬到自己的黑暗維度之中。

---

❶引述自 Leonard Lawlor, "Intuition and Duration: An Introduction to Bergson's 'Introduction to Metaphysics,'" in Michael R. Kelly (ed.), *Bergson and Phenomenology* (New York: Palgrave Macmillan, 2010), 25–41, at p. 36。

　　卡西流斯曾受到失去家人的痛苦，因此他召喚多瑪暮的目的是要停止時間，他曾經告訴史傳奇，「時間才是我們所有人的真正敵人，時間就是一種羞辱。」在卡西流斯看來，由於只有在時間裡才使得「一切都會老去」，而且「一切會死去」，所以只要終結時間，也就等於終結了人類的苦難。如果說史傳奇一開始跟時間之間是一種科學主義的關係，而古一跟時間之間是精神主義的關係，那麼卡西流斯跟時間也可以算是一種「時間虛無主義」(chronological nihilism) 的關係，因為在這位充滿苦恨的法師眼中，活在時間裡頭根本就不算真的活著。

　　由於卡西流斯已經沒辦法繼續在「綿延」中生活，所以他也無法再把握住生命的意義，這才導致他後來無視於道德。他與時間性的存在之間關係冷漠，所以他也絕不可能像史傳奇那樣產生進步質變，時間裡的一切在卡西流斯眼中都不再具有道德意義，而且因為萬物都存在於時間之中，所以他下手毀掉的時候也不會留情，反正所有的東西上面都有時間的印記。對卡西流斯來說，只要一切事物還繼續存在於時間之中，那麼存在的唯一目的就是要消滅存在本身。在電影裡我們可以看到，卡西流斯排斥時間其實是一種完全自私的行為，最後還造成了他的敗亡，他沒有利用質的多樣性來讓自己成長，而是滿懷著憤怒與倔強之心，終而毀掉了自己。

　　卡西流斯相信多瑪暮會贈送給人類一項禮物——在一個超越時間的地方的永恆生命，也就是說每個人都可以獲得永生，可是在柏格森看來，這項大禮根本就不可能會存在。生命的真正力量只有在「綿延」裡才會出現，時間是依照生命的本質來產生作用的，而生命本身又總是「在時間中前進與延續」❷。對於無生命的東西，時間既不會傷害也不會幫助它們，「只有有意識的生物……才會從中得益」❸。如果有

人像卡西流斯所想要的那樣，把自己排除在時間之外，或是像多瑪暮所要做的那樣，把「綿延」本身整個消滅掉，這些都等於是想讓自己存在於遺忘之中。因為我們是透過質的多樣性來掌握綿延，再藉著綿延來體驗時間轉變事物的力量，而卡西流斯鼓吹要終結綿延之流，這讓他在情感上與精神上都陷入了自我封閉，成了一個凍結在永恆的停滯之中的人物。

該看的不是你自己

　　卡西流斯否定時間，這點會凸顯出史傳奇心中所發生的進步質變，其中的最大轉折點就出現在電影裡情感張力最強的時候，也就是古一死亡那一刻。在她的最後一幕裡，古一凝望著眼前的景象，在暴風呼呼的夜裡，些許的雪花徐徐飄落，即便多年來看過無數次仍讓她深深著迷。她告訴史傳奇，雖然她已經往前探索過時間的長廊，也看到了無數種未來的景象，但是卻從來沒看到過史傳奇的未來，因為他的未來裡存在的只有各種可能性而已。他的未來之所以還沒有決定，其實就是因為他到了電影的最後，終於開始活在綿延之力的動態變化之中。

　　談到史傳奇的未來尚未形成，古一也連帶點出，這代表他有巨大的為善的可能，這種性質狀態就像是一種容器，可以容納綿延的多樣性。現在史傳奇可以自由地把時間化為現實，所以也就可以創造他自己的未來，不過古一提醒他還有個前提，就是他要克服心中最後還殘

⓬參見 Bergson, *Creative Evolution*, 34。

⓭參見 Bergson, *Time and Free Will*, 116。

存的那些傲慢與恐懼，因為它們會妨礙他學到人生在時間裡的一大祕密：「你該看的不是你自己。」人生、時間，以及人類的存在，這些都超越了量化思維那種狹隘的自我中心視角，史傳奇對於「質」的體悟只差臨門一腳，他只需要再往前一步，從而完全同情他人，並且在進化質變中拋下自我，改而著眼於全人類更大的善，然後他就可以好好活在當下，活在不斷生成的綿延之中。

古一的一生都在對外傳播綿延的力量，聽聽她在生命的最後時刻裡對史傳奇所說的話，裡頭當真是縈繞著柏格森的餘音：「是死亡為生命賦予了意義，要懂得自己時日無多，屬於你的時間短暫。」懂得時間資源的寶貴，會鼓勵我們在時間裡活出最完滿的人生，綿延的生命了解當下這一刻的力量，也期盼時間能夠造就意識與存在的連結。

「你大概覺得我都活了這麼久了，總該準備好了吧。」古一在死前對史傳奇說，「可是看看我，還是拼著想多拉長一點時間，把轉瞬的一刻變成千千萬萬……這樣我才能目睹到這一場雪。」古一最後這段深情自白，恰好呼應了柏格森對於綿延之感的描述，就是那種跟時間產生連結的直覺感受，其中有「激烈的熱愛、深沉的憂傷，會深入我們靈魂裡頭，激盪出一千種各不相同卻又彼此滲透交融的元素，觀其外難以名狀，觀其中混元參一，全無分立之象。」這種充塞心懷的深刻質性體驗，古一和史傳奇兩人都曾有過，彼時「感受成了一種活物，會發展成長，因而也一直在不斷變化。」❹

史傳奇終於學到了能使人類的存在有意義的關鍵要點，那就是生命遠遠不只是個人的衝動與欲望，其他還有無窮多種可能，此時他終

---

❹同上，132–133。

於跟自己的老師上完了最後一課，可以從容去實現質的多樣性，以無私的胸懷來成就更大的善。

這就是時間

　　這部電影最能明顯反映出柏格森思想的地方就在片中最高潮的一幕，也就是跟不存在於時間之內的多瑪暮對決，史傳奇為了全人類而犧牲自己，反覆重新活在當下的那個時刻──或者我們也可以說，他是一直在重新創造當下。由於多瑪暮活在時間之流以外，所以他並不知道時間有什麼力量、對人類的意識會造成什麼影響，而為了阻止這個惡魔把世界吞噬到沒有時間的地獄裡，史傳奇就利用他對時間的無知來對付他，於是他施了一個可以讓他重新創造當下的咒語，然後史傳奇就一次又一次地犧牲自己的生命，造成時間不斷重來，藉此來把多瑪暮困在同一個反覆發生的當下時刻。多瑪暮對於這種次次都似曾相識的經歷感到不解，於是問道：「這是什麼？幻覺嗎？」

　　「不對，這是真有其事。」史傳奇回答，「既然你從你的維度裡拿了一些法力給卡西流斯，我也一樣從我的維度裡帶了一點力量過來。這就是時間，永無止盡、不斷重來的時間。」不過多瑪暮也看出，史傳奇要反覆活在當下這一刻的話必須付出什麼代價，於是他警告這位法師：「你的人生會永遠都在經歷死亡。」然而史傳奇已如古一先前所看到的，他已經接受了自己可以利用他為善的能力來創造自己的未來，所以就回答道：「不過這樣地球上的所有人就能活下去了。」然後多瑪暮又威脅史傳奇，向他保證「你會受到很大的苦」，而此時史傳奇的回答就充滿了質的多樣性：「痛苦是老朋友了。」直到最後，史傳奇都能

保有那種讓他真正能同情他人的質性狀態，所以他也表現出了綿延之流在人類意識中所會造就出的那種生命姿態，他現在已經準備好要為他人受苦，並且在苦痛之中超越自己過去那淺薄的靈魂。

當下此時，這就是此電影高潮之處的主旨，而且是以反覆出現的方式來提點觀眾，當我們在看完整部影片、看見了史傳奇的轉變，也可以用「當下此時」這個主旨來擴大解釋。關於時間會怎麼擴大人的靈魂，柏格森曾在書中這樣描述：

> 我們其實只是想要找到我們意識對「存在」一詞所賦予的確切意義為何，然後我們便發現，對一個有意識的生物來說，存在就意味著變化，變化就意味著成熟，而成熟就意味著不斷創造自己。❶❺

由於史傳奇透過反覆出現的當下時刻來體驗痛苦，他隨之成長了，胸懷變寬闊了，而且還重新創造了自己。他不僅成為了古一所希望的那種人，更變成了生命特有之力量（也就是柏格森口中所說的那著名的**生命衝力**〔élan vital，vital impulse〕）會造就出的那種人。由於時間之力對於他意識的影響，史傳奇可以憑著自由意志來達成自我實現；又由於他選擇了受苦，他還把自己造就成了質性上的理想之人。

對於質性生活來說，每一個新的時刻都會帶給我們新的理解、新的實現，乃至於新的生命本身，正如柏格森提醒我們的：「對一個有意識的生命來說，沒有哪兩個時刻是完全相同的。」 ❶❻質的多樣性原本

---

❶❺參見 Bergson, *Creative Evolution*, 13。

就是由眾多殊異元素聚合而成，而對史傳奇來說，每一個時刻的確切性質也各有不同，只不過在他的心靈、思想與靈魂裡，他都不斷在前進，都在漸漸變成一個更為他人犧牲的人，就像柏格森所說的，「因為在人類的靈魂裡，幾乎就只有各種進程 (progression) 的存在。」**⑰**

匯聚而成了奇異的時間

在史傳奇面對多瑪暮的時候，我們從中也看到了另一種觀念：時間也可以是一帖良藥。生命會透過時間來找到時間之外不可能達到的滿足感，就像我們看到卡西流斯想要棄絕時間而採用的方式，那種情況下，因為失去了時間的力量，一切就不可能有好的進展，不會有個人的進步或社會的改善。對此柏格森寫道：

> 時間中的綿延似乎是以「原因」的面貌在發揮效用，但如果在事情經過了一段時間之後，還想把事物分歸於原本的位置上，這種想法相當荒謬，因為在生物身上還從來沒有發生過這種時間倒退的情況。**⑱**

時間只會朝著一個方向前進，其中的每個當下時刻都匯聚了各個綿延之流，一起創造出下一個當下的時刻。

柏格森相信過去會匯流入當下（不過如果是史傳奇對抗多瑪暮的

---

⑯同上，164。

⑰參見 Bergson, *Time and Free Will*, 131。

⑱同上，153。

那種情況，過去的意思就變成了前一個當下時刻），然後為每一個新的當下締造出更豐富的內容密度。因此，每個當下時刻都會變成一個動態的**現在**，其動力來源則是之前那一個動態的**先前**：「過去一直在前進，如海納百川聚成未來，並且越聚越為浩淼。」 ⓳ 因此，我們會看到犧牲自我的史傳奇置身在不停向前奔去的時間長河裡，而他也會在意識這個層面上不斷發生變動，因為在時間裡「一切事物都會發生內在變化」，而且「同一個具體的現實情況不會再次發生」 ⓴。如果完全同樣的現實狀況會重複發生的話，時間本身就會失去形成質性靈魂的作用，而人類意識的成長力量也會遭到剝奪。

隨著綿延之力不斷吞吐積累生命衝力，史傳奇整個人已經完全轉變，如今也已是祕術大師，他不但願意，也能夠承擔起保護世界的責任，對抗卡西流斯與多瑪暮等人的威脅。這部電影最精彩的一場戰鬥很明顯符合了柏格森哲學所預示的最終出路，那同時也是整個故事精神上的顛峰時刻，講述了時間之流與對當下的精神覺知是如何創造出一種有意義的（而且在這電影裡也是英雄式的）人類體驗。史傳奇從頭到尾戴上的都是同一支手錶，也就是克莉斯汀在上頭刻了「時間會證明我有多愛你」的那一支，只不過錶面上的玻璃已經裂開，看起來很像是史傳奇從前體驗時間的方式。這支錶的作用是要提醒觀眾，史傳奇當初是怎麼誤用、計算和追趕時間，不過現在史傳奇已經不會再那樣做，他已經知道要怎麼真正地活在時間之中，要讓自己照著手錶背後那些文字所表示的質性意義去過，不要再依循於他雙手所代表的

⓳參見 Bergson, *Creative Evolution*, 11。

⓴同上，31。

量化結構思維而活。

只有時間可以證明

　　但願史蒂芬・史傳奇的探索之旅也可以為我們的探索之旅帶來影響。在這樣一部充滿智慧佳句的電影裡，其中有一句最能捕捉到史傳奇的精神成長情況，這句話很早就已經出現在古一的教導之中，當時她對史傳奇說：「你不能擊打河流來讓它屈服，你必須順從它的水流，將它的力量化為己用。」時間當然不能被我們的意志所掌控或屈服，我們只能活在其中、明瞭其理、感受其存。如果柏格森是對的，那麼我們與時間的關係（以及與你看完本章後所身處的那一刻的關係）就可能會對我們日後成為什麼樣的人造成重大影響，就像那對奇異博士所造成的正面影響那般劇烈。不過呢……我們在時間裡到底活得好不好，這件事依然只有時間才可以證明分曉。

第四單元

「以孔窺天的人」

第 13 章

範式轉移的奇異狀況

布連登・謝 Brendan Shea

ડયુસ ઓટ ઇરયુર ડોલર ઇન રપિરેહેનડરટિ ઇન વોલયુપ્ટેટ વેલીટ એસસે સવોલયુપ્ટેટિટ એસસે સીલામ ડોલો રપિહેનનડરટિ નુલુલ

在二〇一六年的電影《奇異博士》中，主角身分發生了極為巨大的轉變，從一個成功的神經外科醫師變成了法術高強的魔法師。想當然耳，他自己也很難接受這樣的轉變，其中有一大部分的原因是他覺得法術這事看起來多少總是「不科學」的。儘管如此，他終究還是像原本接納醫學那樣，也全心全意認可了法術。他之所以會做出這樣的轉變，有部分是出於私人的理由，例如他迫切想要治好自己受傷的雙手，然後以此來救助他人，不過史傳奇另外還表現出了某種任何其他科學家也可能都會有的動機：他有知識上的好奇心，驅使他去了解古一是怎麼治好癱瘓的，而且他非常希望能讓事情產生正向的改變，而這在後來也讓他拓展了魔法的邊界。

本章會審視史傳奇身上的轉變，看看其中有哪些跟科學探究本質有關的內容能令我們受益，如果說得更具體一點，就是我們要探討像奇異博士這樣的科學家們，會覺得在什麼情況下**改變**自己的作法是有道理的，而這樣的探討也可以讓我們更全面性地去看科學實踐到底是怎麼進行的，不過這其中某些情況可能會讓我們相當驚訝。舉例來說：法術不能算是科學，這在我們看來（甚至可能史傳奇也這樣看）也許

是**理所當然**的，但是這個匆促的結論卻有不少理由可以加以懷疑，至少在史傳奇醫師所居住的那種世界裡是如此。最後，我們還得好好想想，這一切的觀察對於**我們**世界裡的科學有什麼意義，因為情況會跟電影裡有很大的差異。

說回奇異正常時

我們這番探究要從一個人提出的觀念開始，那就是身兼科學家、歷史學家與哲學家的托馬斯・孔恩（Thomas Kuhn，一九二二～一九九六年），他在一九六二年出版了《科學革命的結構》(*The Structure of Scientific Revolutions*)，並在書中反對一種廣受青睞的觀點：科學之所以會進步，就是應用了一種普遍有效的「科學方法」，而這種方法會確保我們一步步前進，終而達到真理❶。孔恩並不這麼想，他認為「科學革命」其實通常跟史傳奇的經驗看起來頗有相似之處，也就是說科學家會先拒絕改變自己的某種基本觀念——亦即「這世界是如何運作的」，或者也可以稱此為他們的**範式** (paradigm)——直到後來有一系列的危機出現，才逼得他們不得不接受。如果他們最後真的改變了範式，那他們就會跟史傳奇一樣，也得經歷一次自己的「改宗」(conversion) 過程，而這也會讓他們重新認識這個「世界」到底是怎麼一回事。

孔恩書中所舉的例子都援引於物理學、天文學、化學的歷史，不過他這套觀念可以應用的範圍其實要更廣大許多。畢竟如果相互敵對

---

❶參見 Thomas S. Kuhn, *The Structure of Scientific Revolutions: 50th Anniversary Edition*, ed. Ian Hacking (Chicago: University of Chicago Press, 2012)。

的科學範式真的有那麼大的差異，比方說像神經外科和法術之間差那麼多，那麼科學本身的客觀性似乎就會受到威脅。但也正因如此，所以奇異博士——一個能夠理解多重範式的人——的故事才可能被挖掘出那麼多有趣的地方，而且就算讀者們的世界裡沒有法術也一樣。

孔恩跟史傳奇一樣，他最初接受訓練的學科跟後來讓他成名的學科非常不一樣。孔恩在哈佛大學拿到了物理學博士學位，不過他在職涯早期就逐漸開始認為，自己有很多最好、最有原創性的觀念其實都是科學史這方面的東西，他有個想法尤為獨到：從前的科學到底是怎麼進行的，很多人對此都抱持著極其不準確的看法，所以他們才會跟著也搞不清楚現在的科學怎麼運作。

根據當年流行的一種科學觀點，也就是科學哲學家卡爾‧波普（Karl Popper，一九〇二～一九九四年）所主張的**否證論**(falsificationism)，科學理論（其對立面是政治之類的理論）的定義就是我們有可能根據某些類型的觀察來看出這些理論是錯的，而科學家就是那種願意根據這些證據而改變自己的思想的人❷。如此說來，波普照道理說應該會挺欣賞奇異博士早期的那個形象，當時他是個英雄作派、敢於冒險的神經外科醫師，為了拯救病患更總是不惜挺身反對他人的既定觀念，最重要的是波普注意到，像史傳奇這樣的科學家都會有一種特質，他們會把失敗看得很重，然後會修改自己的理論或作法來應對之前的失敗經驗。如果病患喪命，在史傳奇下次碰到這種情況時，無疑就會試試不同的辦法。

---

❷關於波普、孔恩及其他我們接下來會討論到的科學哲學家的思想，如果想找一本易讀的導論式著作，不妨去看 Alan F. Chalmers, *What Is This Thing Called Science?*, 4th ed. (Indianapolis: Hackett Publishing, 2013)。

　　雖然波普的否證論一直都很具有影響力，不過孔恩還是認為那沒有精確掌握到「正常科學」實際上的作業方式。要注意孔恩這裡所指的只是物理學家或生物學家們一般日常的工作方式，他們都**不是**當世的牛頓、愛因斯坦或達爾。孔恩注意到，像史傳奇這樣的創新發明者其實是很罕見的，絕大多數實際在作業的科學家，畢生都只是在解決一套範圍很細小、內容很明確的問題（孔恩稱之為「謎題」），而想要解決這些問題，只須要利用他們多年來從嚴格的學院教育中學到的方法和理論，並且知道有哪些問題是他們這個圈子裡公認值得做的，這樣就夠了。他們極少會提出一整套創新的技術或作法，至於法術這麼離經叛道的東西當然就更不用想了，就算他們面臨很嚴重的問題也不會這樣做。他們的第二個特點是不會碰到很特殊的情況（這點之後會再另外細談），所以他們幾乎都不曾否定過自己最根本的作法、理論或價值，就算面臨到許許多多看起來無解的問題（例如現代醫學還沒有辦法治療的多種疾病或狀況），依然不會改變。然而縱有這些失敗，在絕大多數的情況下，生物學研究者們也不會因而就放棄了他們處理問題的基本方法。

從科學到法術：科學革命是怎麼發生的

　　如果孔恩是對的，那麼奇異博士雖然一開始對法術有所質疑，但那也只是科學家在實務上本來就會有的正常反應而已，畢竟在正常情況下科學就只會用來解決某些特定的謎題——找出新的病原體、發展外科技術、開發新藥物等等——其中所用到的技巧和知識，都是經過多年正式教育與專業練習後才獲得的，如果說要放棄這一切，改採某

一種奇異的新主意，例如操控維度中的能量來對抗神祕敵人云云，這幾乎就等於把整個科學都一起放棄了。事實上孔恩認為，像是生物學和物理學這一類「成熟」的科學之所以能夠成立，一定要先等到研究者們都認可了同一套範式才行，因為有了這套範式，他們才可以把自己的時間和精力集中投入在比較特定種類的謎題上，才能設法找出謎題並尋求解答，不然的話他們就得要繼續公開論辯，對於該要採納哪些基本理論、方法與價值爭論不休。

然而到了歷史上的某個時間點，科學家們也會改換自己的範式，就像他們當年採納了哥白尼以太陽為中心的日心說模型，捨棄了從前托勒密的那一套地心說模型。就連史傳奇這個特殊案例也發生過同一類的變化，他也是放棄了外科醫師的工作，轉而成為一名志向遠大的魔法師。孔恩在《科學革命的結構》花了很多的時間來思考科學家們為何以及如何做出這種革命性的改變，他認為這樣的轉變過程其實跟科學家、歷史學家及哲學家們一直以來的常見想法很不一樣，至少如果從個別科學家的角度來看的話，這種轉變過程並沒有如一般想像的那麼理性，反而是比大家想的要更加神祕一些。

科學革命的發生根源，在孔恩看來，就在奇異博士身為科學家時所從事的那一種「解謎」活動上，因為解謎這件事原本就得要進行越來越精確的測量與預測才辦得到，然而隨著時間進展，這一類的測量活動裡自然會發現一些異常現象，或是發現原本的範式有些無法預測到的地方，而且不論進行過多少次調校都一樣。以地心說的範式為例，在古代的天文學裡運用了數千年以上的時間，成果一直是出奇地好，可是天文學家們終究發現到，他們必須要進行越來越多的調整才行，例如他們認為行星會繞著本輪 (epicycle) 運動，同時再沿著更大的軌道

繞著地球轉，可是由於他們從天空上觀測到的結果變得越來越精確，所以本輪也必須設定得越來越複雜，這樣才能讓他們的範式跟觀測保持一致。

面對這些異常現象，科學家們不得不逐漸採納越來越極端的想法，直到他們終於達到臨界點，發現他們現有的範式已經撐不下去了。不過在史傳奇的例子裡，這個過程的發生速度非常快，他原本的目的是要治療受傷的雙手，而這首先就讓他發現了醫學的能力侷限，然後又發現奇蹟式痊癒的強納森‧潘柏恩，最後讓他來到了古一法師面前，發現了她讓史傳奇親眼目睹的一切。只不過，即使一直到這個轉變過程的最後，史傳奇從來都沒有拋棄過他對自己的範式的核心承諾：想要治療他的傷勢，其療法一定要可以用科學來加以解釋，範圍除了人類的生理學以外，也包括了生理學所依循的生物學和物理學理論。

按照孔恩的觀點，史傳奇不棄故舊是完全可以理解的。事實上孔恩還認為，如果單單只是出現了一些異常現象，就算它們很明顯、很重要，也不會讓科學家們拋棄自己一直以來使用的範式，要想讓他們拋棄那種範式，除非是他們眼前已經出現了新的範式，讓他們能夠以新換舊才行（但也別以為他們一定會這麼做！）。新的範式不但要為那些惱人的異常現象提供解釋，還要能做出全新的預測，並且提供一個有吸引力且簡潔美觀的理論圖象，還要顯示出一些未解之謎，以為大家未來要進行的工作留下足夠空間。也因為古一向史傳奇提供了這樣的選擇，所以他最後才會願意拋棄舊日的生活。

黑暗維度為何比料想的更難理解？

我們目前所談到的內容，大部分都相當吻合於許多科學家、歷史學家及哲學家對科學方法的常見描述方式。奇異博士碰到了一個他解決不了的難題，然後想出了許多假設再加以測試，以此尋求解方，最後終於找到了一個有用的方法。當然啦，法術還是跟我們世界裡實際在進行的科學有一些不同，但這並不代表史傳奇的作法就比較不科學。然而對孔恩來說，這些都沒有談到這個故事裡最有趣的地方，也就是包含了範式轉換的那一面。如果我們回顧科學史（或是至尊法師史傳奇回顧自己的人生），我們或許不禁會認為在危機時刻所選擇的範式**很明顯**會比舊的範式更加接近真理，所以我們當然也一定就取得了進步。然而孔恩卻認為，我們在科學史裡看到的進步其實混亂得多，很多時候根本就沒有清楚而「客觀」的判準來讓某個範式的追隨者可以理性地說服另一個範式的追隨者，讓這些人改宗加入自己這一邊。

尤其重要的一點是，孔恩認為範式的轉變遠遠不像人們所期待的那樣，以為那是某種緩慢、漸進的過程，好像科學家只是一點一點地把新的證據整合起來，放入他們原本的範式之中，其實正好相反，新範式的出現是相當快的，而且一開始支持新範式的證據通常相對是比較少的，尤其是跟歷史上很成功的那些舊範式相比的話就更是如此。第一批採納新範式的科學家會願意這樣做，是因為他們相信照著新範式來做事會讓他們獲得進展，然而這看在那些舊範式追隨者的眼裡，往往就跟盲目的信仰沒有太大差別，究其主因，是新範式裡頭幾乎一定會有一些大家很陌生的觀念或作法，而且是陌生到了不可理解的地步（不妨想像一下，如果史傳奇告訴醫學院裡的那些老師說他已經成

為一名魔法師的話，他們會有什麼反應）。套用一個孔恩的術語，對立的範式之間乃是**不可共量** (incommensurable) 的：也就是說根本沒有通用的辦法可以進行翻譯，把一個範式的概念表達成另一個範式的概念。這個說法確實非常貼合現實，採納了不同範式的科學家根本就像是身處在不同的世界裡，而他們在裡頭所看到的，也是非常不同類型的事物。

孔恩主張範式之間不可共量，這是他那本書裡最有爭議也最具影響力的部分，但卻同時又是他最容易被誤解的主張。了解了這一點，將會有助於我們仔細去看史傳奇的經歷。當他第一次看見法術存在的證據，例如潘柏恩的癱瘓治好了，而他自己一開始跟古一接觸的經驗也是如此，他的反應卻是不肯相信，不過他最後還是改變了想法，因為他後來已經確信法術的確就是他所看到的那些異象的最佳解釋，然後他又認為法術可以讓他解決自己關心的那些問題　（例如他所受的傷）。然而他還是遲遲不肯真正認為自己是一名法師，直到發現自己可以對這個領域作出貢獻，並且解決那些連莫度和古一都難以解決的問題，他才終於改觀。

到了這個階段，史傳奇才終於第一次碰到了不可共量性的問題，他想要成為一位魔法師，甚至可能還希望能夠解釋某些奠立法術基礎的一般性概念，例如其他維度的存在等等。然而事實證明，採納科學範式所要具備的條件並不光是記住一條條公式就夠了，像是維度能量的本質這一類的東西，如果史傳奇真想要了解的話，就必須精通操縱這些能量的法門，而這又得要先長期且反覆地練習簡單的咒語。結果就是，菜鳥巫師——這點很像菜鳥物理學家——其實並不了解自己所學的理論，這點光靠閱讀教科書上的解釋並沒有用，也不能只聽那些

睿智而資深的物理學家或魔法師講述理論，這些菜鳥們必須學會怎麼用這些理論來應付現實中會遇到的標準問題，也就是孔恩所說的**範例**(exemplars)。史傳奇從這方面所獲得的知識比較算是一種「**技能**知識」(knowledge **how**)，而比較不算是「**內容**知識」(knowledge **that**)，也就是說他學到的是怎麼做，而不是某種他要記住的理論。

孔恩認為，當科學家選擇採納新的範式，他們在這個過程裡也會學習使用新的方式來「看」世界。所以等到史傳奇完成法術訓練的時候，他也並不只是掌握了一些新的技巧、記住了一些複雜的法咒和手勢而已，此時他會發現自己已然彷彿置身於另一個世界，裡頭充滿了跟他的舊世界非常不同的事物，而且現在他所處的這個世界也會要求他採取非常不一樣的反應方式，而且呢，他還會覺得這些東西很難對以前的老同事解釋清楚。如果孔恩說對了，那麼史傳奇即使發現很難讓老同事相信他這些新觀念是對的，而且事實證明不論他怎麼努力傳達概念都沒有用，他也不該對此感到太過驚訝，畢竟那些不肯相信法術的人也許會說，現代醫學都已經解決了那麼多的問題，如果光憑幾個異象就要他們放棄原本的觀念，這未免也太愚蠢了——何況這些異象還都是由一個怪咖醫生搞出來的。

孔恩另外還有個多少會讓人意外的主張，他認為像史傳奇這樣的人會特別適合在他新加入的法術行當裡推動典範轉移。孔恩注意到，歷史上大多數科學革命的推動者，既非是某個領域中最老資格、最有經驗的行內人士，也不是完全沒有或幾乎沒有受過訓練的外行人，其實大部分的推動者都是像史傳奇這樣的人：剛進到這個領域，雖然接受過了足夠的訓練，可以理解其範式是怎麼發揮效用的，但是又還沒有被既定的作法給綁死。跟史傳奇一樣，這種創新者通常都是來自於

其他的科學學門，而他們所尋找的問題解方，也往往是在該領域裡「正常」的行內人士未探索過的地方。

範式之謎

孔恩就像他的前輩波普一樣，都從根本上改變了許多學者看待科學的方式，從前他們看到的一直都是某種緩慢而有序的前進腳步，逐漸邁向更完善的理解，然而現在看來，科學革命卻似乎跟政治革命、甚至信仰改宗有了更多的相同之處，反倒不太像是在應用學校裡面教導大家的那種冷靜理性的「科學方法」，雖然那種方法在一般的科學裡確實扮演了一定的角色，但如果說到革命性的科學，那麼情況在很大程度上就會更像奇異博士一開始見到古一的時候，根本就搞不清楚怎麼回事。如果有科學家想要採納新的範式，那就必須徹底重新思考，不只要思考自己的理論和作法，還要思考自己整體性的世界觀，包括世界從根本上來看是什麼模樣，而他們在這樣的世界裡又會扮演什麼樣的角色。

這對現實世界裡的科學有什麼意義？難道我們應該要做出這樣的結論，認為法術的範式跟醫學的範式一樣可信，而且無論實際上是好是壞，總之兩者都一樣有資格主張自己是「科學」嗎？孔恩的書中談到這一類問題時有點模糊，而當《科學革命的結構》一開始問世的時候，也有很多讀者對這本書的主張有了誤解，以為孔恩說科學社群所做出的革命性決定，亦即拋棄現有範式而轉採另一個範式，其實從根本上來說那並不是一個理性的過程，其背後的驅動因素非常不同於解釋正常科學時所用的相關因素。按照這樣的看法，由於各種範式之間

彼此不可共量，所以根本就不能進行任何比較，因而也就無法從中做
出理性的選擇。例如當史傳奇還在當神經外科醫師時，他完全有能力
看出自己應該選用哪一種外科手術技術會最好，他甚至能夠向實習醫
師及同事來對自己的選擇加以解釋與辯護；等到他當了魔法師之後，
也可以在法術這方面做出一樣的事；然而如果要史傳奇對一個神經外
科醫師提出在理性上有說服力的論證，讓他認同自己也應該成為魔法
師，他就做不到了，而且就算把兩種職業顛倒過來，也一樣說服不了
另一方。

　　不過等到他的書再版之後，孔恩更大力著墨解釋，強調科學裡存
在著更加普遍的規範，我們可以利用這些規範來對不同的範式做出判
斷，而且相互競爭的範式之間也就此有了「轉譯」的可能。寫到最後，
孔恩還認為其實科學家自己才是最有辦法看出箇中道理的人，知道何
時會更改範式，以及要如何更改，只不過他們這麼做的理由並不一定
都能向外界解釋清楚而已。孔恩甚至還注意到了史傳奇這種人──也
就是通曉多種範式之人──對於範式轉移過程的重要性，因為他們有
助於讓敵對範式那邊的科學家能夠理解對手到底在做什麼，而如果他
也採納了對方那個範式的話，又會發生什麼可能的結果。雖然這種轉
譯每次都是片面而且不完整的（畢竟只有魔法師才能完全明白史傳奇
對法術所做的解釋），但它們依然是一個很好的理解起點，至少對那些
思想開放的人而言確是如此。

　　跟大部分的科學哲學家及科學史學家一樣，孔恩自己並沒有對當
代的科學家們提供多少建議，告訴他們該怎麼樣進行自己的工作。不
過他確實另外有個憂慮，擔心人們會太急於在他們所看到的一切領域
裡頭尋找「範式」，這會導致大家忽略成熟的科學，例如物理學和化

學，它們跟其他的人類活動在哪些方面上有所不同。在孔恩看來，通曉一種範式須要花費很多的功夫，而不只是認同某個大方向的人生觀就可以了，事實上，科學範式的追隨者必須認可其中的諸般細節，包括什麼樣的問題才算重要，而究竟又該用哪一些特定的方式才能解決這些問題。正是因為科學家們有了這樣的共識，所以他們才能夠著手去解謎，並照此來安排自己的正常工作生活。對孔恩而言，拿成熟的科學跟人類所做的其他幾乎每一件事相比，都有著真正根本上的不同。

孔恩之後，事情越發奇異

《科學革命的結構》是科學哲學史上最重要和最有影響力的書籍之一，它讓許多人（哲學家、社會學家、歷史學家，甚至是科學家自己）看待科學的方式發生了巨大的改變，然而孔恩的書並沒有就此終結大家對於科學本質的爭論，反而還開啟了大量新的爭端。在本章最後，我們要簡單介紹一下孔恩之後的兩位科學哲學家，並且想想他們的說法會對我們解釋奇異博士如何從外科醫生變成魔法師有什麼幫助。

有一些在孔恩之後的哲學家，例如保羅‧費耶阿本德（Paul Feyerabend，一九二四～一九九四年），不但支持孔恩的想法，而且還加以延伸擴張，認為人們根本就找不到理性、客觀的標準來判定相持不下的科學理論之間孰優孰劣，甚至連要把「科學」理論和宗教或神祕理論區分開來都辦不到。費耶阿本德主張**方法論的無政府主義**（methodological anarchism），認為在科學問題上唯一的規則就是「怎樣都可以」，他的理由是，一旦我們想要設下規則來排除某些理論的話，

我們會發現自己連帶也把其他明顯合規的科學理論給排除掉了❸。

　　我們不妨想想一開始在奇異博士的眼裡必定會是怎麼看待法術的：這玩意違反了基本的物理學、它奠基在多數人很久以前就已經拋棄的一些「原始」觀念上、魔法師的行事方式也跟當代的科學家完全不一樣，例如他們不會發表自己的發現，不會在研討會上報告成果，也沒有進行過隨機對照試驗。上述這些理由看似已經早就足以讓人駁斥法術了，然而費耶阿本德卻會說，如果我們仔細看看科學史的話，就會發現很多科學理論（例如描述太陽系的日心說）在一開始其實也差不多是這樣，所以如果我們想說某些理論就是「不可能」成立，或是說我們可以直接無視於這些理論成立的可能性，此時都務必要非常謹慎不可。

　　如果費耶阿本德是對的，那麼像史傳奇這樣對主流科學以外的觀念也抱持開放態度的人，就有可能讓現實生活中的神經外科醫師和研究人員受益，尤其是費耶阿本德還認為，如果科學想要繼續進步的話，科學家就一定要一直抱持開放心態，接受某些非常不同的觀念，不論它們現在看起來有多麼荒誕不經，都有可能成為下一次醫學或科學進步的推手。除此之外，如果只是單單因為這些觀念看起來很迷信或神祕，這並不足以成為拒絕接受它們的理由，就算這些理論的絕大多數內容都在某種程度上有缺陷，但我們苦思它們的過程還是會對自己有所幫助，會讓我們更能理解我們現在所採用的理論到底為何與如何有用。不管是對哲學家或科學家來說，費耶阿本德的看法依然都還相當有爭議，畢竟我們雖然可以主張在另一個世界裡，例如在奇異博士所

---

❸參見 Paul Feyerabend, *Against Method* (London: New Left Books, 1975)。

生活的世界中，法術也有可能是一種科學，但如果要說真實世界的科學家也應該要認真把法術當成爭取政府補助款的對手，或者當成一門可能要放進高中科學課程裡的科目，那可就是另一回事了。

孔恩強調科學社群的共識，而費耶阿本德主張方法論的無政府主義，與這兩者不同，伊姆雷・拉卡托斯（Imre Lakatos，一九二二～一九七四年）認為確實存在著清楚且客觀的標準，讓我們可以區分出**進步**與**退步**的科學研究綱領，有趣的是，拉卡托斯認為這兩者的區別其實跟科學家們如何應付失敗有關係。拉卡托斯跟孔恩一樣，都主張科學家幾乎從來未曾拋棄過一些「硬核心」的觀念，也就是決定他們該怎麼看待世界的核心觀念。所以古一法師不會因為一次的法咒失效就放棄法術，而克莉斯汀・帕瑪醫師也不會因為一個病患死去就放棄了醫學，科學家的實際作法是去修改硬核心周邊的**保護帶 (protective belt)** 中的觀念，意思是說，古一可能會試試看某個字換成不同的發音方式，而帕瑪則可以更動藥物的劑量。拉卡托斯主張，如果修改這些保護帶就可以產生新的預測和發現的話，那麼這就算是進步的研究綱領；相反地，如果修改保護帶只是一種防禦性手段，為的是避免遭到否證，那這就算是退步的綱領。也就是說，在進步的綱領之中，古一和帕瑪所做出的更動都應該會真的產生比較好的結果，而不是只拿來當成自己失敗的「藉口」而已。

拉卡托斯強調，天底下沒有什麼方式可以保證哲學家或科學家的判斷不會出錯，讓他們看出是否某個當前特定的科學研究綱領會在未來獲得進展，畢竟科學史裡頭本來就充滿了許多預測失敗的例子，原本看起來很有前途的綱領卻出現了意料之外的問題，而那些被大家放棄的陳舊理論卻因為實驗結果而獲得了「新生」。拉卡托斯也許不太能

夠給奇異博士什麼忠告，頂多就是提醒他，要把自己的成功與失敗經驗全都仔細並誠實地記錄下來，不論是醫學上或法術上的經驗都要這樣。不過拉卡托斯也會堅持主張，有朝一日當哲學家和歷史學家要講述史傳奇的故事，說明他怎麼會放棄醫學而投入法術時，他們應該會有辦法解釋為什麼他的選擇是合乎理性的、是基於客觀判準所做出來的，拉卡托斯認為孔恩和費耶阿本德都沒有做到這點，因為他們都誇大了科學史裡頭社會學和非理性的那些面向。

攸關科學、法術與哲學

對托馬斯・孔恩和他的學術對手而言，如果我們把焦點放在把我們的世界對比於奇異博士的世界，那麼像史傳奇這種人物的故事也許就是最有價值的，我們從他身上清楚地看到了，像是法術這種看似荒唐的觀念，如果用來當成科學範式的話會需要付出什麼代價。重要的是，孔恩認為這個代價會很大，不只是現代醫學科學會無法解決某某問題，情況比這還要嚴重得多，我們必須要跟史傳奇一樣，除了找出當前科學中存在著什麼重大異象，還得找到用法術來解決這些異象的辦法。我們不只得要提出一套理論上的證明，說明為什麼我們會認為咒語有用，而且還得制訂一套嚴謹的教育方案，讓年輕的魔法師可以學習各種咒語的精確法門。最後，也是最重要的一點，就是我們還得確保，如果我們按部就班採用了這套解謎方法，那麼這個範式就可以延伸解決新的問題，而我們也就可以跟史傳奇醫師一樣，在最後找到了自己通向新維度的方式。

如果我們把思考的範圍擴大一點，也許有人會問：到底為什麼要

去煩惱科學哲學的問題呢？畢竟很多科學家似乎也沒有考慮過這些問題，而他們也沒鬧出什麼問題，他們的工作看起來也沒有受到影響啊。然而這種快速打消問題的方式其實忽略了某些重要的好處，首先就像孔恩所強調的，雖然科學家確實**通常**都不須要煩惱哲學問題，但很難因為這樣就說他們從來都不會有這種煩惱，畢竟像奇異博士這樣的科學家如果發現自己身處科學革命的浪潮之中，那他們就別無選擇，一定得思考那些重大的哲學問題，包括實在、知識，以及這兩者之間的關係。再者，雖然我們並沒有立志成為科學革命的參與者，但是依然可以從科學哲學裡獲得助益，不論理論本身有多麼魔幻，甚至像是奇異博士的故事一樣，都可以幫我們解開「科學」怎麼看待世界的神祕面紗。

第 14 章

奇異博士、多重宇宙與測量問題

菲利普・伯賀夫 Philipp Berghofer

ڈ يوس اوٹ ایر يور ڈولر ان رپریہن ڈرٹ ان وولیوپٹیٹ ولیٹ ایسسے سولیوپٹیٹیٹ ایسسے سیلام ڈولو رپیہن ڈرٹ نلل

「我們從多重宇宙裡的其他維度提取能量後加以控制，以此來施展法咒、召喚護盾與武器，以及使用魔法。」在二〇一六年的電影《奇異博士》 中，古一法師的這段話把魔法正式導入了漫威電影宇宙(MCU) 裡頭。在這部片之前，漫威電影宇宙讓大家看到的是一個比較狹隘的科學宇宙，裡頭對英雄的力量或多（例如鋼鐵人）或少（例如索爾）都會用科學來加以解釋；相較之下，魔法算是一個相當棘手的題目，而奇異博士又是一個純魔法英雄，這讓有些粉絲擔心他可能會在這個宇宙裡水土不服。不過從這部電影來看，我們發現它採納魔法元素的方式不但在科學上很有講究，而且還觸及了物理學哲學中堪稱是最重要的一個問題：測量問題。多重宇宙的本質到底是什麼？這個問題會進一步帶出該怎麼詮釋量子力學的哲學問題，而奇異博士可以幫我們解開其中的答案。

奇異的貓

在漫威電影宇宙裡，根據古一法師的說法，魔法是從多重宇宙裡

其他維度中汲取能量而得的，這聽起來像是科幻小說裡頭會出現的概念，不過要說我們生活在一個巨大的多重宇宙裡，這個想法很有可能是個科學事實。在當今的科學論爭中有很多不同的概念都在講述多重宇宙，其中一種所根據的就是量子物理的觀念。

亞當‧法蘭克 (Adam Frank) 是名物理學家兼天文學家，同時也是電影《奇異博士》的科學顧問，他提供了一些看法來說明他們介紹多重宇宙時心裡是怎麼想的：

> 多重宇宙的（其中一個）想法就是量子力學裡的多世界詮釋，在量子力學裡頭，每次只要發生了一個量子事件，宇宙就會分裂出平行的不同版本，然後每一個版本再繼續演進與分裂，然後再演進再分裂。至於額外的、其他的維度，你可以把這個觀念想成是其他的宇宙——我們花了很多功夫討論這個觀念，然後他們（在電影裡）對此也有甚多著墨。❶

在**多世界詮釋** (many-worlds interpretation) 裡頭，所謂的多重宇宙就像是一棵樹，每個可能出現的結果都會在量子層級上形成各自的現實分支。我們不妨以著名的思想實驗「薛丁格的貓」來思考一下：把一隻貓放在箱子裡，箱中有一個不穩定的原子，如果原子衰變的話就會把貓給殺死，量子物理似乎認為這隻貓不一定是死還是活，而是既死且活，直到有人打開箱子去看看這隻貓，此時貓的狀態才會塌縮成

---

❶參見 Sarah Lewin, "'Doctor Strange' Physicist Talks Mind-Bending Marvel Science," *Space.com*, November 3, 2016。網址：https://www.space.com/34604-mind-bending-science-doctor-strange.html。

死或活的其中一種。如果用多重宇宙的多世界角度來看這個實驗，當
我們打開箱子的時候就會形成兩個現實分支，一個分支裡的貓活著，
另一個貓死了，兩種現實各自存在於多重宇宙裡的平行宇宙之中。

　　儘管上述的說法聽起來很詭異，但如果從實驗的結果證據以及理
論的解釋成效來看，量子力學都算是我們現在最成功的一套科學理論，
然而這也讓量子力學的核心觀念裡頭存在著一個深刻的哲學謎團：從
量子力學的表現方式來看，似乎是告訴我們，就連貓這種巨觀的對象
也可以同時存在於兩種相矛盾的狀態之中，也就是既死且活，可是我
們卻又從來未曾觀察到有這樣的事出現，更不要說是對之加以測量了。
那麼，這是否意味了量子力學就是錯的呢？或者說我們的日常經驗只
是幻覺而已？當我們對量子力學套用不同的詮釋方法，就會對這些問
題產生不同的答案，由此也可以看出，要想對一門物理理論進行詮釋，
這其實是一項哲學工作，而且嚴格說起來的話，已經超出了科學的任
務範圍。

哲學與物理學——不甚奇異的搭檔

　　電影《奇異博士》裡有一個反覆出現且特別重要的主題，就是我
們人類應該在宇宙中扮演什麼角色，我們只是漠然宇宙中須臾間的渺
小塵埃嗎？或者更準確地說，我們只是漠然的**多重宇宙**中須臾間的渺
小塵埃嗎？在漫威的漫畫裡，多重宇宙的概念老早就已經順利推行了，
而現在也正式導入了漫威電影宇宙之中，不過其導入的方式卻正好碰
觸到了物理哲學裡的一些核心議題。

　　自從這兩個學門誕生以來，哲學和物理學就一直密切相關。按照

一般常見的看法，米利都的泰勒斯（Thales of Miletus，約西元前六二四～五四六年）不但是第一位西方哲學家，也是第一位希臘數學家，而且他還曾預測到西元前五八五年五月二十八日的日食，並因此事而頗具盛名。除此之外，一般還認為他引進了一種解釋自然的新方法，這種方法並不訴諸於神話上的解釋，而是採用觀察、假設與提出理論的方式——也就是一套科學方法論。舉例來說，當你觀察到有一顆蘋果掉在地上，接著你形成了一個假設，假定物體會互相吸引；這裡頭有個關鍵，就是假設要能夠加以測試，或者要能做出預測，這樣才可以在實驗過程中予以證實或否證。如果假設的測試成功了，那麼就可以產生出科學理論，就像牛頓的重力理論一樣，只不過不論測試的結果有多順利，科學理論還是有可能跟後來觀察到的結果不一致，於是又被新的理論所取代，就像牛頓的萬有引力理論，後來也被愛因斯坦的廣義相對論給替代掉了。

由於自然科學的成功，讓許多科學家（以及許多哲學家）開始相信科學可以回答一切有意義的問題，而如果經驗方法就是獲得知識唯一的合格方式，那麼所有的哲學都可以化約成自然科學，這正是電影一開始時奇異博士所展現出來的態度。然而，哲學裡還是有很多問題無法透過觀察與實驗來回答，例如：對與錯之間的差異何在？幸福是什麼樣的感覺？我們怎麼知道自己知道什麼？這些問題裡有很多從本質上來看都算是**形上學**，那已經超越了物理世界的範圍，就定義上來說原本就不能用科學方法來回答。

哲學和物理學彼此能夠契合，是因為原本兩者感興趣的內容就有很多相似之處，例如都想探討變化、時間、空間與物質的本質❷。所以，看到有一些最著名的哲學家也曾對數學與物理學做出重大貢獻，

例如勒內・笛卡兒（René Descartes，一五九六～一六五〇年），此時我們也不應該感到驚訝；同樣地，也有一些科學家曾對哲學做出重要的貢獻，阿爾伯特・愛因斯坦（Albert Einstein，一八七九～一九五五年）就是一例，他甚至還利用了思想實驗這一類的哲學方法來推論出重要的物理觀念❸。

當這兩個領域結合在一起，就成了物理哲學，這個學門所探討的是如何詮釋物理學所提出的理論❹。物理學的理論通常都會表現為數學模型，而且可以用來預測自然現象，然而依據這些數學模型，我們又能夠看出實在界、現實世界裡的什麼呢？對於這個問題，量子力學可以說特別重要。雖然就我們目前所知，量子力學確實是物理學家所提出的最成功的理論之一，不過如果我們想了解自己周遭所見的現實，量子力學的數學裡有透露出什麼端倪嗎？雖然（在乎這個問題的）物理學家和哲學家對此依然莫衷一是，不過多重宇宙確實提供了一個機會，讓我們可以探索看看這種詮釋方式是否可行。

---

❷不過在此也必須指出一點，有許多物理學家並不贊同哲學家能夠為物理學提供任何有用的意見，就像有一句名言所言：「科學哲學對於科學家的用處，就好比鳥類學對於鳥的用處一樣。」

❸除了愛因斯坦之外，伽利略・伽利萊（Galileo Galilei，一五六四～一六四二年）也是大家最常提起的另一號人物，他也會採用思想實驗來推想出大自然是如何運作的，詳情可參見 James Brown, *The Laboratory of the Mind: Thought Experiments in the Natural Sciences* (London: Routledge, 1991)。

❹更多相關資料，可參見 Dean Rickles, *The Philosophy of Physics* (Cambridge: Polity Press, 2016)。

層層向上

物理學告訴了我們許多迷人而美麗的事，其中有一件跟物理現實有關，就是最小的東西怎麼會跟最大的東西產生關連，例如恆星的閃爍與行星的質量，這些只有靠粒子物理學才能解釋。而根據多重世界詮釋，解釋最小事物的理論——也就是量子力學——會告訴我們，我們其實是活在一個極其巨大而又不斷在產生分支的多重宇宙之中。

雖然古一曾告訴奇異博士，「這個宇宙只是無數個宇宙中的一個」，不過已知最早提出多重宇宙科學理論的人是諾貝爾獎得主埃爾溫‧薛丁格（Erwin Schrödinger，一八八七～一九六一年），他在一九五二年時曾於都柏林的一場演講中提出相關主張，認為如果用他的理論來對不同可能性的現實進行預測，所得到的結果並不是每個現實各自的可能性有多少，「而是所有的現實都會同時真正發生。」❺雖然我們通常會把多重宇宙這個想法稱為一種科學理論，不過其實說它是某種科學理論的**預測**會比較恰當❻。舉個類似的預測為例：經驗證據告訴我們空間也許是無限的，然而如果真是如此，而且如果大多數的空間並不是空空如也，而是充滿了均勻分佈的物質，這樣一來的話，結果就是宇宙裡會有無限多個跟我們所能見到的宇宙一樣大的區域，而在這無限多的平行宇宙裡又會有無限多個跟我們一模一樣的宇宙……無限這個概念真的是很挑戰我們的直覺！

---

❺參見 David Deutsch, *The Beginning of Infinity* (New York: Penguin, 2011), 310。

❻相關內容可參考 Max Tegmark, "Many Worlds in Context," in Simon Saunders, Jonathan Barrett, Adrian Kent, and David Wallace (eds.), *Many Worlds?* (Oxford: Oxford University Press, 2012), 553–581。

　　也許有人會說，在這種世界圖象裡，我們的宇宙居然變成了「我們只是漠然的（多重）宇宙中須臾間的渺小塵埃」。然而如果用當代宇宙學家馬克斯‧泰格馬克 (Max Tegmark) 發明的術語來說的話，我們方才所言不過還只是第一層的多重宇宙而已，而如果漫威電影宇宙是個第一層的多重宇宙，那就會存在著無數多個奇異博士——只是彼此相距甚遠而已。至於第二層的多重宇宙，它是由彼此平行、獨立存在的各個第一層多重宇宙所構成的，而且這其實已經被目前一些版本的宇宙膨脹理論預測到了。在第一層的多重宇宙裡，各宇宙會遵守同樣的物理法則，相較之下，在第二層的多重宇宙裡，各個宇宙之間的差異就會大上許多，包括它們的物理常數，例如光速等等都不一樣。

　　先別急，好戲還在後頭，還有比第一層和第二層多重宇宙更違反直覺的東西，那就是第三層的多重宇宙，而這得要回溯到物理學家休‧艾弗雷特三世 （Hugh Everett III，一九三〇～一九八二年） 的說法，多重世界詮釋就是他提出來的。如前所述，這個理論告訴大家，宇宙一直在產生分支，只要每次有量子事件就會分支，而這樣就造成了一個結果：在多重宇宙裡，存在著無數多個版本的你和我❼。

　　這種多重宇宙和第一層與第二層的版本之間有個重要的區別，而這也讓它看起來比較像是《奇異博士》電影中所採用的那種多重宇宙。在第一層和第二層的多重宇宙裡，一個人對於自己的現實結構或其他

---

❼在此我應該還得多提一件事：在泰格馬克的分層裡，還有一種多重宇宙我們沒有介紹，那就是第四層的多重宇宙。在那個宇宙裡一切都會變得很不可思議，因為只要在數學上可能會存在的東西，在那裡就都會存在，而且各個平行宇宙間會連最基本的物理方程式都大相逕庭，所以它們會變得非常怪異，怪異到了讓你（還有《奇異博士》電影背後的魔法特效人員）遠遠無法想像的程度。

平行宇宙是不會造成影響的，但是在第三層的多重宇宙裡，你只要進行量子實驗就可以讓現實產生分支，繼而創造出全新的宇宙。此外也有人認為，第三層的多重宇宙裡是可以進行量子運算的，所以只要我們在這方面取得了成功，那就意味著我們可能真的置身在這一種多重宇宙裡❽，就像泰格馬克所寫的，量子電腦「從本質上來看有個最簡單的解釋方式，就是把第三層多重宇宙的平行特質用來進行平行運算。」❾

這些東西聽起來都很像是漫威電影宇宙裡頭的魔法師們在做的事，正如古一法師對奇異博士所做的解釋：

祕術的語言就跟文明一樣古老，古代的法師們把這種語言的用法稱為「咒語」，不過如果這個字眼冒犯到了你的現代優越感，那你也可以稱之為程式，它就是現實的原始碼。我們從多重宇宙裡的其他維度提取能量後加以控制，以此來施展法咒、召喚護盾與武器，以及使用魔法。❿

史傳奇一開始對魔法抱持著質疑態度，同樣地，有些當代科學家也對多重宇宙有所懷疑，一部分是因為多重宇宙理論的許多預測都是沒辦法進行檢驗的。不過雖然有很多科學家根本不會認真看待這個想法，還是有一些科學家認為「從量子理論就可以看出多重宇宙的存在，

❽參見 David Deutsch, "Apart from Universes," in Saunders et al., *Many Worlds?*, 542–552, at p. 542，以及 Deutsch, *The Fabric of Reality* (New York: Penguin, 1997)。
❾參見 Tegmark, "Many Worlds in Context," 578。
❿本章所有引述的對話都出自二〇一六年的電影《奇異博士》。

這一點毫無疑問」❶，而且還說「時至如今，這件事居然還飽受爭議，這才是唯一讓人驚訝的地方。」❷

漫威多重宇宙與漫威電影宇宙

有件要事得要說明一下，在二○一六年時的漫威電影宇宙，其實只是漫威漫畫裡頭那個巨大多重宇宙的其中一個而已，在漫威多重宇宙裡有很多平行宇宙都叫做地球，而六一六號地球則是漫畫中多數故事發生的宇宙場域。這個宇宙裡的其中一位英雄就是奇異博士，他也是這個地方最強大的生物之一，只不過六一六號地球的奇異博士並不是漫威多重宇宙裡的唯一一位奇異博士，其他還有很多很多位。例如在一九九九九九號地球上也有一位奇異博士，而這個地球剛好就是漫威電影宇宙的主宇宙，有意思的是，漫威電影宇宙（或者說一九九九九九號地球）本身就是一個多重宇宙，意思就是說，它是在更龐大的漫威多重宇宙裡頭的一個獨立的多重宇宙。

與六一六號地球的情況相比，科學在漫威電影宇宙裡的作用要大上許多，不論是在電影或電視影集的劇情裡頭，漫威一直都想要為漫威電影宇宙設立一個與科學並不矛盾的世界圖象，讓在漫畫裡叫做「魔法」的現象能夠在電影裡得到某種科學上的解釋。不只《奇異博士》這部電影是如此，先前的電影像是《雷神索爾》等也是如此，這點從一些電影的細節裡就可以看出來，像是珍‧佛斯特這個角色，在六一

---

❶參見 David Deutsch, "Comment on Lockwood," *The British Journal for the Philosophy of Science*, 47 (1996): 222–228, at p. 224。

❷參見 Deutsch, "Apart from Universes," 542。

六號地球上原本是一位護士，但是到了漫威電影宇宙裡，她就變成了一位頂尖的天體物理學家；還有一個更明顯的地方，就是把彩虹橋（北歐神話裡的 "Bifrost"） 解釋成了愛因斯坦－羅森橋 （某種特殊的蟲洞）。

　　就像在二〇一四年的電影《銀河護衛隊》中收藏家所說的解釋，漫威電影宇宙是在六個奇點塌縮並造成宇宙大霹靂時形成的，在形成的過程裡這些奇點開始凝聚，最終形成了六顆無限寶石，其中有一顆是時間寶石，我們後來發現它藏在阿迦莫多之眼裡頭，在電影最後又被奇異博士用來把多瑪暮困在時間迴圈裡，拯救了地球。在好幾千年前，第一位至尊法師，也就是阿迦莫多，就已經發現了其他維度的存在，並且學會了如何從這些平行宇宙裡汲取能量——後來也意識到了其中所潛伏的威脅。阿迦莫多建造了三座至聖所來保護地球，對抗來自其他維度的最大威脅，也就是黑暗維度的統治者、可怕的多瑪暮。除了黑暗維度以外，漫威電影宇宙裡還有其他的平行維度，包括星體維度與鏡像維度（出現在《奇異博士》中）、量子領域（在《蟻人》和《奇異博士》裡都有出現），還有地獄與黑暗力量維度（出現在《神盾局特工》中），以及崑崙（出現在《鐵拳俠》中）。

　　我們在前一小節裡看到了那麼多不同種類的多重宇宙，對於這個分類方式我們也許可以提出一個問題：哪一種多重宇宙才是漫威電影宇宙？在把多重宇宙導入《奇異博士》的電影時，片方大量借鑑了在量子力學裡著名的多重世界詮釋中出現的概念或想法，不過很可惜的是，我們還是很難回答在漫威電影宇宙裡看到的多重宇宙到底是哪一種，這不僅是因為電影並沒有提供我們足夠的資訊，另一個原因則是出在物理學哲學裡最重要的難題——也就是測量問題 (measurement problem)。

奇異博士可以既是又不是至尊法師嗎？

　　量子力學無疑是科學界最偉大的成就之一，不論就解釋力或預測的準確性而言，它都是物理學裡最成功的理論，再加上廣義相對論的話，可以被視為是所有物理學的基礎。量子力學的應用範圍廣及雷射技術、磁共振造影 (MRI)、電子顯微鏡，乃至於我們日常使用的各種電子設備，例如我們的電腦和手機等。然而在某個意義上來說，量子力學也是「物理學的一大醜聞」 ❸，它可以告訴我們測量得到的事件會發生的可能性（也就是說，可以預測到測量的結果，也可以預測到巨觀現象的發生），在這方面量子力學可謂是驚人地成功；然而它同時卻又不能給我們一套穩固的概念框架，以讓我們解釋它何以如此成功。這些問題總歸一句，就是「什麼是測量」？為什麼在量子領域和我們所見的巨觀領域之間會有這種根本性的差異出現？

　　在量子力學的核心觀念裡有一個叫做**量子疊加** (quantum superposition) 的原理，它看起來跟我們的日常觀察經驗是有衝突的，畢竟我們實在從來沒有看過有貓處於疊加態之中，例如是同時既死且活。於是乎我們就碰上了一個兩難：要嘛量子力學是錯的，不然就是我們在日常觀察這方面犯了天大的錯誤。

　　要想看到量子力學裡最迷人的其中一面，不妨可以透過雙縫實驗

---

❸參見 David Wallace, "Philosophy of Quantum Mechanics," in Dean Rickles (ed.), *The Ashgate Companion to Contemporary Philosophy of Physics* (Abingdon: Ashgate, 2008), 16–98, at p. 16。

(double-slit experiment) 的幫助，這個實驗的結果凸顯了一個事實，就是一個像光子這樣的物體，它可以同時是粒子又是波——直到我們試著去對它進行觀察或測量為止。雖然我們以為光子會跟粒子一樣，穿過隔板上的一號和二號縫隙中的其中一個，但是它也可能會像是波一樣，既穿過一號縫隙，**同時也**穿過了二號縫隙（因為處於疊加態中），在雙縫實驗裡我們確實會看到這種現象。然而事情真正奇怪的地方在於，如果我們稍微改動一下實驗，在縫隙那裡放上探測器，那麼我們就會發現光子不會再同時通過兩個縫隙了，變成只會通過其中一個。只要光子在縫隙處被探測到的話，它們就不會再表現出波的特性，這樣看來，光是觀察或測量的這個**行為本身**，就會導致波函數的塌縮。

不僅如此，薛丁格方程式還告訴我們，「疊加態可以透過互動來『散播』」，還可以「被放大到巨觀尺度」 ❶ 。換句話說，並不是只有像光子這種量子物體可以處於疊加態，就連巨觀物體，像是貓、石頭，或是至尊法師也都可以。可是我們為什麼從來都沒有觀察到這種巨觀的疊加現象呢？是量子力學錯了嗎？有個流行的思路是認為波函數在碰到觀察時就會塌縮，而這又讓我們每個人都不禁腦洞大開。

有一隻貓和一個不穩定的原子走進酒吧……

波函數在我們進行觀察時自然會發生塌縮，只要把握這個狀況也就等於把握住了測量問題的核心所在,而這種情況有好幾種解釋方法，我們稱之為量子力學的「詮釋」，只要我們開始探討這些詮釋的問題，

---

❶參見 Rickles, *Philosophy of Physics*, Section 7.4。

就等於已經開始在進行哲學討論。物理學會提供我們量子力學的理論形式，會得出一些方程式，還會做出可供檢驗的預測，但是我們到底能從這些理論形式裡獲知現實的何種內容——例如波函數到底是真的物理對象，抑或只是一種數學工具——則又是另一個問題，嚴格上來說已然超出了物理學的範疇。同樣的情況也出現在用來解釋波函數會自然塌縮的量子力學詮釋上，其中最有影響力的一個叫做哥本哈根詮釋，提出的人是尼爾斯‧波耳（Niels Bohr，一八八五～一九六二年）。哥本哈根詮釋有多種不同特色的版本，不過如果按照波耳最原汁原味的那套說法，我們雖然可以知道波函數被觀察時會塌縮，但是只能**知其然**，並不能知其**所以然**。現實上大家也知道，整體來說，量子力學和科學本來就只管提供我們一套方法，讓我們能對自己觀察得到的事物進行精準的預測，至於這個世界到底是什麼樣，又何以會這樣，並不在它們負責解釋的範圍裡頭。

有許多學者都曾指出，這種說法看起來似乎是在逃避，因為一般說來，我們對科學的期望並不只限於讓我們能對世界做出預測，我們也會希望科學能夠解釋世界是怎麼運作的。不妨想想愛因斯坦的廣義相對論吧，它和量子力學一同構成了所有現代物理學的基礎，當廣義相對論告訴我們時空是彎曲的，而且還可以被質量和能量給彎曲，此時我們並不單單只是接受了這個理論可以讓我們進行有用的預測，我們還願意進一步相信時空真的是彎曲的，並且也可以被彎曲，而我們似乎沒有道理要對量子力學採取不同的標準——不過這樣講只是一種哲學上的判斷，並不純粹出於科學。

哥本哈根詮釋還有其他的版本，第一個提出的人是約翰‧馮‧諾伊曼（John von Neumann，一九〇三～一九五七年），後來尤金‧維格

納（Eugene Wigner，一九〇二～一九九五年）也跟進採用，這個說法認為波函數之所以在被觀測時會發生塌縮，問題就出在觀測者的**心靈**。這種觀念也反映在漫威電影宇宙裡，古一就曾告訴大家「思想會改變現實的面貌」，而如果這個說法是對的，那麼馮‧諾伊曼－維格納詮釋就會具有極為豐富的哲學意涵，可以讓我們了解心靈與物質的相互糾纏。例如它就會直接挑戰二元**論**，這種形上學立場認為心靈世界和物質世界是各自獨立的；此外還有**唯物論**，其原本的主張是所有的心理現象都可以化約為物理狀態，而此時我們也可以改用不同的角度來看待這種想法。

當年之所以會設計出「薛丁格的貓」這個著名的思想實驗，原本是想要證明哥本哈根詮釋站不住腳，不過後來發現它對於馮‧諾伊曼－維格納詮釋的攻擊力道反倒特別強大。就像前面簡單介紹過的，把一隻貓和一個不穩定的原子放在箱子裡，在一個小時內，原子有一半的機率會衰變、一半的機率不會，而如果衰變的話，貓就會死掉。此時這個不穩定的原子就處於疊加態之中：它既已衰變了，又還沒有衰變，而如果疊加態可以透過互動來向外散播，那麼這隻貓是不是也處於既死且活的疊加態呢？按照馮‧諾伊曼－維格納詮釋的說法，只有到我們去打開箱子並進行觀察時，貓的狀態才會出現塌縮，變成死活的其中一種——但在打開箱子以前，貓真的就是既死且活的。雖然這樣的結論看起來很荒謬，可是如果再多套用一個量子力學的多世界詮釋，把這個理論之中的多重宇宙拿來解釋貓的疊加態的話，那麼一切就可以說得通了。

有這麼多貓，還有這麼多奇異博士

　　儘管多世界詮釋在一開始根本沒有什麼人在認真看待，不過現在它已經是解決測量問題的主要方法之一，也獲得許多物理學大家的擁護。按照其支持者的說法，波函數其實並沒有塌縮，其實是只要一有量子事件發生，現實就會出現分裂，而每個可能產生的結果都會成為一個支線，所以當我們打開箱子，看到貓還活著，這就代表在我們這個現實分支裡的原子是沒有衰變的，而發生衰變的是在另一個現實分支之中（而且在那裡的貓就死掉了）。

　　然而不只那隻貓，還有我們所有人，乃至於我們整個宇宙，其實都存在於疊加態之中，在每個現實分支裡我們只能觀察到量子事件的一個結果──所以貓只會是死活的其中一種結果──但整個多重宇宙本身則處於疊加態中，因為那隻貓在不同的宇宙裡有不同變體發生不同遭遇，所以牠算是既死且活的。我們可以用波函數來描述多重宇宙的本身的狀態，而這就是宇宙波函數❶。由於量子事件隨時都在發生，所以如果按照多重世界詮釋的講法，那我們的宇宙也就不斷在出現分裂與分支，從而創造出無限多的真實世界，以及無限多的我們自己，只是這些變體都身在多重宇宙裡的其他現實分支之中罷了。(這也意味著在多重宇宙裡真的會有一些很黑暗、很糟糕的宇宙，甚至還有一些宇宙裡頭，《奇異博士》的電影──以及這本書──都根本從來沒有發行過！)

---

❶譯者註："universal wave function" 也常被譯為「通用波函數」，是弦論常會用到的術語。

雖然現在有比較多科學家願意接受多世界詮釋，不過也還是有其他的反對聲音，首先一種看法是認為它根本就違反直覺。在哲學推論裡，直覺扮演了相當重要的角色，就像當代哲學家艾爾文‧戈德曼 (Alvin Goldman) 書中所言，「哲學在方法學上所不同於科學之處，就在於哲學在許多方面都要仰賴直覺，而且對此直言不諱。」❶ 所以反正就是這樣：一個陳述不可能同時為真又為假，而一個有效論證一定比無效論證更好，又或者殺人在道德上就是錯的，我們就是「知道」這樣。

然而事實證明，對於物理世界的架構而言我們有很多直覺都是錯的。從直覺上來看，地球怎麼可能不是平的，而是一個太空中的球體；還有地球怎麼可能會繞著太陽轉，還轉得飛快？更荒唐的是，時間和空間居然是彎曲的，而且還可以被質量和能量所彎曲，就算有許許多多實驗都證明了這點，它還是很違反直覺。我們對於物理世界的直覺（至少有一部分）乃是經過數千年的演化所塑造出來的，對於生存和繁衍來說，時空的真實面目與多重宇宙的本質都不是必須要知道的東西，直覺在很多地方也許是值得信任的知識來源，但說到宇宙的結構時就不是這樣了。莫度曾經建議奇異博士「忘記你以為自己所知的一切」，這句話不只適用於剛入門的魔法師身上，也適用於像你我這般，想要理解宇宙的根本法則的普通人。

此外，多重世界詮釋似乎也難逃於奧坎的剃刀，也就是主張「越簡單越好」的奧坎剃刀原則，又稱為簡約原則，也就是說如果有兩個

---

❶參見 Alvin Goldman, "Philosophical Intuitions: Their Target, Their Source, and Their Epistemic Status," *Grazer Philosophische Studien*, 74(2007): 1–26, at p. 1。

科學理論都可以解釋同一個現象的話，在其他條件相同的情況下，這個原則告訴我們應該要選比較簡單的那個理論才對❶。表面上來看，這個說法確實不無道理（而且還非常符合直覺），舉行星的運動為例，我們可以解釋成太陽在中心、所有的行星圍繞著太陽旋轉，也可以解釋成地球在中心，太陽繞著地球轉，而所有其他的行星則繞著太陽轉，這兩者之間的差別可以單單視為視角上的問題——你要是高興的話也可以把月亮當成中心——但是如果把太陽當成中心，而地球跟著其他行星一起繞著太陽旋轉的話，這個理論無疑會比較簡單，而這樣的理論，從預測和理解的角度來看，成效都會比較好。

如果多世界詮釋的意思就是存在著無限多個平行宇宙，奧坎的剃刀原則似乎確實會對該理論造成威脅，因為在量子力學的詮釋裡只有這一個會主張有超過一個以上的世界，所以它看起來就不太可能會是這裡頭最簡單的理論。然而它在其他重要的方面其實反而簡單許多，它可以輕鬆俐落地解決掉測量問題和疊加態問題，完全不用訴諸其他一些像是「隱藏變元」之類的解釋內容，也不用訴諸更複雜的力學理論，更不用把觀察者的心靈看成是什麼法力無邊的「波函數塌縮肇始者」。從這個意義上來說，奧坎的剃刀原則也有可能會選擇多世界詮釋，把它當成我們現有最簡單的理論。

---

❶當莎蘭亞・米斯拉 (Sharanya Misra) 博士目睹了神祕的魔法現象，並試圖找出合理解釋的時候，王也曾告訴她：「簡單的解釋通常比複雜的解釋更好。」（參見 Devin Grayson, *Doctor Strange: The Fate of Dreams*, New York: Marvel Worldwide, 2016, 18。）

我們已經沒有時間了……嗎？

　　多世界詮釋讓人類在締造現實這方面產生了驚人的積極作用，我們只要進行量子實驗，就可以使現實分裂、創造出全新的宇宙，而且我們還可以利用多重宇宙的結構來進行量子運算，甚至還有人主張，多世界詮釋可以解消掉時間旅行的「祖父悖論」(grandfather paradox)，意思就是人即使回到過去殺死了自己的祖父，也不會造成自己從來沒有出生的慘況，因為你這樣做也只是創造出了一個不同的宇宙（或者時間線）而已❸。如果我們用多世界詮釋來思考奇異博士把多瑪暮困在時間迴圈裡的這一段情節，一定會有不同的想法出現，這其實不過就是他又一次利用了多重宇宙原本的特性而已，他平時也會利用這個特性，就是用來汲取魔法，所以某個意義上我們可以說，奇異博士的法術「只不過」就是在做量子實驗而已──就像是把一隻貓從箱子裡取出來那麼簡單。

---

❸參見 David Deutsch, "Quantum Mechanics near Closed Timelike Lines," *Physical Review D*, 44(1991): 3197–3217，以及 David Wallace, *The Emergent Multiverse* (Oxford: Oxford University Press, 2012), Section 10.6。

第 15 章

悖論的奇異世界

當科學與信仰在卡瑪泰姬相遇

馬修・威廉・布瑞克 Matthew William Brake

ડ્યુસ ઓટ ઈર્યુર ડોલર ઈન રપિરેહેન્ડરટિ ઈન વોલ્યુપ્ટેટ વેલીટ એસસે સવોલ્યુપ્ટેટિટ એસસે સીલામ ડોલો રપિહેનન્ડરટિ નુલલ

「真正的信徒」——傳奇人物史丹・李 (Stan Lee) 每次講到漫威的漫畫粉絲時都會用到這個字眼。人有很多不同類型的信仰，有的信魔法，或是信上帝，相信愛的力量等等，信仰不但會造就生活的面貌，也賦予生活的意義。只不過在這個科學的時代，相信看不見的東西往往會被人看不起，充其量也只能被當成是一廂情願，或者看成是弱者的心靈支柱；最糟糕的話，則可能會被當成是瘋狂的幻想。如果我們在物理世界中探測不到某個事物，我們還可以說自己相信它存在嗎？

《奇異博士》這部電影給了我們一次特別的機會來探索這個問題，雖然漫威電影宇宙裡往往會用科學方式來解釋魔法（電影《雷神索爾》就是這樣），不過本片導演史考特・德瑞森 (Scott Derrickson) 本身是有宗教信仰的人，也曾經公開表示在他的電影裡「魔法就是魔法，我們不會用科學方式來解釋魔法」，而且還說「我忍不住就會用魔法的眼光來看這個世界，這就是我看待世界的方式，我不是一個嚴格的唯物論者，我認為世界上還有很多東西是我們五官無法照見的。」❶雖然德瑞森說他不想在自己的電影裡進行宗教與無神論之間的簡化論爭，不

過他還是希望這部電影可以「走第三條路，既談談魔法，也說說神祕主義，然後重新探討一下事物有沒有其他可能、還有沒有其他現實。」❷

如果我們稍微違背一下德瑞森的想法，《奇異博士》這部電影其實給了我們一個好機會來思考丹麥哲學家索倫・齊克果（Søren Kierkegaard，一八一三～一八五五年）的看法，也許我們可以「發現思想本身所想不到的東西」❸。接下來咱們不妨就接受齊克果的邀請，一起進入悖論的奇異世界。

在卡瑪泰姬門口

在尼泊爾加德滿都一條不起眼的街道上，有個鬍鬚長得亂七八糟的男人站在一扇不起眼的門外拍打著那門。「不要啊！開門啊！不要把我關在外面，我沒有其他地方可以去了。」❹這個人是史蒂芬・史傳奇醫師，一位深具才華卻傲慢而自戀的外科醫生，不過喜歡這個角色的粉絲們也早就知道，這個人以後鐵定會當上我們這個維度的至尊法

❶參見 Jayson D. Bradley, "The Complex Faith of 'Doctor Strange' Director Scott Derrickson: Why He's Hollywood's Most Interesting Filmmaker," *Relevant Magazine*, issue 84, November/December 2016。

❷同上。

❸參見 Søren Kierkegaard, *Philosophical Fragments*, ed. and trans. Howard V. Hong and Edna H. Hong (Princeton, NJ: Princeton University Press, 1985), 37。（其實那句話他是用 "Johannes Climacus" 這個化名講的，這個區別在齊克果的學術研究中相當重要，不過我們在此還不用擔心這個問題……甚至可能永遠都不用管這件事。）

❹本章所有引述的對話都出自二〇一六年的電影《奇異博士》。

師，成為抵抗魔法世界威脅的第一要角，不過此時劇情才剛開始不久，史傳奇醫師還只是一位俗世中的醫生，他頂多也就只用雙手來行使醫學的「神蹟」而已。

有一天晚上，史傳奇身為一名外科醫師的成功人生改變了，他開車翻覆在路上，碎掉的玻璃和扭曲的金屬弄傷了他的雙手。等到他醒過來，看到自己的雙手上滿是繃帶與金屬支架，顯然是受到了嚴重的神經損傷，他知道自己一定要設法恢復雙手的功能，不然他身為頂尖外科醫師的職涯和聲望都會告終。我們再把畫面切換回加德滿都的大門，這其實是一個名為卡瑪泰姬的至聖所的入口，史傳奇希望自己可以在這裡找到治好雙手的辦法。

在來到卡瑪泰姬之前，史傳奇只能靠他所能理解的唯一途徑來尋求治療，那就是醫學和科學。靠著醫學與科學，我們對於人體與世界所能知道的範圍一直在向外擴展，而且還不斷透過研究與實驗來發現新的療法及藥物，可是這回史傳奇覺得自己已經遭遇到了醫學所能知道與所能做到的極限。有一次他還要求進行一個實驗性的手術，雖然風險很高，但總歸還是不無成功的可能，他還說了一句：「只要還有『可能』就夠了。」史傳奇希望突破醫學原本的極限而幫到自己，可是即便是他，依然無法那麼快就突破極限、來得及拯救自己的雙手。

史傳奇苦尋方法想要治療雙手，這個情況能幫我們理解齊克果所說的一段話：「所以這就是思想最終極的悖論了：想要發現思想本身所想不到的東西」，不過這並不是壞事，「因為悖論代表的是思想的熱情。」❺以一腔熱情想要找出思想想不到什麼，這會驅策我們進行更

---

❺參見 Kierkegaard, *Philosophical Fragments*, 37。

多思考，而且一個思考者若沒有出現上述那種悖論的話，「就像是一個沒有熱情的戀人，成了一個乏味的傢伙。」❻ 自從出車禍以後，史傳奇一直熱切地想要找到自己原本認為想不出來的辦法，這種熱情驅使他到處打探方法，不過齊克果也會說，史傳奇撞上的這面牆是「怎麼想也想不到的」。

未知、邊界與碰撞

齊克果曾寫道：「想要發生碰撞，這代表著認知最終極的熱情。」而這想碰撞的對象就是未知❼。雖然史傳奇在前往卡瑪泰姬的旅程裡也在尋找這種碰撞，不過他並不清楚，光是為了對未知瞧上一眼，自己必須付出什麼代價。於是古一門下的一位高徒莫度就告誡了史傳奇：「我可以給你一點建議嗎？忘掉你自以為知道的一切。」話裡頭帶著點不祥的意味，暗示這代價他是一定得要付的。

儘管史傳奇急著想要治好自己的雙手，他還是對自己身為外科醫生的知識與專業感到充滿信心，而這也讓他誤解了古一法師的這句話：「當你重新接合受損的神經，把傷勢復原的究竟是你，還是身體呢？」所以史傳奇回答：「是細胞。」一時之間，史傳奇以為古一法師發現了什麼實驗性（但未經核准）的突破技術，可以使細胞再生，不過他很快就失望了，因為古一拿出了一張人體針灸的穴位圖，還把這個跟磁共振造影相提並論，說這兩者都是對身體情況的精確描繪，只是視角

---

❻同上。
❼同上。

不同而已。於是他便明白了，古一並不是要提供他一套科學性或醫學性的治療方法，於是他就不肯相信，說道：「妳現在是在跟我談些什麼信念療法的玩意嗎？」

身為一名醫師與科學家，史傳奇的世界觀遵循著嚴格的唯物論。齊克果批評這種人時毫不留情，稱他們「不過就是還沒有出師的屠夫，以為自己拿著把刀、有了顯微鏡，然後就可以解釋一切了。」❽齊克果認為，如果一心只著眼於物理上的解釋與計算，可能會「給我自己很多狡猾的遁詞與藉口，如果我是從生理學開始看世界，我會懷疑自己的目光有沒有被帶偏，因而看不到最重要的東西。」❾雖然唯物論者也有可能承認自己無法解釋一切，但是「他接下來會怎麼做？他會拆肉見骨，他會解剖身軀，他會拿刀刺入自己刺得到的最深處，這一切只為證明一件事——他辦不到！」❿齊克果強調唯物論者的愚昧，說他們「滿口皆稱**幾乎**，可是說這話時一邊想著要量化，一邊又只能求個大概，骨子裡就帶著自我矛盾。」⓫與其如此，科學唯物論者該當要「承認他們無法了解一些事情，或者更精確地說，他們很清楚了解到自己無法了解一些事情。」⓬

史傳奇找遍了方法來治療雙手，連他那顆科學腦袋裡想不出來的

---

❽參見 Søren Kierkegaard, *Søren Kierkegaard's Journals and Papers*, vol. 3.1, L–P, ed. and trans. Howard V. Hong and Edna H. Hong (Bloomington, IN: Indiana University Press, 1975), 241。

❾同上。

❿同上。

⓫同上，247。

⓬同上，406。

方法都試過，不過現在總算找到了，他一下子跳進了齊克果所說的「未知的邊界」❸，只不過縱使這邊界是「對熱情的折磨，（同時）又是對它的激勵」❹，但是認知依然不能跨過這個邊界。雖然看起來那未知且絕對不同的事物「似乎就要被揭曉了，但卻終究沒有如此，因為我們的認知其實根本無法設想跟自己完全不同的東西。」❺所以史傳奇無法（也不願）越過的，也就是這個前線。

　　為了對付腦袋頑固的史傳奇，古一一掌拍在史傳奇身上，把他的靈魂推出身體，進入了「星靈界」。等到他的靈魂回竅以後，史傳奇很明顯動搖了，並對古一問道：「剛剛發生了什麼事？」她回答：「你進入了星體維度一小段時間，那裡是靈魂離開身體時所存在的地方。」當史傳奇問古一為什麼要對他這樣做，古一回答：「只是要讓你看看，還有多少東西是你不知道的。」接著古一又把史傳奇送進了多重宇宙，讓他在裡頭到處亂竄，經歷了一場奇幻旅程，只不過他的腦袋無法理解自己所看到的東西。當他在神遊的時候，古一的聲音在一旁對他說道：

　　你以為你知道這個世界是怎麼運作的嗎？你以為這個物質世界就已經是全部了嗎？什麼才是真的呢？在你的感官所能接收到的範圍之外，還有什麼未知的祕密？在存在的根底之處，心靈與物質是結合的，而思想也會塑造出現實。這個宇宙只是無數宇宙中的一個，世界外還有無盡的世界，有一些是良善的，會孕育生

❸參見 Kierkegaard, *Philosophical Fragments*, 44。
❹同上。
❺同上，45。

命；其他的則充滿了惡意與譏饉。有些黑暗的地方，那裡的力量比時間還古老，正在一旁虎視耽耽。而你，史傳奇先生，在這龐大的多重宇宙裡頭又是什麼人呢？

史傳奇被狠狠地扔回了卡瑪泰姬的地板上，終而雙膝跪地，他已然付出了與未知碰撞的代價：他對自我的知識與自信都受到了攪擾。於是他抬頭看著古一懇求道：「教教我吧。」可是古一卻回答「不要」，還把史傳奇趕出了卡瑪泰姬門外，此時的他瞥見過了未知，卻又再次發現自己碰上了高牆或前線，讓他無法觸及那思想所想不到的東西。

蘇格拉底與以「神」為師

齊克果在《哲學片段》(*Philosophical Fragments*) 的開頭就提出了這個問題：「真理是可以學習的嗎？」 ❶他的答案是可以，不過要跟老師學才行。史傳奇會去尋訪卡瑪泰姬，是因為之前跟一個叫做強納森‧潘柏恩的人有過對話。當初在復健的時候，他的物理治療師告訴他，有個人因為脊椎嚴重受傷而導致癱瘓，後來卻痊癒了，史傳奇一開始對這個傳聞還不肯相信，但最後他還是在籃球場上看到了潘柏恩，明顯是生龍活虎的樣子。潘柏恩原本對他並不友善，轉身打算離開，但史傳奇在他身後喊道：「你原本已經沒救了，明明無法重回以前的模樣，你卻還是找到了回頭路，而我現在也很想要找到自己的回頭路。」潘柏恩聞言心軟，告訴史傳奇他去卡瑪泰姬的經歷，說他在那裡「找

---

❶同上，9。

到了老師，心靈獲得了提升」，然後他接著就痊癒了。

齊克果在《哲學片段》裡提到老師有兩種不同的類型，第一種是蘇格拉底式的老師。按照齊克果的說法，古希臘哲學家蘇格拉底（Socrates，西元前四六九～三九九年）認為真理只能靠發現的方式來學習，不過這又會造成另一個問題，原因如下：

> 人不可能會探求自己既有的知識，可是要他探求自己不知道的東西，這也一樣不可能啊，畢竟如果他已經有某個知識，那他也知道自己不用再去探求這個知識了；至於他尚未擁有的知識，他也無法探求，因為他根本就連自己應該要探求什麼都不知道。[17]

這個看法確實有其道理：如果人們根本就不知道還存在著未知，那他們怎麼還會去探求未知呢？甚至怎麼還會有人起心動念，知道自己該要去找找看呢？

蘇格拉底式的老師會回答，未知之知其實原本就存在人們心中——只是他們已然遺忘，要有人幫他們想起來[18]。蘇格拉底形容他這個老師的角色像是一個助產士，是在幫助別人分娩出自己既有的真理，還說這樣的角色是「人與人之間所能擁有的至高關係」[19]。對於學生來說，老師並不具有權威地位，而僅僅只是一種催化劑，讓學生可以發現「自己之所知就是上帝之所知」[20]。每個人自己都毋須外求，

---

[17] 同上。

[18] 這個觀點跟蘇格拉底相信我們原本就有靈魂有關，齊克果也曾指出這點，參見出處同上，10。

[19] 同上。

老師只是幫他們明白這點，體認到每個人「當是同樣的自謙，也當是同樣的自豪」——只需老師提點足矣，故而人應自豪；然而看到即使是「下愚之人」的心理也同樣埋藏著真理，是以人應自謙❷。

　　齊克果也曾形容過第二種老師，稱這種情況是「以神為師」❷，他要探討的是如果人類內心裡並沒有蘊藏著真理的話，那我們究竟需要哪一類的老師？萬一人類其實不僅「碰不到真理」，而且自己本身就是「虛妄」呢❷？果真是如此的話，「即便提點他尚有何事未知，最終他依然還是想不出來，那這麼做又有什麼用呢？」❷之所以要以神為師，並不是說學生心中本就藏著真理，只待他們回想就行了，這種老師是要讓學生記得自己的虛妄，記得自己「被排拒在真理之外，甚至比不知道自己虛妄之時還要更難接觸真理。」❷

　　談到這種老師的教導，齊克果的描述好像是在寫古一法師把史傳奇趕出卡瑪泰姬的劇情：

　　　所以這麼一來，老師就把學生丟到了一旁，而這樣做正是要點醒他，因為除非這樣逼著他們靠自己，不然學生不會發現自己原本就知道真理，而只會發現自己的虛妄不真。這種有意為之的

❷同上，11。

❷同上。

❷雖然齊克果在文集中確實在整體上有基督教傾向，不過在《哲學片段》裡，他對於神的描述應該是一種思想實驗，指的是「有基督教之前」的事情。

❷參見 Kierkegaard, *Philosophical Fragments*, 13。

❷同上，14。

❷同上。

作法很符合蘇格拉底式的原則：學生只是剛好碰上了這個老師，他是誰都不重要，就算他是神也一樣，因為我只能靠自己來發現自己的虛妄，因為只有當**我**發現的時候才算發現，在這之前都不算，即使全世界都知道了也不算。❷⁶

史傳奇在醫學界的所有同事都知道他的毛病，也就是他以為自己無所不知，不只他的前女友克莉斯汀‧帕瑪知道，連他的物理治療師都知道，而莫度甚至在請他進入卡瑪泰姬之前也看出來了，可是史傳奇自己，卻一直要到他發現有什麼事超越了自己的知識範圍，然後又被扔到大街上，這時他才明白自己真正的情況：發現他被擋在真理的大門之外，發現自己的虛妄。此時學生的唯一指望，就是神不但會賜給他真理，還會讓他擁有能夠領受真理的條件。

古一既像是蘇格拉底式的老師，也像是為師之神，她向史傳奇坦承自己並沒有治好潘柏恩，是他治好了自己，她只是讓他相信自己可以辦到而已，由此可以看出潘柏恩所需的知識其實原本就在自己心中，他只需要加以回想或回憶即可；然而從她跟史傳奇的互動來看，她則又揭露了學生的虛妄之態，這是為師之神的指導方式，正是有了古一的點撥，史傳奇才能看出自己的虛妄，他因為自身的狂妄而被排拒在真理之外，如果用齊克果的話來說，就是「他已成虛妄，且因自身之過而致虛妄。」❷⁷最後，只有透過古一的傳授，他才終獲條件來領受真理、擁抱未知──也就是那思想所想不到的東西。

---

❷⁶同上。

❷⁷同上，15。

冒犯與悖論

　　齊克果曾言：「如果悖論和認知兩方相互理解，知曉了彼此之差異，那麼這次的相遇就是愉快的。」❷❽然而我們也知道，史傳奇初次遇見古一法師的場面可根本就談不上愉快。回到前面講過的，聽完古一對針灸穴位圖與磁共振造影的敘述後，史傳奇表現出一副難以置信的表情後說道：

史傳奇：我花了身上最後一點錢跑來這裡，買了單程機票……而妳現
　　　　在卻在跟我大談些什麼信念療法的玩意？
古　一：你就是個以孔窺天的人，窮其一生都在想辦法把窺看的孔洞
　　　　弄大一點──這樣才能看到多一點、知道多一點。可是現在
　　　　呢，你聽到人家說可以把孔洞放大到你從前無法想像的地步，
　　　　你卻又回答那絕不可能。
史傳奇：不對，我否定那些是因為我不相信什麼脈輪、什麼能量或信
　　　　仰的力量之類的童話故事，精神這種東西根本就不存在，我
　　　　們都是由物質構成的，僅此而已。在這漠然的宇宙裡，我們
　　　　不過是須臾間的其中一顆渺小塵埃罷了。
古　一：你太小看你自己了。
史傳奇：噢，妳以為妳看透我了，對嗎？哼，並沒有，是我看透了妳！

　　套用這段對話的脈絡，我們來看看齊克果是怎麼描述「看似冒犯，

---

❷❽同上，49。

實則受苦」的模樣（受苦也可能呈現出其他形式的面目）：

> 不管選擇什麼表達形式，即使是把精神貧瘠這一方的勝利拿來沾沾自喜，但受苦就是受苦，不管受到冒犯的人是否被打倒在地，用一種幾乎像乞求的眼光在凝視這個悖論，沉溺在痛苦中一動也不動；甚至也不管那人是否用嘲弄來武裝自己，把他的機鋒化為箭矢，好像身在遠方準備射出──無論如何，他都是在受苦，而且也無法置身於外。㉙

史傳奇可能是想利用言語攻擊來表現出一副他比古一更優越的模樣，但是此舉反而讓他更不像是自己口中所說的樣子，他那個激動的狀態透露出的是「冒犯得越是凶狠，反倒越符合悖論的描述」㉚。

史傳奇的冒犯「遇見悖論後就會出現」，是在遭逢未知後所產生的㉛。冒犯其實生於對悖論的誤解，齊克果稱之為對悖論的「錯誤敘述」，以及「以虛妄為結論」㉜。冒犯想說的是「悖論很愚蠢」，但是悖論卻認為「認知才是無稽」，如此一來的話，「認知所認為極為重要的事物」自然也就不再重要㉝，而且認知與冒犯也都不再了解自己，只能「藉由悖論來讓人了解」㉞。同樣地，史傳奇在頭一回碰到未知

㉙同上，50。

㉚同上，51。

㉛同上。

㉜同上。

㉝同上，52。

㉞同上，50。

這個悖論時，也不明白是自己的認知在發動冒犯，不過古一是明白的，而後來她也給了史傳奇所必須的條件，讓他能夠克服自己的冒犯，繼而擁抱未知。

向未知臣服

古一把史傳奇逐出卡瑪泰姬，五個小時之後史傳奇變得悶不作聲，把身子靠在門上，但忽然間裡頭傳來了一陣電動開關的聲響，門就開了，史傳奇摔進門裡，還不好意思地說了一聲「謝謝」。

這位新學生由於意識到自己的虛妄而變得謙卑，終於開始接受訓練。最初要學的是怎麼使用靈環，這個器具可以讓人打開一道傳送門，通往他心裡想得出來的任何地方。史傳奇嘗試要打開傳送門，不過一直不成功，他把問題歸罪於自己的雙手，可是古一卻請來一位大師示範，他少了一隻手臂，揮舞靈環時卻還是很拿手，可見問題不是出在史傳奇的傷勢之上，而是出在他的認知之上。

古　一：你不能擊打河流來讓它屈服，你必須順從它的水流，將它的力量化為己用。

史傳奇：我要靠放棄控制來達成控制？這根本就沒有道理。

古　一：不是每件事都有道理的，也不是每件事都需要有道理。在過去你的智識曾帶領你大大開展了世界，但是它卻不能再帶你向前進發了。放手臣服吧，史蒂芬。

如果有人想要找出思想所想不到的東西，那麼他就必須放棄控制，

哪怕他以前因為自己的認知而不肯放棄控制。此時，冒犯又開始蠢蠢欲動了，而問題也變成了「你是否願意遵從……抑或是要冒犯？」**㉟**

未知是人所無法把握住的，你不能把它當成是一個可以用理解能力來控制的對象。那問題要怎麼解決呢？對史傳奇來說，當他聽從了古一的話，解方也就近在眼前，就像是齊克果所說的，「認知放下了自己……悖論也就有了結果。」**㊱**

臣服於未知，這是一種信仰或信任的人生，其立身處世所依循的原則乃是心智所無法理解的，這種情況就像齊克果所言：

> 擁有信仰，就像是一個人主動擔負了相當大的重力，卻因而獲得了浮力；人如果要變得客觀，那就要把貨物扔出船外，以此獲得浮力。「相信」這事就像是飛翔一樣，只不過人是在反向重力的幫助之下而飛起來的。**㊲**

信仰這回事，就像是在地心引力變得越強時你反而會越飛越高——或者也挺像是以放棄控制魔法來掌控魔法。意思就是要放下自己的虛榮，「因為虛榮，所以不肯像孩子一樣順從，而想要像個大人那樣可以明事理，而且對自己不明白的東西就不肯順從。」**㊳**當我們遇

㉟參見 Kierkegaard, *Søren Kierkegaard's Journals and Papers*, vol. 3.1, 366。

㊱同上，54。

㊲參見 Søren Kierkegaard, *Søren Kierkegaard's Journals and Papers*, vol. 2, F–K, ed. and trans. Howard V. Hong and Edna H. Hong (Bloomington, IN: Indiana University Press, 1970), 9–10。

㊳同上，14。

見了未知，就必須要服從它的指引，要「力求不生妄念，不要想著明白一切；力求不生妄想，以為自己能夠明白一切。」 **㊴** 只是如果有人想要一探未知之究竟的話，那麼在他前行的路上，一定「放滿了人們寫的路標，上頭寫的都是：回頭，回頭，回頭。」 **㊵**

敲門吧，會開的……終究會的

　　齊克果在他的日記裡寫道：「如果一個人敲門，那麼門就會開啟，這是永遠為真的道理。然而我們人類偏偏有個問題，那就是我們不敢上前——然後敲門。」 **㊶** 回到史傳奇絕望地敲打卡瑪泰姬大門的那一幕，他的目標是想找到「思想所想不到的東西」，感覺其實就像是在拍打一面不保證會開啟的大門。可是話又說回來，我們之中又有多少人真的在探尋未知呢？史傳奇在出車禍以前也肯定沒有，他也許有在拯救生命、提高醫學知識，但是他就跟齊克果在日記裡對醫生的描述一樣，救人是為了樂趣，是出於一種虛榮 **㊷**，直到史傳奇的命運發生了變化，才引他踏上了尋找未知之路。

　　我們有很多人跟史傳奇一樣，非得等到自己變得不快樂、生命變得充滿痛苦，否則不會追尋自己認為不可能的事物，因為之所以人會想踏上這樣的尋求之旅，都是出於一種深沉的需要與絕望之感 **㊸**。如

㊴同上。

㊵同上，22。

㊶同上。

㊷參見 Kierkegaard, *Søren Kierkegaard's Journals and Papers*, vol. 3.1, 246。

㊸參見 Kierkegaard, *Søren Kierkegaard's Journals and Papers*, vol. 2, 8, 24。

果可能的話，我們沒有人會喜歡自己正常的生活與期待大亂；然而如果有一種未知等著我們去發現，但願我們會願意去找尋它——即使我們的雙手（還有自我）並沒有摔得粉碎。

第五單元

「該看的不是你自己」

第 16 章

至尊法師的超凡重擔

馬克・懷特 Mark D. White

ડ્યુસ ઓટ ઇરચૂર ડોલર ઇન રપિરહેનડરટિ ઇન વોલ્યુપ્ટેટ વેલીટ એસ્સે સવોલ્યુપ્ટેટિટ એસ્સે સીલમ ડોલો રપિહેનન્ડરટિ નુલ્લ

　史蒂芬・史傳奇是個孤獨的人，身為至尊法師，面對魔法力量對於地球存亡的威脅，他是唯一可以保護地球的人，只有他可以看見各種想要毀滅人類的食屍鬼、跨維度惡魔以及邪惡法師，也只有他知道怎麼利用魔法的祕訣來抵抗他們，這些祕術是他之前拜在古一法師，也就是前任至尊法師門下學來的，就像他在前不久的一期漫畫裡所想的：「我在魔法界有很獨特的地位，要擔負的責任如此重大，卻沒有任何生物可以幫我分擔。」❶

　早從一九六三年史丹・李 (Stan Lee) 與史蒂夫・迪特科 (Steve Ditko) 開始推出《奇異故事》(Strange Tales) 原作系列時，就已經在漫畫裡呈現出史傳奇的孤獨感；而近期連載的《奇異博士》，在作家傑森・亞倫 (Jason Aaron) 及藝術家克里斯・巴查洛 (Chris Bachalo) 的筆下，對這個孤獨感也特別加以著墨❷。巴查洛在這次的連載裡用了很

---

❶參見 *Doctor Strange and the Sorcerers Supreme* #1 (December 2016), collected in *Doctor Strange and the Sorcerers Supreme: Out of Time* (2017)。

❷李和迪特科的原作請參見 *Marvel Masterworks: Doctor Strange, Volume 1* (2003) and Volume 2 (2005) ，至於亞倫和巴查洛的頭篇連載則是 *Doctor Strange: The Way of the*

多篇幅來畫奇異博士走在曼哈頓的街道上，但這個世界裡的其他人都是只有黑白色調的，相較之下，那些魔法世界裡形形色色的敵人則顯得色彩繽紛，雖然他們圍繞在黑白的人們身邊，但也只有史傳奇才看得到（而且還不必使用阿迦莫多之眼）。奇異博士就這樣一肩扛起這獨特而孤獨的重擔，保護著他人不知險之將至的幸福❸。

　　他自願擔起這個責任，而且毫無怨言，這也是他之所以成為英雄的部分原因。只不過他也跟很多英雄一樣，奇異博士有時候也有過猶不及之失。在本章裡，我們會探討幾個史傳奇沒能允執厥中、拿捏得當的地方，而這裡頭就可以看到道德哲學家們在德性倫理學中所說的「中庸之道」(golden mean)。

這醫生實在很奇異

　　只要是喜歡他的漫畫或電影的粉絲都知道他的冒險故事，在史蒂芬・史傳奇當上至尊法師之前，他原本是一位舉世聞名的神經外科醫師，有些人甚至會說他是全世界最厲害的神經外科醫師——史傳奇自己尤其會這樣說。他會挑選自己要接哪些手術，但他看的不是怎樣才

Weird (2016)。

❸然而他其實也是想要讓大眾了解這個情況的，相關內容可參見德文・格雷森 (Devin Grayson) 的小說 Doctor Strange: The Fate of Dreams (New York: Marvel Worldwide, 2016)，裡頭有一段這樣寫道：「（史傳奇）發現自己經常會希望能找到更好的方式來告知一般大眾，與他們分享更多魔法裡神奇美妙及令人振奮的地方，而不要光是一直阻擋那些潛伏在幽冥之中的東西接觸大家，以免他們感到驚駭。一直以來，他努力把超自然的知識一點一滴地灌輸給大眾，希望以他們能夠承受的速度來慢慢提升大家在這方面的意識。」

能造福最多人、拯救最多性命，而是要賺最多錢、獲取最大的名聲。他會吹噓自己的技術，誇耀自己的財富，會把女人當成自己達成目的的手段，從本質上來看，他就是拿著手術刀的東尼‧史塔克，連東尼都說他們兩人是「帥鬍子兄弟」，而我們也可看出，他們的共同點可不只限於山羊鬍而已❹。

身為一名醫生，史傳奇的生活卻處於多種極端狀態。他身懷醫學絕技，而且平心而論，也確實有用來幫助他人，只是他本意並非如此罷了。按照史丹‧李與史蒂夫‧迪特科合創的另一套偉大漫畫中的設定，史傳奇雖然貴為專業的神經外科醫師，卻並沒有想到能力越大、責任越大的道理❺。在手術室之外，他過的是享樂主義的生活，像個大男孩一樣不斷更換取樂之事，從來沒有好好考慮過存在或人生更深層的本質為何，也從未獲得真正的快樂或成長，也就是古代哲學家所說的那種「**幸福**」（eudaimonia）。

這些哲學家還會認為，史傳奇醫師這位醫學博士並沒有過著有德的生活。**德性倫理學**（Virtue ethics）是倫理學三大學派中最古老的一個，源於兩千多年前的亞里斯多德與斯多葛學派；其他兩個分別是**義務論**（deontology）和**效益主義**（utilitarianism），其出現的年代都比德性

❹參見 *Invincible Iron Man*, vol. 2, #3 (January 2016), collected in *Invincible Iron Man: Reboot* (2016)。東尼這樣說的時候，史傳奇其實是不高興的……但搞不好他其實很高興？（參見同一系列的 issue #5, March 2016。）

❺雖然史傳奇和蜘蛛人在各自的漫畫開篇不久後就遇見了對方，但小蜘蛛一直沒有機會對史傳奇說起自己的班叔叔（噢，班叔啊！）。詳情可參見 *Amazing Spider-Man Annual*, vol. 1, #2 (October 1965), "The Wondrous World of Dr. Strange," reprinted in *Doctor Strange*, vol. 1, #179 (April 1969) and collected in *Marvel Masterworks: Doctor Strange, Volume 1* and *Spider-Man/Doctor Strange: The Way to Dusty Death* (2017)。

倫理學要晚很多，目前流行的版本分別出自十八與十九世紀。亞里斯多德是德性倫理學家裡最有知名度和影響力的一位，他對於德性的理解主要見諸於他的《尼各馬可倫理學》（*Nicomachean Ethics*），而這也是本章通篇對於德性所採用的理解方式❻。

美德指的是人的一些正面特質，例如勇敢、誠實與慷慨，這些特質不只會幫助其擁有者，就連跟有德之人來往的其他人，都能因此獲得**幸福**與美好生活，至於哪幾樣特質算是美德，大家也都沒多少爭議——只要算得上是道德體系的，都會認可誠實在一般情況下都算道德❼。亞里斯多德真正獨到的創見在於，他讓我們可以從「中庸之道」的概念來了解德性，也就是主張德性存於中道，而非在任一極端。舉例來說，勇敢這個德性就是介於懦弱和魯莽這兩個極端之間；同樣地，誠實既不是存心欺詐（徹徹底底地撒謊），也不是口無遮攔（不經審視便和盤托出），而是存乎於兩造的極端之間。如果只談理論，那麼這種中庸之道很容易定義，可是實踐起來卻極難達成，須視每一次的狀況與每個面對狀況的人而產生相應的變化。回到勇敢的例子，亞里斯多德書中說勇敢的人會「臨事而懼，而且會出於正確的動機、用正確的方法、在正確的時機來處置正確的事情。」❽所以這種美德的觀念並

❻參見 Aristotle, *Nicomachean Ethics* (350 BCE)，免費網路資源：http://classics.mit.edu/Aristotle/nicomachaen.html。對於三家倫理學學派的概論與比較，可參考我的作品："Superhuman Ethics Class with the Avengers Prime," in Mark D. White (ed.), *The Avengers and Philosophy: Earth's Mightiest Thinkers* (Hoboken, NJ: Wiley, 2012), 5–17。

❼關於德性的其他項目，可參見本書的第 2、第 6 及第 7 章，作者分別是李、曼尼寧、提姆。

❽參見 Aristotle, *Nicomachean Ethics*, Book III.7.15–20。

不簡單，而是牽扯到方方面面，必須要有靠經驗所練就出來的**判斷力**，才能在各個不同的情況底下付諸實踐❾。

在早年當醫生的生涯裡，史傳奇絕對稱不上有德，你可以說他做的事是對的，包括發展與精進自己的才幹、成為一位頂尖的神經外科醫師、救人性命，但是他並沒有用正確的方法或出於正確的理由來行醫，而是對自己要收哪些病例挑三揀四，只看誰有機會可以為他帶來名望與財富。他沒有在無私與貪婪這兩者之間找到慷慨這個中庸之道，而是選擇了貪婪這一頭的極端；他在私人生活裡也採用了同樣的模式，並沒有在克己禁慾與恣意暴食之間找到中庸之道的節制，而是直接擁抱暴食這個極端。單就技術和知識而言，史傳奇或許算是一位好醫生，但是他稱不上一個有德之人。

極端的法師

奇異博士的那場車禍，其實跟他那無憂無慮、恣意妄為的生活方式也脫不了關係，讓他毀了自己的雙手，終結了醫學職涯，繼而使他去古一那裡尋求魔法的治癒力量。一開始他懷疑那魔法只是「耍花槍」，不過他終究還是接受了事實，承認在他看不到的地方還有另一個世界存在（在二〇一六年的這部電影裡還以精彩的畫面呈現出來）。他

---

❾關於超級英雄要有什麼樣的判斷力，可以參見我寫的一篇文章："Moral Judgment: The Power That Makes Superman Human," in Mark D. White (ed.), *Superman and Philosophy: What Would the Man of Steel Do?* (Hoboken, NJ: Wiley, 2013), 5–15, and Chapter 5 in Mark D. White, *The Virtues of Captain America: Modern-Day Lessons on Character from a World War II Superhero* (Hoboken, NJ: Wiley, 2014)。

拋開了過往那些目中無人、自我中心的作風，聽從古一的教導，終而承諾要保護地球，幫助它免受魔法世界的威脅。完成訓練之後，奇異博士也回到了紐約市，跟他的僕人王一起住在至聖所，裡頭還放了各式各樣的魔法道具。最後，在古一飛升宇宙，天人化一之後——你有一天也會這樣——史傳奇就接下衣缽，成為這個維度的至尊法師❿。

那麼這位魔法版的奇異博士會比醫學版的史傳奇醫生更加有德嗎？「我的太古霍戈斯眾主 (Hoary Hosts of Hoggoth) 啊！」你忍不住喊道：「當然更有德啊！他現在可是個無私的英雄，不再是從前那個自戀的外科醫生了。」年輕的學徒啊，請先別那麼快下定論，有德與否不只要看那個人做了什麼事，還要看他是怎麼做的。我們前面也提過，以醫生而言，史傳奇確實做了不少好事，用他那無可匹敵的外科技術救了很多人的命，但是從他行醫的方式，或是他一般的生活方式來看，就完全偏於某一頭的極端，而根本從來就沒有想試著去尋找中庸之道。然而即使經過了魔法世界的教育，他依然沒有比較不極端——只是他極端的地方不同罷了。

在一九八六年出版的圖像小說《奇異博士：進入香巴拉》(Doctor Strange: Into Shamballa) 裡，提到史蒂芬第一次攀登喜馬拉雅山去尋找古一，書中是這樣說的：

> 他那時也不過就是個普通人：怨毒、憎恨、貪婪——而且跟死神一樣冷酷。現在到處都流傳著他的事蹟，讓我們不得不認為：啊，你已經比過去好多了，看看現在大家叫你什麼——祕術大師！

---

❿上述這段情節是照著漫畫講的，不過其中的主要內容在電影裡頭也幾乎沒有改動。

　　自從冠上了這個尊貴的頭銜之後，你似乎已經把心裡的怒氣、惡
意和貪念都驅散掉了，唯一可惜的是你還沒有學會微笑。⓫

　　平心而論，史蒂芬‧史傳奇自從領會了精神上的頓悟之後，確實
是從某一方的極端跳到了另一個非常不同的極端。說得更具體一點，
他從一個自我中心的人變成了完全無私的人，一心只想保護人類，全
然不顧一己之得失。「從前我只是個人中垃圾，一個自私、冷酷、有錢
的王八蛋——外加一個可憐的酒鬼——是我的師傅古一法師為我指點
了該走的路，一條弟子該走的路，一條奉獻自我，克己斷慾之路！」⓬
雖然我們確實可以說過猶不及，但過度慷慨總比完全不慷慨要來得好，
可是如果從德性倫理學的角度來看，史傳奇最好還是要找出兩種極端
之間的中道，讓他可以踐行**最好的**那種慷慨，也就是在幫助他人之餘，
也不忘自身的福祉。

　　只不過，史傳奇還是一而再地沒有找到這種中庸之道，他的所作
所為依然陷於極端的慷慨與無私之中。從最早期的故事開始，他就已
經視保護全人類為己任，要擋下所有來自魔法世界的威脅，還會說一
些「但凡有人類受到魔法威脅……奇異博士必現身為他而戰！」⓭之
類的話。後來有一次他還感嘆：「有好多事情都是絕不能讓人類知道
的——必須等到人類準備好接受現實，知道明明有東西在他們身邊，

⓫參見 *Doctor Strange: Into Shamballa* (1986)。

⓬參見 *Strange Tales*, vol. 2, #1 (April 1987), "And Have Not Charity...," collected in
Doctor Strange: Strange Tales (2011)。

⓭參見 *Strange Tales*, vol. 1, #118 (March 1964), "The Possessed!", collected in *Marvel
Masterworks: Doctor Strange, Volume 1*。

但是他們永遠看不到！有個無名的危機正威脅著這個世界——而我必須獨自面對它！」⓮此外，在他早期的另一次冒險結束時，也有一段這樣的敘述：

　　這城市的黎明就要升起了——這座根本無法懷疑有奇異力量潛伏在側的城市，因為那是人類根本無法想像得到的東西！但是只要這些力量還存在，奇異博士就會在這裡，以人類之名，跟它們一直戰鬥下去！⓯

　　我可以繼續奮戰——相信我吧——話雖如此，可是重點在於奇異博士還是獨挑了重任要保護所有生命，範圍也不限於在地球上，事實上是包括了地球所在的整個維度之中，而且不惜任何代價⓰。

孤獨的法師

　　然而這代價可是很高的，尤其是史傳奇盡一己之責的方式，像是他一直不休息，甚至從一開始的時候他就已經了解到，要當地球的魔

⓮參見 *Marvel Premiere* #3 (July 1972), collected in *Doctor Strange Epic Collection: A Separate Reality* (2016)。

⓯參見 *Strange Tales*, vol. 1, #122 (July 1964), "The World Beyond," collected in *Marvel Masterworks: Doctor Strange, Volume 1*。

⓰有一則故事裡他曾高喊道：「我辜負了我的銀河！」這不禁讓人聯想到另一部很成功的漫威系列作品。參見 *Doctor Strange*, vol. 2, #25, (October 1977), collected in *Essential Doctor Strange, Volume 3* (2007)。

法守護者，在身心上得要受到怎麼樣的折磨：「我實在是太疲倦了！幾天以來我不眠不休，一直在跟威脅人類的超自然力量進行無止盡的戰鬥！」 ❼ 其他人也知道這一點，所以他的門徒兼戀人克莉才會暗暗這樣想：「他疲倦，他飢餓，他犯錯⋯⋯可是他依然選擇保護其他那些完全不了解狀況的人類，幫他們抵禦邪惡——他選擇獨自挺身對抗潛伏在魔法界裡那些未知的危險。」 ❽ 而面對漫威宇宙在最近所遭受到的破壞，奇異博士甚至出賣了自己的靈魂（或者說他剩下的靈魂）來換取絕對的魔法力量，試圖以此來阻止世界末日 ❾。

　　當然，這種情況沒有人會比王更清楚，他告訴克莉：「多年以來，他一肩挑起世界的重擔⋯⋯加上他個性好強，又沒有什麼愛好，他真的是一個孤獨的人。」 ❿ 孤獨也是一種極端狀態，而且史蒂芬・史傳奇不論是在當外科醫師還是法師時都是如此，只是孤獨的緣由不同罷了。在出車禍以前，史傳奇很少跟其他人有密切的往來，原因是他過度自負，他之所以沒什麼朋友，是因為他覺得大多數人都不如他，而他對待女人也有如玩物，沒有把她們當成伴侶。對醫學博士這個身分的史傳奇醫師來說，人其實就像物品、金錢，乃至於他的技術一樣，只是供他享樂所用，用完就可以丟了。

---

❼參見 *Strange Tales*, vol. 1, #122。

❽參見 *Doctor Strange*, vol. 2, #1 (June 1974), collected in *Doctor Strange Epic Collection: A Separate Reality*。

❾參見 *New Avengers*, vol. 3, #14 (April 2014), #20 (August 2014)、 *Annual* #1 (August 2014)，分別收錄於 *New Avengers: Other Worlds* (2014)、 *New Avengers: A Perfect World* (2014)。

❿參見 *Doctor Strange*, vol. 2, #15 (June 1976), collected in *Essential Doctor Strange, Volume 3*。

等到車禍發生後，史傳奇變得謙遜，也會用更多角度來看待世界，懂得欣賞生命的價值，還獻出自己的餘生來保護人類，可是他依然與其他人保持著距離，只不過現在的理由是因為他覺得自己的使命比人際關係更重要，這也是他在慷慨與無私這方面做過頭的另一項因素，就像克莉曾經質疑他對自己的愛，而史傳奇卻告訴她：「我要遵守自己對古一法師的承諾，妳的心裡跟我一樣明白，善惡之間的平衡一定要維持下去，我實在沒有多少時間去做其他事了。」❹後來兩人又有一次類似的對話，他告訴克莉：「我必須克制自己！我得要保持純粹，不能分心，這樣才能做到我必須要做的事！我不能──我不可以──我不能愛另一個人！」❷由於他這樣強迫自己與世隔絕，所以他跟他人的關係裡沒有任何一段是真正互惠的，然而亞里斯多德這一類的德性倫理學家卻認為，互惠關係乃是所有真正的友誼的必要元素❷。

我們來想想史傳奇最重要的三段人際關係：一個是跟他的老師古一，一個是跟他的僕人王，還有就是跟他的情人，而其中最重要的一位就是克莉。很顯然，他與古一的關係是單面的，就是師徒之間會有的正常關係，而且就算在古一升天許久之後也依然保持如此（古一不時會以人形重返人間，不過在完成了核心任務之後就又會重回天上）。這樣的關係也反映在史傳奇跟王一直以來的關係之上，只不過他們有時間好好相處，變得更加親近，所以比起古一來說王對史傳奇而言會更像是個朋友（我們不妨想像一下王的父親哈米爾，他曾服侍古一多

❹參見 *Doctor Strange Annual*, vol. 1, #1 (December 1976), collected in *Essential Doctor Strange, Volume 3*。

❷參見 *Strange Tales*, vol. 2, #1。

❷參見 Aristotle, *Nicomachean Ethics*, Books VIII and IX。

年，也許他跟古一也是這般親近）。史傳奇和王顯然非常關心彼此，可是在他們關係的核心之中依然有一種主僕的張力存在，而這依然不能符合亞里斯多德所描述的那種理想，也就是平等相交的友誼。

奇異之戀

自從史傳奇成為地球的魔法守護者以來，他跟自己關心的女性之間才是他最有意思的關係。雖然他已經不像早年那般不知分寸，不過史傳奇還是會刻意跟自己關心的女人保持情感上的距離，像是在他不久前的一次冒險裡，漫畫的旁白就說道：「所有他認識的女人……他都會跟她們保持一定的距離。而當黃玉 (Topaz) 這個女人懷著出人意料的熱情吻了他——他竟然躲開了！而且是身體與精神上都在閃躲。」❷❹ 他與女性之間就是如此，就連跟克莉也是這樣，她不只是來自其他維度的魔法師，也跟史傳奇維持了最長久的戀人關係。兩人一開始的故事就是老套的「英雄救美」，而克莉很快就變成了史傳奇的弟子及情人（後來還成了妻子，不過那是在其他維度的黑暗世界裡發生的事），而且也逐漸發展自己的魔法能力，最終成為了黑暗維度的統治者，而前一任統治者是她自己的母親烏瑪 (Umar) ，再往前一任則是烏瑪的哥哥，也就是恐怖的多瑪暮。（想像一下他們在假日闔家聚餐的模樣！）

因緣際會被送作堆，然後又成了師生關係，也難怪史傳奇和克莉之間似乎不能像其他漫畫裡的經典戀人那樣，出現充滿愛意的浪漫牽

---

❷❹ 參見 *Doctor Strange*, vol. 2, #77 (June 1986), collected in *Doctor Strange: Don't Pay the Ferryman* (2015)。

纏，例如超人和露薏絲‧蓮恩、蜘蛛人和瑪莉‧珍‧華生，或是東尼‧
史塔克跟東尼‧史塔克自己。與這些人不同，史傳奇他們的關係具有
一種雙重性質，這反而干擾了真正的友誼與愛情發展所必須的平等地
位，史傳奇自己也很明白這點，所以他才會在心裡告訴自己，「也許我
不應該讓克莉當我的弟子，我們這種雙重關係永遠都會是我們愛情的
障礙。也許……如果我不是師傅，她也不是弟子的話……那我們現在
依然還會是情人。」❷克莉也知道他們之間的關係有不對等的問題，
所以我們才會看到她後來不再繼續當他的弟子，只全心投入兩人的愛
情。不過隨著時間一久，她還是不免懷疑起自己對史傳奇的愛，發現
那也許一直都只是一種敬佩，於是她決定離開，前往黑暗維度❷。史
蒂芬和克莉的關係之所以一直都沒有穩定下來，終究還是因為兩人根
本上處於不平衡的狀態，而且一直都沒有真正得到解決❷。

　　所以只要事情一牽扯到跟別人的親密關係，史蒂芬‧史傳奇似乎
就註定要拒人於外，孤身一人。如果按照亞里斯多德的說法，真正的
友誼必須出於平等的兩造之間，那麼史傳奇的命運也多少還算合理，

---

❷參見 *Doctor Strange*, vol. 2, #54 (August 1982), collected in *Essential Doctor Strange, Volume 4* (2009)。

❷參見 *Doctor Strange*, vol. 2, #45–53 (February 1981–June 1982), collected in *Essential Doctor Strange, Volume 4*。

❷史傳奇與克莉結成 「魔法聯盟」 是在 *Doctor Strange, Sorcerer Supreme* #3 (March 1989), collected in *Doctor Strange, Sorcerer Supreme Omnibus, Volume 1* (2017)，但是多年來兩人一直分分合合。不久前兩人也同意不要切斷這個魔法聯盟關係，但也決心只保留友情關係， 如同史蒂芬說的 ：「就只是朋友而已。」 （參見 *Doctor Strange Annual*, vol. 2, #1, November 2016, "To Get Her. Forever," collected in *Doctor Strange: Mr. Misery*, 2017。）

畢竟他可是**唯一的**至尊法師，原本就不會有跟他對等的人。只不過朋友也並不需要達到完全對等才行，只要雙方在某些方面差不多，能夠確保兩人相交無礙就好。雖然史傳奇可能很難跟普通人建立親密關係，但他卻可以結交其他的超級英雄，甚至是那些本質上跟魔法無關的人。儘管史傳奇自稱是個不相往還的人，但他依然可以成為團隊合作的一員，時不時跟復仇者聯盟或光明會合作一下，他還有個更常聯手的對象，就是捍衛者聯盟 (Defenders)，最近甚至又跟整個歷史上其他的至尊法師一起合作。不過就算他在捍衛者聯盟裡有一些最親近的戰友──潛水人納摩、銀色衝浪手，還有無敵浩克──但這些人也算不上是漫威宇宙裡最擅長交際的英雄，由此我們或許可以看出，史傳奇在人際關係方面可能有更深的問題，而不只是交不太到朋友而已❷❸。

「我要拯救全人類，或者大部分人，或至少一個人」

雖然奇異博士太過忠於己任，為了自己身為地球的魔法守護者的職司而罔顧個人生活，但是在追求這樣的使命之餘，他所做的選擇其實還是相當值得玩味的。即便他滿口都是自己如何如何必須保護地球上的所有人類（或是這個維度裡的所有生命），但他也常常顯露出自己有所偏好，會特別看重某些生命，有時是特別青睞於這個世界或維度裡的某些生命，有時甚至就是特別重視某個跟他很親近的人的生命，將其地位置於其他無數的人之上。

---

❷❸關於史傳奇在愛情與友誼方面的其他相關討論，可參考本書第 3 章由克莉里所寫的內容。

　　上述這種情況的例子很多，像是在他最早期的其中一次冒險裡，史傳奇忽然意識到，如果他為了拯救地球上的所有人而打敗多瑪暮的話，那就一定會危及黑暗維度中的居民，因為他們是受到多瑪暮的保護才能免受無意念者 (Mindless Ones) 的侵害，但即使克莉為了自己的民眾向史傳奇請命，他還是低下了頭說：「我也希望不要對這個美好的世界造成傷害……可是地球才是我最大的職司所在……還有住在地球上的那些人！我別無選擇……我必須信守自己的誓言才行！」㉙此外，在前不久的一場冒險裡，史傳奇和光明會（一個由天才超級英雄們集結的祕密社團，以保護世界為自身使命）的其他成員也發現，原本平行的地球會出現「撞擊」(incursion) 的情況，他們要想拯救自己的地球，就必須先下手毀掉其他的平行地球才行㉚。雖然最後親手執行任務，毀掉了第一個平行地球的人是史傳奇的戰友，同時也是捍衛者聯盟的老字號成員納摩，但是史傳奇心裡明白，他們對這件事的發生都有一定的責任，於是他便自問（也自答）道：「如果我每次走這條路都一定會走到這裡，那麼這還能完全算是我做的選擇嗎？我認為一樣算是。我並不是無奈的受害者，我也不是受人指使的棋子，是我自己選擇這麼做的。」㉛就算這個選擇所造成的結果，跟別種選擇的結果都一樣讓人不能接受，但我依然做出了選擇。

㉙參見 Strange Tales, vol. 1, #127, "Duel with Dread Dormammu!", collected in Marvel Masterworks: Doctor Strange, Volume 1。

㉚相關情節始見於 New Avengers, vol. 3, #1 (March 2013), collected in New Avengers: Everything Dies (2013)。

㉛參見 New Avengers, vol. 3, #22 (October 2014), collected in New Avengers: A Perfect World。

　　碰到這種抉擇，不管你怎麼選都一定會出現毀天滅地的結局，做出抉擇的人也不可能「手上不沾血」而卸責脫身，這種情況就是哲學家所說的**悲劇困境**(tragic dilemmas)，許多超級英雄的故事都以此作為核心主題，畢竟這種情節真的是再戲劇性都不過的了：就讓咱們的超級英雄被迫面臨抉擇，看他們在兩個瀕臨毀滅的星球裡要救哪一個，然後另一個星球上的人就等於被他們宣判了必死之刑。最好當然是咱們的英雄能找到辦法兩個星球一起救，可是在真實世界裡並不是每次都能這樣。當光明會發現平行地球將要相撞之後，成員間展開了一次論辯，其中只有美國隊長一人發聲力勸其他人不要接受以人命為代價的解決方式，並大力主張道：「我相信我們會找到辦法阻止這個災難，而且我們這樣做的話就不必犧牲原則，不必變成自己不應該變成的那種人。」而此時史傳奇站出來替其他人說道：「你這些話其實就等於只是在說『我希望』而已，可是現在——當我們都已經看到了事實——我怎麼還有辦法對著殘酷的現實來安慰自己？」❷面對悲劇困境時，我們不得不採取行動，只不過任何一種作法都會難以讓人接受，在這種情況下，簡單的道德規則已經不能告訴我們怎麼做才對，所以德性倫理學家們幾千年來一直跟我們強調，此時最需要的就是判斷力，這樣我們才能選擇到底要採取何種作為❸。

---

❷參見 *New Avengers*, vol. 3, #3 (April 2013), collected in *New Avengers: Everything Dies*。後來光明會的其他成員就推翻了隊長的領導，然後東尼・史塔克還指使史傳奇消除隊長的記憶，讓他忘掉他們做了什麼事——而這種事對史傳奇來說本來就是家常便飯，如果一般老百姓撞見了魔法世界，看到史傳奇認為他們「不該」看的東西，後果便是如此。

❸其例可參見 Rosalind Hursthouse, *On Virtue Ethics* (Oxford: Oxford University Press,

不過在史傳奇所面對的困境裡，他要選擇的兩造並不是都處於這麼相等的均勢，不見得兩邊都有幾十億條性命要去顧，有時候他的選擇會偏袒到驚人的程度，他會偏愛跟他親近的極少數特定人士——甚至可能就只有一個人——然後犧牲掉許許多多他雖不認識、但需要他拯救的人。在某一次的冒險裡，史傳奇被迫毀掉至聖所，如此才能避免一個名叫烏索納 (Urthona) 的外星魔法師得到至聖所裡收藏的所有魔法物品及器具的力量，不然就會害王跟黃玉（那個強吻史傳奇的女孩）喪命。在施展最後一個咒語前，史傳奇不禁對自己問道：

> 可是，我怎麼會選擇這麼做呢？我可是被選擇來守護這些法器的人——我真的能夠毀掉這些東西嗎？那麼多的黑暗力量一直窺伺著要侵略我的世界，可都是這些東西在幫我守護世界的啊。可是如果我讓它們落入烏索納的手中……那我就一定馬上會被迫應付巨大的威脅，而我也必須相信自己有能力應對這個後果才行！還是說，我現在只是顧慮到自己的朋友能否安全，我把這個看得比長遠來說的最佳選擇還要更重要嘛？❸❹

其實類似的情節也曾出現過幾次，講的是史傳奇放棄了某些魔法力量或甚至完全引退的故事❸❺。然而諷刺的是，這也許反而意味著奇

1999), Chapter 3，或者也可以參考前文註釋❾提到的文章，文中對此有比較大眾化的解說。

❸❹參見 Doctor Strange, vol. 2, #81 (February 1987), collected in Doctor Strange: Don't Pay the Ferryman。

❸❺史傳奇第一次「引退」是發生在 Incredible Hulk, vol. 1, #126 (April 1970)，但是到了

異博士終於讓自己的生活有了一些調節，他總算願意平衡一下自己的角色，既要當地球的守護者，也要有史蒂芬·史傳奇自己的生活。不過實情大多也並非是那樣，因為就算他引退也撐不了多久，此外即便他捨棄了某些法力，似乎也沒有因而就卸下任何一點責任（由此看來，即使英雄沒有了很大的能力，他們巨大的責任感還是不會消失）。

為了救老王一命

在不久前的漫畫裡，史傳奇居然犧牲了無數人的生命，只為了救一個人：王。這是一場結合了他的魔法與醫學生涯的冒險，奇異博士對抗的是一個名為尼科蒂姆·威斯特 (Nicodemus West) 的黑心製藥公司執行長，他設法掌握了傳說中的「萬靈劑」，可以治療任何疾病❸❻。在調查的過程裡，王坦承自己已經罹患了開刀也治不好的腦瘤，而到了故事最後，大部分的萬靈劑都已經沒了，只剩下一滴還在，於是此時史傳奇就面臨了一個非常個人化的悲劇困境：是該要複製這一滴萬靈劑，用它來拯救天底下無數人的生命，可是這樣做的同時也會放任王就此死去；又或者，也可以直接用這滴藥來救王一命。「這不公

Marvel Feature, vol. 1, #1 (December 1971), "The Day of the Defenders!" 推出時就又回歸了（這兩篇故事都收錄於 *Doctor Strange Epic Collection: A Separate Reality*）。之後雖然古一提議讓他達到「完滿境界」，要他「超脫肉身，化為精神遨翔宇宙」，但史傳奇也沒有接受，然後這位從前的導師就免除了他的至尊法師名號，所以他才對克莉說：「我又變成普通人了……再普通不過的人。」（參見 *Doctor Strange*, vol. 2, #19, October 1976, collected in *Essential Doctor Strange, Volume 3*。）

❸❻參見 *Doctor Strange: The Oath*, #1–5 (December 2006–April 2007), collected in *Doctor Strange: The Oath* (2007)。

平啊」，史傳奇說，「我不能為了救自己的朋友而害了這個世界。」然而威斯特此時卻搬出了醫生特殊（而且非常單向）的職責來回答史傳奇：「可是呢，你以前發過誓，絕對不可以放棄對你收治的病患進行治療……你這麼做不過是想要問，哪種選擇會讓你在明天早上醒來的時候還敢面對鏡子裡的自己。」❸

到最後，史傳奇選擇用那最後一滴萬靈劑來救王，並告訴他的僕人兼朋友，為了報答他在最近的救命之恩，外加未來可能還有很多被他拯救的機會，這只算是「彌補我對你的虧欠於萬一」。此時跟著他倆一起冒險的午夜護士 (Night Nurse) 也站出來幫腔，想讓史傳奇對自己的選擇覺得好過一點：「想想看，其實你跟我都心知肚明，我們救不了所有的人，醫生頂多就只能照顧好那些願意把生命託付給我們的人，至於說尋找新藥這種事，就留給製藥公司去做吧。」❸

為了拯救跟他親近的人的性命，史傳奇犧牲掉了他不認識的其他人，這算是自私嗎？表面上來看這似乎並不合於道德：如果我們認為每個人的性命都一樣寶貴的話，那麼似乎就沒有什麼好的理由來特別關照某甲卻不關照某乙，只因某甲跟你很親近，而某乙只是沒有那麼好運，剛好不認識你而已。但也許有些出人意料的是，哲學家們其實常會贊成人可以有一定程度的偏心，尤其是德性倫理學家，他們對友誼與判斷力同樣都很重視，也常體察到人在選擇要幫助誰的時候會偏袒跟自己親近的人，也就是說，一個人如果有機會救下自己的朋友或陌生人，那麼選擇救朋友可以算是他的權利，當然前提是只能救一個

❸參見 *Doctor Strange: The Oath* #5 (April 2007)。
❸同上。關於醫生（甚至包括奇異博士在內）的職責為何，相關討論可以參考本書第19章由懷特與澤爾撰寫的內容。

的話 **㊴**。

　　但是史傳奇所做的事可遠不只是這樣，他救了王的命，代價卻是少救了在此之後未來無數人的生命。就算在道德行為上會對偏袒有一定程度上的容許，但是現在要把容許的程度拉到這麼大，變成為了救一個跟自己親近的人而犧牲了也許數十億個陌生人 **㊵**，雖然這也證明了史傳奇與王的友誼有多麼親密，甚至還親密到了違反兩人之間原本不對等的關係，但是依然不免讓我們對奇異博士的道德判斷力產生質疑——然而這同時也證明了他骨子裡還是個人類，也會有不完美和偏心的一面。

這法師真有人味

　　從光明的一面來看，奇異博士會偏袒自己的朋友，這代表他那種極端而自虐的生活面貌還是有突破口可以改變的。隨著迪特科開啟了奇異博士的故事，後續還有許多人承繼下來，雖然在這些人想像出來

㊴ 相關例子可以參見 John Cottingham, "Partiality and the Virtues," in Roger Crisp (ed.), *How Should One Live? Essays on the Virtues* (Oxford: Oxford University Press, 1996), 58-76。

㊵ 這個情況很有意思，跟蝙蝠俠不肯殺死小丑的情況剛好反轉過來，由於小丑一定會濫殺無辜，如果殺了他的話，不知道有多少無辜的民眾就可以獲救了；所以史傳奇是不惜讓無辜者的生命受到危害，只為拯救他最親密的朋友；而蝙蝠俠雖也做出了一樣的事，為的卻是不要殺死他最大的敵人。關於前者的更多討論，可參見我寫的一篇 "Why Doesn't Batman Kill the Joker?" in Mark D. White and Robert Arp (eds), *Batman and Philosophy: The Dark Knight of the Soul* (Hoboken, NJ: Wiley-Blackwell, 2008), 5-16。

的劇情裡，史傳奇尚且沒有奉行中庸之道，不過他還是有取其中道的
時候。例如他曾拒絕古一給他的機會，不肯跟著飛升離開人間，當時
身邊有克莉陪著他，而他告訴自己的導師，「我還在尋找答案，我還沒
有超過問問題的境界，我還很年輕，人生與愛情還在前方等著我。」❹
他不時也會開啟心房，接受愛情的羈絆，例如他就曾經告訴摩根娜·
布萊辛 (Morganna Blessing)，說他已經「在許多方面達到了大師的高
階級別——而且還擔起了重任。但是在做這些事的時候，我卻失去了
一些東西——失去了當個人類的能力。」當對方反駁說拯救世界不被
魔法力量毀滅比較重要，史傳奇又回答道：「人類心中的愛與恐懼，就
跟維山帝加上霍戈斯眾主的法力一樣重要！」❷可惜的是，奇異博士
似乎並沒有辦法長期維持這種取其中道的狀態，不能一直符合德性倫
理學的觀點——就算有阿迦莫多之眼，也沒辦法幫這位好醫生一直看
清這樣的真相。

---

❹參見 *Doctor Strange*, vol. 2, #19 (October 1976), collected in *Essential Doctor Strange,*
Volume 3。

❷參見 *Doctor Strange*, vol. 2, #79 (October 1986), collected in *Doctor Strange: Don't Pay*
the Ferryman。另外，萬一偉大的維山帝法師看到這段話，我要聲明自己只是個傳話
的而已，那不是我說的。

第 17 章

古一法師與髒手問題

麥克‧萊昂斯 Michael Lyons

ડ્યુસ ઓટ ઇરયુર ડોલર ઇન રપિરેહેનડરટિ ઇન વોલયુપટેટ વેલીટ એસસે સવોલયુપટેટીટ એસસે સીલમ ડોલો રપિહેનનડરટિ નુલલ

　　才剛來到卡瑪泰姬，史蒂芬‧史傳奇幾乎馬上就對古一法師表現出懷疑的態度。然而即便是他，也沒想到會意外發現古一一直在利用黑魔法，那可是她嚴禁史傳奇使用的東西。不過史傳奇也不孤單：他這個發現同樣也打破了古一在莫度心中的理想形象，也是從此時開始，莫度對古一與卡瑪泰姬的衷心認可便已然告終。

　　如果真如古一告訴弟子的，使用黑魔法就是件錯事，那她要怎麼證明自己使用黑魔法的決定是對的呢？難道使用黑魔法的益處那麼大，大到足以掩蓋她因之打破重要規則的事實嗎？一般來說，堅守規則這個理由本身不是就已經足夠了，尤其是在事關人命的時候，再大的好處不是都該要放棄嗎？像是這一類的道德衝突，哲學家們稱之為「髒手問題」(Problem of Dirty Hands)，而這也是超級英雄故事的一個重要主題，對奇異博士和他的夥伴們尤為如此，這種情況根本就是家常便飯了。

髒手問題：「該看的不是你自己」

當代哲學家麥克・瓦瑟爾 (Michael Walzer) 曾把髒手問題描述為一種選擇，看是要以違反自己的道德原則為代價來達成道德上為善的目的，還是要為了堅守自己的道德原則而無法達成這個目的❶。在探討這個問題時，瓦瑟爾所用的脈絡特別會針對擁有政治權力的人物，這種人雖然可以造成巨大的影響而成就更大的善，但此時他們的行事手段卻也都會有道德上的問題。

在二〇一六年的電影《奇異博士》中，有三個角色認為自己面對了這樣的問題，他們分別是古一法師、卡西流斯，以及史傳奇本人。古一選擇利用禁忌的黑魔法來延長自己的壽數，以繼續保護地球不受魔法世界的威脅；卡西流斯則是想要把多瑪暮引到地球上，以此來避免死亡，而且不只是避免自己的死亡，他是想要讓所有地球上的人都免於一死，就像他跟史傳奇說的，「我們並不想要統治這個世界，我們是想要拯救它！」❷即使卡西流斯的說詞沒有像古一的那麼有說服力，但史傳奇還是看出了兩者的相似之處，並似乎受到了震撼，覺得自己被迫捲入了雙方的衝突之中。

我們可以建構一個理論，把一個人的行為及其行為的後果的價值抬高，這就是倫理學裡叫做**後果論** (consequentialism) 的這個流派的主張；或者也可以抬高行為背後的原則的價值，這個主張屬於倫理學裡一個叫**義務論** (deontology) 的流派❸。如果你認為行為的後果價值比

❶參見 Michael Walzer, "The Problem of Dirty Hands," *Philosophy & Public Affairs* 2(1973): 160–180。

❷本章所有引述的對話都出自二〇一六年的電影《奇異博士》。

較高，那麼弄髒雙手對你來說就比較沒那麼嚴重，重要的是這麼做所能達到的善果；從另一方面來說，如果你覺得行為背後的原則比較有價值，那你就會認為弄髒雙手就等於跨過了某些絕不該跨過的道德底線，不論結果再怎麼如人意都不應該。除了上述兩者，此時我們還有第三條路可走，就是不要把原則或後果放在絕對的優先地位，例如你可以認為原則才是自己行為的主要指引，但如果碰上極端情況則可以有例外，因為此時再固守原則的代價實在是太高了，史傳奇自己似乎就是採取這種看法，他一般都會遵守卡瑪泰姬的規矩，但到後來還是打破規則使用了阿迦莫多之眼，以此當籌碼來跟多瑪暮談判，設法拯救地球的命運。

此時我們很自然會想問，這樣做有沒有什麼問題。以史傳奇的作法為例，就是因為打破規則他才可以想出辦法來迫使多瑪暮離開地球——這件事顯然是值得稱許的，對吧？至於說他打破了古一立下的規則，或是違反了「自然法則」，這真的有那麼重要嗎？你也許會認為史傳奇的例子可以告訴我們，後果才應該是引導我們道德判斷的依據，而不是憑道德原則來引導判斷——除非事關大節，此時就應該以道德原則來主導。然而只要我們再更進一步細看卡西流斯和古一法師的情

---

❸主張後果論的最典型例子就是古典的效益主義，其最有名的辯護者是傑里米・邊沁 (Jeremy Bentham) 及約翰・斯圖亞特・彌爾 (John Stuart Mill，一八〇六～一八七三年)，主張道德上良善的行為會帶來快樂，而道德上錯誤的行為則會帶來痛苦。至於最常被拿來跟義務論聯想在一起的人則是伊曼努埃爾・康德 (Immanuel Kant，一七二四～一八〇四年)，他曾在書中寫到，一個行為的對錯，取決於行為者是恪守還是違背了自己的義務，這些義務在任何條件下都應該被遵守，不管後果如何都不可改變。

況，就更能看出這種策略真正的問題何在，因為在這兩個人的例子裡我們可以理直氣壯地說，他們「為了成就更大的善」所做的那些行為其實在道德上都是錯的。

用黑魔法錯了嗎？

卡西流斯或許認為自己使用黑魔法是為了地球及地球上所有生命的終極利益著想，不過從他選擇裡的許多地方來看，他的選擇從義務論的角度來說似乎是很不道德的。我們不妨想想他是怎麼背叛古一的，他偷走了《卡利奧斯卓之書》的書頁，而且存心殺掉任何妨礙他的人，如果他召喚多瑪暮的這一目標真的合於道德的話，那卡西流斯就不會面臨真正的道德選擇難題了：他此時要嘛就堅持原則，不要召喚多瑪暮；不然就是召喚多瑪暮，但違背那些原則。不過也許有人會說，召喚多瑪暮這個目標根本就無關於道德，所以卡西流斯其實也不用面對道德難題，應該說他本來就是在從事不道德的行為，並以此追求不道德的目的才對。

這樣講也有道理，那就來看古一的情況，這對髒手問題來說會是一個比較合適的版本，因為她所做的事雖然在表面是有違於道德，但骨子裡卻是出於良善的理由。只不過此時我們還得先回答一個問題：為什麼一開始就要認定使用黑魔法是錯的？最明顯的理由就跟史傳奇聽到的一樣，因為黑魔法「不穩定」且「危險」，意味著它會被禁的主因是會造成極端負面的後果，這個理由也解答了一些疑惑，像是為什麼不是說法師的技巧夠好的話就可以用黑魔法，或是為什麼只有在碰到很極端的狀況時才可以使用。然而這個理由其實並不適用，因為黑

魔法就是那種危險到必須直接禁絕的玩意，就算是最老練的法師也不可以用，例如古一。然而這種反駁其實也不合乎於義務論，因為它沒有解釋為什麼使用黑魔法這件事其本身就是錯的，我們有很多人會認為謀殺、偷竊或說謊就其本身來說就是錯的，可是為什麼使用黑魔法就會是錯的呢？這問題在義務論這邊似乎並沒有答案，反倒是後果論可以解釋為什麼黑魔法該禁：因為這樣做通常會導致負面的後果，而且即使出現任何正面效益都比不上，所以使用黑魔法才是壞事。有時候某些行為所造成的傷害太大，因而我們會想直接設定一種普遍規則來禁止這些行為，例如就有支持**規則效益主義** (rule utilitarianism) 的人認為我們不該說謊，這並不是因為說謊這件事本身是錯的，而是因為說謊幾乎總是會傷害到人，即便我們可以想像一些說了謊但結果卻有益的情況，但是我們還是應該制訂並遵循不可說謊的規則，因為長期來看的話，與其每次都要看情況來決定是否可以說謊，倒不如直接設定這樣的規則，所造成的結果會比較好。

所以套用上述的解釋，我們就可以看出為什麼使用黑魔法會那麼危險，讓法師們要採行禁用黑魔法的規則，雖然這種規則像是義務論那樣強調不可違背，但箇中的道理卻是出自後果論的想法。此外，它還解釋了為什麼古一要這麼嚴格禁止大家使用黑魔法，甚至連她自己都一樣，明明就有很好的後果論上的理由，例如她這樣是要拯救地球，不使之淪入多瑪暮的黑暗維度，但她照樣對於自己打破規則感到了懊悔。

古一真正的問題

　　如果我們認同古一使用黑魔法是錯的，那麼她的狀況就會符合髒手問題的討論範圍，也就是說她一方面違背了原則，同時又認為堅持原則的代價太大所以才不得不然。可是這套論述必須要依賴一項假設，就是唯有使用黑魔法才能避免付出這個巨大的代價——亦即沒有其他的選擇了。古一把自己說成是不得已而為之，她如果不肯犯下錯誤、使用黑魔法，那就無法拯救地球，所以她相信自己是別無選擇，畢竟對她來說拯救地球這件事比自己的原則更加重要。

　　然而如果古一真有其他選擇，尤其如果不用違反她的道德原則的話，那麼我們就可以把她對自己違規的辯護說法拋諸腦後（或是用靈環開個傳送門丟出去，隨你喜歡）。其實有可能真的是有其他選擇的，例如她聲稱之所以要延長自己的壽命，是因為只有她能對抗多瑪暮，但是她有很多追隨者，其中一位還是巧藝驚人的奇異博士，還有能力也算不差的莫度與王（這些還只是我們有看到的）。而且就算上述這些人還沒全部掌握到必要的技巧或能力，她還是可以在自然的有生之年裡教導他們，或者教給其他資質好的學生，這樣就不用非得從黑暗維度汲取能量不可，還說那是她「唯一的選擇」。

　　只不過也許她真的就是唯一能力足以跟多瑪暮對抗的魔法師，而且也沒有時間來尋找或訓練合格的繼任者（至少在她第一次開始延長壽命的時候還沒有），然而即便是這樣，如果她可以坦白告訴其他人，對她其實也是有好處的，尤其是該告訴莫度，就不用讓他後來產生那麼強的幻滅感，導致他忽然開始到處攻擊魔法師。如果古一老早就先坦率以告，就算莫度還是不認可她的決定，但也許會能夠理解她為什

麼這麼做，這樣不但可以避免他感到幻滅，而且也不會造成他日後的
黑化和背叛。

敲敲門……

在對史傳奇解釋自己對古一有多失望時，莫度說道：「今天欠下的
帳總有一天要還的，你真的看不出來嗎？就是因為她壞了規矩，才讓
這些狂徒追隨了多瑪暮。卡西流斯的事……是她的錯！害得我們現在
變成這樣……都是她的欺騙造成的後果，讓世界碰上了這麼大的麻
煩。」在這段話裡，莫度點出了古一的髒手問題的另一面：由於她錯
誤使用了禁忌的黑魔法，因此造成了許多負面後果，這些全部都是她
的責任，就算這麼做是為了成就更大的善也一樣。

義務論者伊曼努埃爾・康德（Immanuel Kant，一七二四～一八○
四年）也曾提出過這樣的論點，還舉了個名聲不太好的例子：「門口的
殺人犯」❹，如果我們把人物替換成「奇異版本」的話大概會是這樣：
有一天王去敲了古一家的門，拜託她讓自己躲進去，因為後頭有個人
想要追殺他。古一照辦了，然後又有人來敲門，古一前去回應，對方
是多瑪暮的手下，身上還帶著一把血淋淋的大斧頭，問說王是不是在
這裡。現在問題來了，古一應該對這個殺手說謊以保護王嗎？康德說
不應該，因為不撒謊的義務才是最重要的，這樣做才能讓古一的手保
持清白，不論王會發生什麼事都一樣；如果她撒謊來保護王，按照康

---

❹參見 Immanuel Kant, "On a Supposed Right to Lie Because of Philanthropic Concerns,"
in *Grounding for the Metaphysics of Morals*, trans. James W. Ellington (Indianapolis, IN:
Hackett Publishing, 1993), 63–67。

德的說法，她就得為後來發生的一切背負責任，例如這個邪惡的爪牙搞不好就會因為急著找到人而到處濫殺無辜。所以如果古一說謊的話，就等於用一個錯誤的行為來讓自己摻和到一連串的事件裡頭，有可能她就必須要對後續的惡果負責；但如果古一說出事實——或至少閉口不言，這跟撒謊不一樣——那她就始終都站在正確的那一邊，後來無論發生什麼事都不是她的責任，包括王的喪命在內。

康德認為不說謊的重要性高於保護朋友的性命，這個說法雖然一直廣受爭議，不過他所提到的一點是至今都被接受的，就是做下這件壞事的人必須為其後果承擔起責任，就算只是撒個善意的小謊，想讓別人覺得好受一點（例如告訴史傳奇，說他太陽穴兩側的白髮不會讓他顯老，但其實真的會），還是有可能造成反效果，此時說謊的人就要對發生的事負責。如果我們認同使用黑魔法是錯的，那就可以合理地說，古一使用黑魔法後發生的事情都得算在她頭上，包括莫度的幻滅與背叛，正面的後果也是這樣，包括拯救世界。

欠下的帳總要還的

在我們探討過的三個角色裡，最明顯會面臨髒手問題的就是古一，奇異博士雖然說「她做了自己認為正確的事」，但我們同時也可以清楚看出，她明知自己那樣做是**錯的**，只不過她是為了正確的理由去做而已。像這樣的兩難困境並不是只有至尊法師或在漫威的超級英雄電影裡才會碰到：我們所有的人也時不時都會面臨這樣的情況，此時我們會傾向於做自己覺得錯誤的事，但目的是要促成更大的善。只不過我們務必要小心，既不要把自己的道德原則通通都丟掉，也不應該不顧

一切後果，我們該做的是把兩邊都放在心上，然後把所有的實際情況與道德因素都納入考量，最後選出自己認為正確的那邊。不幸的是，有時候選擇並沒有清楚的「最好」或「正確」可言，但此時我們就要佩服一下奇異博士了，因為他一方面在覺得有必要的時候打破了規則，同時又接受了後果承擔起責任 ， 他已經準備好要面對該還帳的那一刻──正因如此，所以他才是英雄。

第 18 章

立身於王者，亦有其用❶

丹尼爾・馬洛伊 Daniel P. Malloy

ડ્યુસ ઓટ ઇરયૂર ડોલર ઇન રપિરેહેનડરટિ ઇન વોલ્યુપ્ટેટ વેલીટ એસ્સે સવોલ્યુપ્ટેટિટ એસ્સે સીલમ ડોલો રપિહેનનડરટિ નુલલ

　　史蒂芬・史傳奇醫師以古怪和孤僻聞名，就連在超級英雄這個圈子裡都是如此，這位至尊法師一般在團體裡都會適應不良，即便他成了捍衛者聯盟中的一員，但這團體裡的連結也很鬆散，大家都跟他一樣，就是一群獨來獨往、離群索居的人。

　　然而在史傳奇大大小小的各種戰鬥，當他對抗太古軍團、魔神及壞巫師之際，一直有個人陪在他身旁，那就是他忠心的男僕，王。有些人看到王會覺得他奴顏婢膝，既沒有什麼自尊心，也一樣沒什麼魔法能力，他們會覺得王應該要為自己站起身子，不要再俯首聽任一個傲慢的魔法師對他頤指氣使，應該要自己當家做主才對。在這些人眼中，王對自己人生的活法就是錯的：因為他這輩子一直甘於當個僕人，所以也就辜負了自己。

　　在本章裡我們要探討幾個概念，包括尊重及自尊、控制及奴役，為的是證明王縱使奉獻自己的一生來服侍奇異博士，但這樣做並沒有

---

❶譯者註：原標題 "They Also Serve Who Only Stand and Wong" 改自英國名作家約翰・米爾頓的名句，只是最後一個字從 "Wait" 改成了 "Wong"，所以從「立身以待者」變成了「立身於王者」。

什麼錯，甚至他的作法其實還特別高貴。也許王和奇異博士的地位並不全然平等，但他們的關係非常複雜，遠遠不是用主僕這種稱謂就可以涵蓋的。雖然史傳奇可以發號施令，但在某些方面上他反而是完全只能依靠王的幫助，而因為有了這樣的依賴關係，他對王的權威充其量也就僅止於表面上而已，這跟單純的主僕關係大不相同，史傳奇與王，其實是夥伴關係才對。

阿福、賈維斯與王

　　男僕和管家一直是漫畫故事裡的重要元素，蝙蝠俠有阿福，鋼鐵人和復仇者聯盟有賈維斯，至於奇異博士的僕人，當然就是王了。他們主要負責的工作似乎都差不多：打理住所、煮飯、打掃，這方面像是某種管理員，此外也要安排各種行程（包括跟一般人和特殊人士的約會），而且通常還要維持家計，這些其實本來就是男僕或管家的標準職務內容，不過在漫畫裡的呈現方式會稍微誇張一點而已。事實上，所有的這些職務會另有一批僕從負責去做——可憐的阿福，他已經不能光靠自己一個人來打點雄偉的韋恩莊園了，這簡直就跟叫他和超人比腕力一樣難辦。身為房子的管家，阿福‧潘尼沃斯的工作其實更像是某種總經理，只負責管理手底下那一大批員工（就像《唐頓莊園》裡的卡森先生一樣）。

　　除了這些算是相當普通的工作以外，由於他們的主人過著不同於常人的生活，因而這些僕人也都要負責處理相關的事務，例如阿福得要清理蝙蝠洞——不然你以為那些蝙蝠糞會自己蒸發消失嗎？——還要幫忙打理蝙蝠俠的裝備，幫他維持祕密的雙重生活；賈維斯是復仇

者聯盟總部的最後一道防線，也是唯一一個知道每個人、每件事現在是什麼情況的人；至於王，他就是奇異博士的保鏢，當這位至尊法師碰上些什麼事必須靈魂出竅、去星靈界裡到處跑的時候，他要負責保護史傳奇的肉身。有一次史傳奇去了星靈界一趟，回來時看到王正在跟一些可怕的魔法生物戰鬥，而王竟只是淡淡地說了一句：「博士……請你務必要原諒我，今天的午餐不能準時做好了。」❷

他們正式的職責內容很廣泛，不過他們所提供的最重要服務項目其實是對於自家老闆的情感支持。阿福對布魯斯‧韋恩來說，算是帶有某種不太一樣的父親形象；賈維斯對復仇者聯盟的功能像是某種團隊管理人；至於王，他是史蒂芬‧史傳奇在現存世界裡最像是朋友的人。他們每個人都代表了自己的老闆的定錨點 (anchor point)，可以說是整個超級英雄大業的基石。如果我們了解到這件事，應該就不會訝異為什麼某些超級英雄會有這種僕人——甚至可能會反過來覺得奇怪，為什麼沒有更多的超級英雄也找些僕人（撇開有沒有錢這個俗氣的問題不談）呢？

二流的賈維斯

話雖如此，但這種僕人過的總還是吃力不討好的生活，一直等著在看超級英雄又有什麼需要，或又提出了什麼奇想，因而很少（甚至根本沒有）時間可以留給自己，事實上，阿福、賈維斯與王似乎在工

❷參見 *Doctor Strange*, vol. 4, #3 (December 2015), collected in *Doctor Strange: The Way of the Weird* (2016)。

作以外都沒有真正屬於自己的生活。我們也許會想問問這三人，他們一開始怎麼會願意接下這份工作。不過說老實話，阿福和賈維斯的情況可以算是機緣巧合，他們本來只是在為有錢有名望的大戶人家擔任管家而已，只不過湊巧家族後代選擇要成為超級英雄，所以也自然大大「擴充」了他們的工作量。但是王的情況不一樣，他自小就是受培養來當至尊法師的男僕或保鏢，漫畫裡當他第一次遇見史傳奇的時候也直接說了差不多的話：「我要當您的男僕，照看著您，讓您舒適而無憂！就像我的父親及祖祖輩輩們，他們也是這樣照看古一法師的，這就是我的使命！」❸

這樣的話王算是奴隸嗎？按照他的職責內容與應對態度來看，他確實似乎唯命是從，但還不算是奴隸。奴隸雖然本身是有智慧的生物，但實際上卻被其他智慧生物所擁有，而王即使以主人來稱呼史傳奇，但他並非是史傳奇的財產。然而從另一方面來看，王似乎也並不完全擁有自己，他的人生、他的技能、他的勞力，全都奉獻來幫史蒂芬・史傳奇打點一切，所以我們自然也不免要懷疑，王是不是太看輕了自己？

換個說法的話，就是王這個人似乎缺乏自尊心。一個有自尊心的人會自己立身行事，不會只是聽命於他人，當然也不會為了照料他人生活裡的細枝末節而忽略自己的事，尤其是自己重要的事。然而王卻是這樣，所以他或許不算是奴隸，但似乎確實是帶著些奴僕的味道了。

---

❸參見 *Doctor Strange*, vol. 2, #56 (December 1982), collected in *Essential Doctor Strange, Volume 4* (2009)。

世界先救，午餐順延

我們也許會說沒關係，只要他自己願意這輩子當個僕人就好，反正……人生是他自己的嘛，對不對？每個人都有權利當個沒有脊樑骨的叩頭蟲，只要自己心甘情願就好。不過，也有人會採取另一種比較直覺的想法，如果按照這套思路，有奴性就會是個問題，因為那辜負的並不只是自己，而是辜負了所有人。

當代哲學家托馬斯·希爾 (Thomas E. Hill, Jr.) 以伊曼努埃爾·康德（Immanuel Kant，一七二四～一八〇四年）的思想為基礎，主張奴性會造成嚴重的問題，因為有奴性者雖然身而為具有尊嚴之人，卻無法伸張自己的這種權利❹，就像康德所說的，「一個把自己當成了蟲子的人，以後如果被人踩踏也不能抱怨。」❺從根本上來說，奴性便意味著缺乏自尊心，但我們務必要小心，自尊心 (self-respect) 是一個很複雜的概念，我們很容易就會弄混，錯把自尊心當成了自信心 (self-esteem)，而後者所關乎的其實是一個人所具有的某個特質。就以王為例，他的自信心或許很高，因為他對自己的工作非常拿手；同樣地，奇異博士在人生的前期也對自己很有信心（甚至太有信心了一點），因為他是個技術高超的外科醫生。相較之下，自尊心牽涉到的人之所以為人的本質，王既然身而為人，他就是一個有理性、有自由意志的生

---

❹參見 Thomas E. Hill, Jr., "Servility and Self-Respect" and "Self-Respect Reconsidered," in Thomas E. Hill, Jr., *Autonomy and Self-Respect* (Cambridge: Cambridge University Press, 1992), 4–24。

❺參見 Immanuel Kant, *The Metaphysics of Morals*, trans. Mary Gregor (Cambridge: Cambridge University Press, 1797/1996), 437。

物，而有自尊心就意味著要珍視自己身而為人的事實，並且採取相應的作法，例如不要屈從主人，放棄自己的意志。

在這個意義上來說，即是某人身為僕人，但這不代表他骨子裡就帶著奴性，僕人也就只是一份工作而已，跟任何其他工作沒什麼不同，有沒有奴性要看他為人如何，是不是表現出一種缺乏自尊心或否定自我價值的態度。我們再想想阿福‧潘尼沃斯的例子，他是一名非常出色的管家，執行自己的職務時不但有能而且盡責，而且從他做事的方法上來看，無論如何都稱不上有奴性。他與布魯斯‧韋恩之間多少帶著一種親子般的關係，他也很懂得善用自己敏捷的才智來經營這樣的關係，讓自己能跟老闆有平等的道德地位，很明顯，他就是以此來讓自己能夠常保自尊之心。阿福知道自己的價值，而且他也務必會讓「韋恩主人」知道自己的價值。然而看看王，他也許真的就是一個帶著奴性的僕人，他幾乎不會在任何事情上質疑史傳奇，就算他提出的作法明顯很瘋狂也一樣；即使王真的質疑了史傳奇的某個計畫，通常也是為了要保護史傳奇，或保障任務可以成功，而不會是出於對其自身的考量。例如有一回史傳奇所展開的任務就是要找尋解藥來治療王的癌症，王懇求他別去，告訴他這麼做的風險太大，而回報（也就是王的性命）太小，反正他連接班人都已經安排好了❻！打從孩提時代開始，王的一生，他這個人的存在，就一直都奉獻來為至尊法師服務。

話得講清楚：王做的事情很重要，而他自己也知道。面對林林總總的魔法威脅，奇異博士是我們這個世界唯一的守護者，而他需要王

---

❻參見 *Doctor Strange: The Oath* #1 (December 2006), collected in *Doctor Strange: The Oath* (2007)。

的幫助才能辦到，王很清楚這一點。因為明白此事，加上自己有足夠
的知識讓他盡好自己的責任，這些無疑都會帶給王一定程度的自信
心——情況也確實如此，其實我們也全都該有這麼有意義的工作！然
而問題在於王到底有沒有自尊心，如果不看自己的工作，他會覺得自
己有價值嗎？如果沒有的話，那麼希爾對於奴性的說法就適用在他身
上，這也等於是說王不該這樣。

王也很重要

我們有兩種說法可以幫王辯護，其一是主張他事實上並沒有奴性，
要不然就是主張人就算有奴性也照樣可以有自尊心。我的想法是，王
雖然是個僕人，而且也似乎表現出奴才的模樣，但是他並不是康德和
希爾所批評的那種奴性之人。

要想分辨奴性其實有不同的形式，這得花上不少功夫，我們還是
先從思考奴性會帶有何種性格特徵開始。人要是有奴性，就會為了他
人的利益而否定或忽視自身的利益，前面這句話裡有兩個問題要特別
注意，要細分清楚有奴性的人會做**什麼**，另外才要問他們**為何**這麼做。
人有奴性就會否定或忽視自己的利益，而之所以奴性之人會把自己的
利益放在一邊，乃是為了要專心照顧另一個人的利益，通常是某個位
階或地位較高之人，因為要是有人對比自己位階或地位更低的人表現
出一種屈從的姿態，我們並不會認為那叫做有奴性，有可能會說他們
是慷慨或好心，也有可能會認為他們別有居心，是刻意在紆尊降貴或
伏低做小。

我們把奴性問題的兩個部分給區分開來看。首先要問，忽視自己

的利益有錯嗎？如果這樣做會有健康或身家上的危險，尤其又沒有什麼道理一定要這樣做的時候，那就有可能是錯的，不過也有可能是無可無不可，甚至可能忽視自己的利益反倒是對的——這完全取決於為什麼你要這樣做。奇異博士跟所有的英雄一樣，也經常會忽視自己的利益，這也是他會需要王的理由之一，如果沒有王在一旁提醒他，讓他知道自己需要什麼，史傳奇有可能會太過投入於保護我們的世界對付其他世界的威脅，導致他忘了跟自己利益相關的一些小事——例如吃飯和睡覺。

如果要說有奴性並沒有什麼錯的話，其道理一定是基於奴性的第二種狀況：為了他人的利益而忽視自身的利益，而且通常是為了更高位階或地位的人。就奴性的定義來看，相較於我們到目前所說的這些，更重要的是你到底把誰的利益置於自己的利益之上，另一個要點則是你為何要這樣做。要說某某行為具有奴性，那就一定是為了地位更高的人所做的，但情況並不只是那麼簡單，我會說奴性還有個真正的關鍵因素：有奴性者與奴役他人者之間的地位差異其實只是一種假象，或是對方根本不配有這樣的地位，然而奴性之人卻又偏偏全心全意地接受這種現狀。

我們想一下莫度的例子，他在古一門下學藝時明顯展露出了奴性，而且是完全的一副奴才樣，把古一的每一項利益都放在自己的利益之前，然而莫度從來都不是真正的奴才，因為他從來不認為古一比他更優越，當然他心知肚明自己的力量和技巧都還有很多地方比不上古一，但那是信心方面的問題；就尊重這件事來說，莫度一直認為古一和自己是平等的，搞不好還比自己低一等。一個真正有奴性的人，會把地位差異牢牢放在心上，也就是說會相信自己奴性的效忠對象本來就應

該比自己更好、更有價值，但莫度不是這樣，所以就算他看起來一副奴才樣，他也並沒有奴性。反言之，真正有奴性的人會擁抱這種地位上的不公，而這也是人們在道德上反對奴性的核心理由：雖然同樣身為人類，但奴性之人會否定自己該有的價值。奴性的行為本身並非從根本上就一定是錯的，錯是出在人對自己的態度上，這種情況大抵上可以說是某種自甘為奴、胡亂否定自己的表現。

祕法研究與乾淨襪子

除了外在的表現上，我不認為王會比莫度有更多的奴性。有個論點可能可以支持我這個說法，就是他和史傳奇其實本來就不真正平等，因為史傳奇是至尊法師，原本就高人一等，所以也就真的有資格得到王所提供的差別待遇。可是這樣講並不能讓人滿意，而這又有幾個原因，首先我就認為史傳奇和王都會反對這個論點，因為他們都相信人與人之間在道德上要講究基本的公平，所以那套論述的理路會招致他們的反感。此外，該論點也混淆了信心與尊重：史傳奇或許是該要比王更有自信，因為他是至尊法師，但是這並不等於他就該有更強大的自尊心。就像是有一回王在路上碰到幾個人跟他搭話，因為他們看到王屈身服侍他人，然後王就告訴他們：「在我出生的地方，人們非常尊重智慧，而要能為一位有智慧的人服務，其實要你的身分很高才行啊！」 ❼ 王的心裡承認史傳奇比他更有智慧與能力，而且也很看重於

---

❼參見 *Doctor Strange*, vol. 2, #15 (June 1976), collected in *Essential Doctor Strange, Volume 4* and *Marvel Masterworks: Doctor Strange, Volume 6* (2013)。王在漫畫中早期的形象確實就像大家所批評的一樣，是出於一種會冒犯到人的刻板印象。本章所做的

此，但這並不會把史傳奇的地位抬高——或把王的地位拉低——因為人還是要有基本的尊重與尊嚴。

幸好，如果我們想要幫王講話，證明他並不是真有奴性，還有另一個更好的論點可用：雖然王並不認為史傳奇比自己優越或道德地位比自己高，但是在兩人所共同奮戰的戰場上，史傳奇還是比較重要的核心。王也是我們地球世界的守護者，這方面他並不比史傳奇低下，只是兩個人雖然有共同的使命，但是在其中所扮演的角色卻有不同，王不可能取代至尊法師，但史傳奇同樣也勝任不了王的工作。從這個角度來理解的話，王其實並沒有把史傳奇的地位抬高到自己之上——他抬高的是兩人共同使命，而這使命的地位比他們都要更高。如此一來，王就不僅僅是個僕人了，他更是個夥伴，負責處理所有地球上的人間事，好讓史傳奇能夠應付其他世界的事情。

這兩個人是一種奇怪的夥伴關係，而這種關係並不是很多人都會願意接受的。不然可以想像一下，假設你跟某人合夥做個生意，而你們的夥伴關係是這樣的：合夥人甲負責做一切決定，有什麼好玩的、好康的都留給他；而合夥人乙則負責所有苦差事、麻煩事和無聊事。這樣一想的話，王簡直就成了《湯姆歷險記》裡上了湯姆當的人❽，只不過極少有人會如此來看待夥伴關係，大家只會避之唯恐不及。對於這種不尋常的夥伴關係，其實還有一套論述得更廣泛，而我也認為

討論則聚焦在王較為近期的表現，這個形象的王會顯現出比較豐富而複雜的性格。

❽在馬克‧吐溫一八七六年出版的小說《湯姆歷險記》中，年輕的湯姆會誘騙朋友去幫他做原本由自己負責的一項家務。雖然湯姆被迫要幫家裡刷油漆，但是他刷的時候看起來好像那是他一輩子做過最好玩的事情，後來當他的朋友主動說要幫忙的時候，他甚至還跟他們收錢才願意割愛。

更精確的觀點，那是由哲學家黑格爾（G. W. F. Hegel，一七七○～一八三一年）所提出的，他在一八○七年出版的名著《精神現象學》中就曾對主僕之間進行了分析❾。

按照這樣的關係安排，主人這邊可以得到什麼是很明確的：奇異博士不用面對一大堆我們平常人都覺得煩心的瑣事，不必付帳單、採買日用品、打掃至聖所——這些雜務都交給王來負責，史傳奇只管專心於自己感興趣的魔法界事務就好（包括跟來自其他維度的門徒兼情人克莉交往）。多虧了隨侍在側的王，史傳奇沒有了俗塵之憂，也多出了餘裕可以選擇要怎麼利用自己的時間與才智。

對於至尊法師來說，這樣的買賣似乎很是上算，但我們也別急著下定論，以為這些事都只對他有利。這倒不是說史傳奇需得做出什麼犧牲才會有王這樣的僕人，畢竟有王這種人來照料自己的一切所需並非壞事，問題在於史傳奇的情況會一如黑格爾當年所料，主人反而變得需要依靠僕人。漫畫裡有一個事件，當時史傳奇正在閱覽祕法書冊，一群準備要打劫的人漸漸靠近了他和王的身邊，就在史傳奇還對身邊之事渾然不知的時候，王已經輕鬆解決了這些壞人。等到史傳奇回過神來，發現地上躺著許多昏迷不醒的人，就問他們是從哪來的，而王則告訴他：「俗務交給我就行了，主人。」❿只要有王在，史傳奇就可以放心仰仗他——王不僅值得依靠，而且效率很高。可是生活裡的現實就是現實，王畢竟不會每次都在，碰到這種時候，這位至尊法師的處境就會很尷尬，即便他身為地球上最強大的人物之一，卻連要找一

❾參見 G. W. F. Hegel, *Phenomenology of Spirit*, trans. A. V. Miller (New York: Oxford University Press, 1807/1977)。

❿參見 *Doctor Strange*: *The Oath* #1。

雙乾淨的襪子都完全辦不到。有王在身邊確實讓史傳奇多了許多自由，但同時也剝奪了他發展日常所需技能的所有動力，讓他無法打理自己的生活。

紅塵俗事知多少

　　按照這套邏輯，在跟史傳奇的夥伴關係中，王反倒是其中比較傑出的那一個。我們不妨想像一下王和史傳奇要去爭奪一份工作，王有多年的家管經驗，照料了方方面面的相關事務，由此培養出的能力是在任何工作場合都可以派上用場的；至於史傳奇，這傢伙穿著一件領子比自己的頭還要高的斗篷走了進來，然後就開始大談一些什麼阿迦莫多之眼、太古霍戈斯眾主 (Hoary Hosts of Hoggoth) 之類的東西，請問你會雇用哪一個人？如果你的答案是史傳奇，好吧，祝你破產愉快。王明顯才是對的選擇，而這並不只是因為他會是個理想的員工——他也會是個比奇異博士更好的管理者。他要打理至聖所的日常事務，這就意味著王才是代表這裡跟活生生的地球人打交道的人，而他的主人則把大部分的時間都花在了多瑪暮或夢魘這些傢伙身上。

　　在這段夥伴關係裡，王所受到的弊害要明顯比史傳奇更多，這也是理所當然之事，畢竟僕人的日子算不上多好過，我們有很多人也都討厭要自己煮飯、打掃、洗衣，而一開始會有僕人這個工作出現也正是因為於此。即便不用另外打理老闆的生活，光要打理你自己的生活可能就已經很不容易了。

　　不過王在這段夥伴關係裡還是有獲得一項好處的，這點黑格爾也老早就說過了。為了讓自己和主人的日子都過得舒心，王慢慢培養出

了很多技能，而在這過程裡他同時也逐漸更加了解自己、更加了解世界。我們不妨這樣想：史傳奇既是魔法師又是主人，只要開口說幾個字，不管那是給王的命令還是某種法咒，他想要什麼都能輕鬆辦到；但如果是王想要辦到什麼事，那他就得要考慮一下周邊的情況，看看那裡有什麼、缺什麼，而自己當下所處的環境又怎麼樣，總之他得要知道自己手頭上能拿到什麼東西，而自己的能力又能做到哪些事項，然後又該怎麼獲得自己還不具備的一切能力與物品。這麼一來，王就慢慢會更加了解自己、主人與這個世界，以及自己和主人在世界中的角色，他會比史傳奇更了解這一切。黑格爾認為，這種反思就是發展自我意識的關鍵：「透過工作，僕人意識到了自己真實的角色。」❶

在王看似奴性的外表之下，你可以發現上述那種更宏觀於人我的意識，他一心奉獻的對象並不是奇異博士這個人，甚至也不是至尊法師這個頭銜或職位，而是這上頭的使命。雖然王並沒有全心投入日復一日的魔法活動，因為他得要分神處理魔法世界與日常生活這兩種領域的事情，但他還是比任何人——包括他的主人——都了解這個使命及其重要性。所以有一次王被派到復仇者聯盟去幫忙，暫時不再幫助奇異博士執行任務，此時他很清楚知道自己該扮演什麼樣的角色。等到後來回到主人身邊後，王還打趣地說道：「之前我奉獻自己的生命來服務您這位至尊法師……我記得當時還曾閉上眼睛祈禱，但願有一天我會有所成長，變成一個二流的賈維斯，為一群二流的復仇者們服務。」❷ 對於他與史傳奇的共同使命，王由衷肯定自己扮演的角色……

---

❶參見 Hegel, *Phenomenology of Spirit*, 118。

❷參見 *New Avengers*, vol. 2, #7 (February 2011), collected in *New Avengers by Brian Michael Bendis: The Complete Collection, Volume 6* (2017)。

而且希望能繼續這樣下去！

斗篷背後的力量

　　說到底，王雖然身為至尊法師的僕人，但從履行自己職責的方式來看，他並沒有奴性，他反而還透過自己的奴僕身分，在他們的夥伴關係中變成了獲益較多的一方，他的奴僕身分讓他擁有了更強大的自我意識與世界認知，而自我意識又是自尊心的重要基礎，有自尊的人是不怕任何人指控自己有奴性的。透過他為奇異博士所做的工作，王變得更加了解自己，也更了解自己在保護世界這件事上所扮演的角色，而這反過來讓他也更清楚自己為什麼值得尊重，還有為什麼世界值得拯救。結論就是，王的奴僕身分並不是一種缺乏自尊心的表現，實情可以說剛好相反，那毋寧是一種條件，讓他可以對自己的價值有深刻而長遠的認知。

第 19 章

奇異博士，醫術與祕術大師

布魯斯・懷特 Bruce Wright、保羅・澤爾 E. Paul Zehr

ડ્યુસ ઓટ ઇર્યુર ડોલર ઇન રપિરેહેનડરટિ ઇન વોલયુપ્ટેટ વેલીટ એસસે સવોલયુપ્ટેટીટ એસસે સીલમ ડોલો રપિહેનન્ડરટિ નુલલ

　　想到奇異博士的時候，你也許會先想起他亮眼的服裝，想到令人目眩神迷的魔法戰鬥，以及他在電影裡一些極其怪異的敵人。可是，你有想到他的醫學能力、他的多重身分，還有他的……武術技巧嗎？**Primum non nocere**——這句拉丁文名言有個更通俗常見的說法，就是「以不傷害為首要」 (first, do no harm) —— 這是希波克拉底誓言 (Hippocratic Oath) 的一部分，醫生必須堅守這些誓言，將之納入自己的行為準則。或許有些人會覺得意外，其實在許多武術對戰上也可以看到這條規則的痕跡，武術裡有個原則叫做 「傷人寧輕勿重」 (hurt, rather than harm)，意思就是下手時讓對方受點輕傷、令之暫時感到不適，如此還算無妨，但下手太重、造成長期傷害的話就過分了。

　　史蒂芬・史傳奇的「上輩子」是個名聞遐邇的神經外科醫師，可是進了卡瑪泰姬之後，大家通常只會想起他是個祕術大師。不過在本章中我們會看到，史傳奇在祕術方面的能力技巧與倫理原則，其實都還是帶有醫學與傳統武術訓練的精神在其中的。

醫學博士史傳奇醫師

　　在二〇〇六至二〇〇七年間推出的迷你系列漫畫《奇異博士：誓言》(Doctor Strange: The Oath) 裡，我們可以看到咱們這位英雄既是醫師又是法師的那一面。故事裡的王，也就是史傳奇最老資格的夥伴、昔日的祕術老師、現在的朋友，居然罹患了無法開刀治癒的腦瘤，當奇異博士發現此事後便動身前往其他維度，想要找到神祕的歐特奇靈藥 (Otkid's elixir)，只不過後來史傳奇發現這靈藥不但可以治好王的腦瘤，甚至還可以治癒一切人類可能罹患的疾病。可是在戰鬥裡，大多數的靈藥都沒了，這讓史傳奇面臨兩種選擇，一是選擇使用這僅剩的一點點歐特奇靈藥來救自己的夥伴，因為王必須馬上服用才有救；二是把現存的靈藥交給科學家去複製，如此則可望治好所有人類已知疾病。最後奇異博士的選擇，是救王一命。

　　如果是一個有尊重自己職責的醫師——此時也可以替換成法師——會做出這種道德抉擇嗎？這個選擇真的很奇異（對，我就是有意用雙關語），裡頭頗有些問題需要討論。首先，這個靈藥一方面可以拯救不知多少現在和未來的人命，但另一方面又只能用來救下一個對史傳奇個人很重要的人，這兩者之間確實有權衡的難處。雖然王是史傳奇最親近的朋友，可是從醫學倫理上來說，相較於拯救（真正的）無數生命，根本沒有什麼道理要把這最後一滴萬靈藥用來單單救下他一個人，史傳奇唯一可以採用的說詞是「我們絕對不可以放棄對自己收治的病患進行治療」，意思就是說其他人類只能乖乖承受病痛，因為他們運氣不夠好，沒能成為他的病患。如果就這樣放任王在自己的眼前死去，這不但會是個悲劇，而且對史傳奇個人而言更是心痛難捨，

可是如果他犧牲一個人來拯救幾十億條性命的話，這才比較符合「以不傷害為首要」的原則，而且我們也可以想像，王其實也是希望他這麼做的。

奉太古希波克拉底眾主之名！

諷刺的是，史傳奇原本之所以會去找靈藥，就是因為他曾立下了希波克拉底誓言，而誓言中要求他必須以病人的利益來開處藥方。我們現在把這套誓言跟希波克拉底連結在一起，但其實誓言在這個名號出現之前就已經存在了，而且隨著時間的推移也不斷在變化❶。如果我們從這套誓言裡萃取出最根本的內容，會看到以下幾則重要敘述：

> 我會盡一己之能力與判斷力之所及來幫助病家。
>
> 我絕不得以治病之由而傷害或枉屈任何人。
>
> 我不可將致命藥品交付任何人，雖有請託亦不可為，並且也絕不會給予此等建議。
>
> 只要進到診間，我必是前往救治病家，絕無存有傷害之念。我不會濫用職權來與人的身體產生性接觸，不論對方是男是女，是自由人還是奴隸。
>
> 無論我看到或聽到什麼，在職務上或私底下，凡是不該洩漏

❶參見 George K. Daikos, "History of Medicine: Our Hippocratic Heritage," *International Journal of Antimicrobial Agents* 29(2007): 617–620、Larry Smith, "A Brief History of Medicine's Hippocratic Oath, or How Times Have Changed," *Otolaryngology–Head and Neck Surgery* 139(2008): 1–4。

的，我必保守祕密，不告知任何一人。

　　史傳奇的決定不僅跟上述的某些規則有所衝突，更嚴重的是，他明明有辦法救治病家——而且還是全天下的病家——卻選擇只救一人，這實在很難說得上是「盡一己之判斷力」。不過如果我們要用希波克拉底誓言來審視史傳奇的選擇，這裡頭還有個問題，就是希波克拉底誓言只適用於醫病關係，但史傳奇並不是王的醫生，他們是朋友，而且長久以來奇異博士對王本來就都更像是以友相待，直到後來他選擇救王一命時，史傳奇才扮演起王的醫生，搬出「不可以放棄治療」這套邏輯來為自己的行為辯護。而且正因為他們是朋友，所以史傳奇更不應該擔任王的醫生，因為按照行規，醫生是不可以為朋友或家人提供醫療服務的，這樣才能避免產生利益衝突。

　　對於史傳奇在《誓言》這部漫畫裡胡亂引用希波克拉底原則，我們或許不應該太過感到意外，畢竟在他發生那場改變一生的車禍、終結醫學職涯之前，他也不算是一個特別「好」的醫生。以外科醫生來說，他的技術與才幹無疑都非常卓越，甚至是世界最佳的水準，但是他只會利用這些來促進自己的個人利益與職涯發展，而且對自己的作法並不感到歉疚。然而一個人要想成為好醫生，光只有醫術好可不夠，行醫時的醫德也得要好才行。從更大範圍的面向來說，一位好醫生必須遵循自己跟社會所訂立的契約來行事，而這個契約就要求他們要以病患的利益為重，自己的利益只是次要的。

　　有很多例子可以看出，史傳奇在車禍之前所做的選擇已經違反了他的社會契約，例如推掉一些可以救命的手術，因為那些手術無法帶給他足夠的金錢與名望，這些在二〇一六年的電影《奇異博士》中也

有表現出來。然而等到他搖身一變當上了至尊法師，他大多數的選擇就都像個英雄，只會謀求他人的利益，而且還常害自己得冒著巨大的危險。說來真是諷刺，在史傳奇失去了動手術的能力之後，他在醫德這方面反而成為了一名更好的醫生，只不過現在他手裡握著的不是手術刀，而是阿迦莫多之眼。但也許奇異博士的創造者史丹‧李 (Stan Lee) 與史蒂夫‧迪特科 (Steve Ditko) 原本就有意如此，他們想告訴大家，正因為史傳奇失去了擔任外科醫生的能力，所以他最後才學到了當一名好醫生會有什麼意義。

我謹以維山帝之名立誓！

所謂的誓言，就是公開宣告自己的承諾，讓立誓者受到道德上的約束，非得做到誓言中的相關之事不可。因為這樣，誓言通常比較適用於某些關係中的人，例如讓審判中的證人立誓，表明自己所言屬實、道盡全部事實、毫無任何虛假；或者是婚禮中兩人也會立下感人的誓言；當然別忘了，醫生也要立誓為病患服務。

只要史傳奇的雙手無法再進行複雜的手術，他馬上就不再算是個醫生了。的確，別人還是可以稱他為「史傳奇醫生」，而不是「史傳奇先生」（不過古一在電影裡第一次見到他時還是稱他為先生），不過這毋寧只算是一種禮貌，就像是當過法官、裁判、總統的人，即使退休很久了還是會被人用這些頭銜來稱呼。就算這樣，但只要史傳奇沒有繼續執業，他為了當醫生所立下的誓言也應該就不再有約束力才對，也許他應該改立一個跟當法師相關的新誓言會更加妥當。

所以當史傳奇又提起希波克拉底誓言，那比較像是在提醒自己及

旁人，別忘了他以前的身分——而且在他的心中，自己也許還是個醫生。他依然認為自己是名醫生，而且某些時刻他還一定會把那些誓言用來當作道德判準，以之來衡量自己身為魔法師的行為善惡（別忘了這其中的諷刺意味，因為他當醫生的時候幾乎從不曾這樣）。在電影裡他被迫在一場魔法戰鬥中奪走了一名對手的性命，之後史傳奇便搬出了希波克拉底誓言對古一說：「我要當醫生的時候曾經立誓，不可傷害他人，而我剛剛卻殺了一個人，我不會再做這種事了，我當醫生是要拯救生命的，不是奪走生命。」然而現在他的新身分是一名魔法師，也許會發現自己在這個職位上就必須殺一人以救許許多多的其他人，而希波克拉底誓言對現在的他已經更像是在掣肘而非幫助。由於他已經不再是醫生了，再繼續援引希波克拉底誓言來解釋或證明自己行為的正當性，這不但沒有必要，甚至也並不妥當，尤其是碰到像《誓言》這個故事裡的情況，希波克拉底誓言更是無論如何都不太適用。

「奇」爭「異」鬥

也許，我們不該用醫學倫理的角度來看待史傳奇新的行為準則，應該用武術倫理的角度才對。我們可以相當清楚地看到，史蒂芬·史傳奇其實也需要使用一些身體上的技巧來搭配自己的魔法技能，在電影《奇異博士》中可以看到有許多新手在卡瑪泰姬接受身體控制能力方面的訓練，這些場景有可能是在模仿李小龍的電影，例如《龍爭虎鬥》。我們還發現到，如果想要掌握好祕術，充分掌握身體上的技能也很重要，事實上莫度就曾說過：「能夠隨心所欲使用靈環，這對於精通祕術來說是很重要的……你要做的只有一件事，就是專注。」而在《誓

言》這部漫畫裡，史傳奇也解釋了自己為什麼要向王學習武術：

> 離開古一之後，我發現自己的所學才只是剛剛開了個頭而已，
> 所以我決定要鑽研武術，包括黑暗武術在內。雖然那絕對無法讓
> 我直接戰勝鐵拳 (Iron Fist)……但是可以幫我達到這個目的。❷

就連漫威宇宙所推出的官方手冊裡，也清清楚楚寫道：「奇異博士
精通各式各樣的……武術。」❸

可是奇異博士為什麼需要成為一名武術家呢？其中一個原因是魔
法也像任何其他工具一樣有出差錯的可能，而此時便會讓我們毫無禦
敵之法，就像日本的武術大師，同時也是多個武術門派（包括合氣道）
的創始人井上元勝曾在書中寫道：「你必須學會使用武器，但絕不可依
賴它們。」❹同樣的情況也出現在前不久的一期《奇異博士》漫畫中，
我們看到史傳奇的魔法遭到嚴重削弱，因此必須找其他辦法來保護自
己，同時也拯救世界。在跟多瑪暮對戰的時候（當你的魔法施展不出
來，這可不是尋常的那種挑戰），史傳奇的刀子也掉了，於是多瑪暮就
嘲笑他說：「你已經沒有其他武器了，奇異博士。」但史傳奇可是個從
來不肯放棄的人，他答道：「你錯了，我還有一樣武器，而且是所有武

---

❷參見 *Doctor Strange: The Oath* #1 (December 2006), collected in *Doctor Strange: The Oath* (2007)。

❸參見 *The Official Handbook of the Marvel Universe: Deluxe Edition* #4 (March 1986), reprinted in *Doctor Strange: Don't Pay the Ferryman* (2015)。

❹參見 Motokatsu Inoue, *Bo, Sai, Tonfa, and Nunchaku: Ancient Martial Arts of the Ryukyu Islands* (Tokyo: Seitosha Co., 1987), 6。

器中最危險的，那就是我自己。」❺在那一期更前面的地方，我們甚至看到史傳奇使用弓箭來跟敵人戰鬥，他還得意地說道：「幸好，我參加了鷹眼在復仇者總部裡頭開的每一門射箭課程。」（可是他並沒有射中，然後又補充說了一句：「可惜的是，那些課我全部都沒有合格。」）❻

奇異博士在漫畫裡多次展現出他身為武術家的身手，在其中一則故事裡，我們看到史傳奇當年在古一門下受訓的畫面，這名外表看起來乾乾癟癟的老師訓誡他，「如果你想成為一名魔法師，那就要集中……你必須同時學會掌控心靈與身體。」而此時聽到這些話的史蒂芬·史傳奇擺出了一副運動員的架勢，正用一記側面的飛踢擊中沙包❼。甚至就連制裁者 (Punisher) 也很佩服奇異博士的武功，讚道：「這個人用起斧頭來確實有本事。」❽在早期《奇異博士》漫畫的冒險裡，史傳奇還會跟多瑪暮（他最愛的練招對象）進行肉搏戰，並大膽宣稱：「縱然你嘲笑和蔑視我們人類，但我們有一門叫做柔道的學問……！這門學問會教導我們如何以敵之力還施彼身！」❾在另一則

---

❺參見 *Doctor Strange*, vol. 4, #16 (March 2017), collected in *Doctor Strange: Blood in the Aether* (2017)。

❻參見 *Doctor Strange*, vol. 4, #8 (July 2016), collected in *Doctor Strange: The Last Days of Magic* (2016)。

❼參見 *Doctor Strange: From the Marvel Vault* #1 (April 2011)。

❽參見 *Doctor Strange/Punisher: Magic Bullets Infinite Comic* #3 (December 2016), reprinted in *Doctor Strange/Punisher: Magic Bullets* #2 (March 2017) and collected in *Doctor Strange/Punisher: Magic Bullets* (2017)。

❾參見 *Strange Tales*, vol. 1, #140 (January 1966), "The Pincers of Power!", collected in *Marvel Masterworks: Doctor Strange, Volume 1* (2010)。

早期的故事裡，史傳奇也曾對那些正在跟自己對打的殺手們說，「法術可不只是學學遠古的咒語就行了！它也很強調肌肉的力量與打鬥的技巧！」❿由於施展魔法咒語也需要消耗體力，以此而言，只要能讓魔法師的體格更強壯，那就會對他們施法有所裨益──還有個額外的好處，就是萬一魔法失靈，你也能夠應付得過來。

夢羅波爾的眾月之力，造就魔法與醫學的奇異融合！

除了武術的身體技能，作者對奇異博士的刻畫方式也不時會讓人聯想到東方哲學傳統的許多面向。在日本，禪宗大大影響了武士們的習武律則，也就是所謂的**武士道**。武士道所體現出的是一種極端的自制力，如果套用一九〇〇年新渡戶稻造在書中的說法，則可以濃縮成七項美德：義、勇、仁、禮、誠、名譽、忠義⓫。

乍看之下，保護生命這個概念跟大多數的武學技巧並不相干，畢竟武術的目標似乎不是拯救生命，反而是要奪人性命。其實這是個常見的誤解，只不過這個誤解本身也是練武的一個悖論：要想真正學會殺招，就得先學會不能輕易出手，以及如何盡量減少傷害，所以電影裡史傳奇告訴古一「我剛剛殺了一個人，我不會再做這種事了」的那句話，其實也可以用武士道的角度來理解（不見得要看成是希波克拉底誓言）。

---

❿參見 *Strange Tales*, vol. 1, #131 (April 1965), "The Hunter and the Hunted!", collected in *Marvel Masterworks: Doctor Strange, Volume 1*。

⓫參見 Inazo Nitobe, *The Way of the Samurai* (London: Arcturus Publishing Limited, 2011), 128。

有一定年紀的讀者一定都記得一九七○年代的電視節目《功夫》(*Kung Fu*)，艾力克斯‧吉利斯 (Alex Gillis) 說這節目是「把各種武術的大雜燴跟東方哲學融合在一起，然後再放到美國的狂野大西部之中」**⑫**，而這個節目裡就有提到上述那個悖論的概念。在其中一部試播影集裡頭有一段回憶是闞大師 (Master Kan) 在指導主角甘貴成，教他一些絕招以及武術的根本思想，而闞大師給了甘貴成這樣的建議：

> 你若感於天道，則非人力所能傷損。勿要以硬抗強，要遇強而屈；毋須阻敵之力，移力化勁更見從容。多習護生之道，少學摧折之法；寧閃勿攻，寧攻勿傷，寧傷勿殘，寧殘勿殺。眾生盡皆可貴，人人無可替代。**⑬**

這裡頭有個關鍵概念，就是「寧傷勿殘」，也就是前面提到的「傷人寧輕勿重」。

跟《功夫》這部影劇裡提到的許多概念一樣，上頭那段引文的精神也深植於許多傳統武術的原則之中。例如在空手道唯心會這個體系裡，在初段時所教授的是一套叫做「平安」的型，取其「平和安全」之意，此型的第一招裡有一記攻擊動作，而且還不是所謂的「防禦性」招式，只不過首先發出這一擊的目的並不是要攻擊敵手的身體來造成傷害，而是要讓對方具有攻擊力量的肢體受到輕傷，給他們一個罷鬥

---

⑫參見 Alex Gillis, *A Killing Art: The Untold History of Tae Kwon Do* (Toronto: ECW Press, 2016), 264。

⑬參見 Pilot movie, *Kung Fu: The Way of the Tiger, The Sign of the Dragon*, aired February 22, 1972。

的機會，就像日本俗諺所云：「痛み、挫く」，意思是「痛苦既生，意氣便消」。當代的哲學家兼武術家貝瑞・艾倫 (Barry Allen)❹也曾在書中寫過類似的東西：「武術招法的設計目的，是要強迫對方低頭，要摧毀敵人的戰鬥意志。」如此一來，則毋須造成嚴重死傷即可取勝❺。

全能的歐希圖女神助力，練就武術與醫術之大能！

在出車禍以前，史傳奇有回在一晚就失去了三名病患，然後他以感同身受的語調對他的外科同事羅賓遜醫生說：「我做不到啊，羅賓遜──我不能再看到有其他人命死在我的手裡了，我沒辦法再強迫自己了……羅賓遜，我無法再操這種心……也無法再承擔起這種責任。」❻史蒂芬・史傳奇在當時所感受到的那種不忍人之心，很好地體現出了哲學家孔子（西元前五五一～四七九年）所提倡的一個重要理想：個人的責任感，就像當代哲學家戴蒙・楊 (Damon Young) 在書中所說的：「孔子希望教化個別的人，讓這些人不只彼此關心，也關心他們的社會。」❼我們在醫學裡顯然可以發現這種特徵，但是在武術裡其實也很常見。

---

❹譯者註：這位教授剛好與閃電俠同名，有許多東西方比較學的著作。

❺參見 Barry Allen, *Striking Beauty: A Philosophical Look at the Asian Martial Arts* (New York: Columbia University Press, 2015), 252。

❻參見 *Doctor Strange*, vol. 2, #77 (June 1986), collected in *Doctor Strange: Don't Pay the Ferryman*。

❼參見 Damon Young, "Pleased to Beat You," in *Martial Arts and Philosophy: Beating and Nothingness*, ed. Graham Priest and Damon Young (Chicago: Open Court, 2010), 3–14, at p. 11。

　　佛教專家兼合氣道大師約翰・史蒂文斯 (John Stevens) 曾在書中寫到，合氣道的創始人植芝盛平認為武術可以用來「使人類和睦」，而且還讓「人有能力斬除一切邪惡，從而令美好世界重回純良之境。」⓲在此基礎上，井上元勝大師又把自己的空手道門派稱為唯心會，意思是「心智良善者的協會」。井上強調，武術可以把世界上的正道之行凝聚在一起。所以在心智與魔法、醫學及武術之間，有一條哲學引線可以連結起來，這一點在史蒂芬・史傳奇的故事裡也曾明顯地展現出來，當時他正在跟格蘭 (Grem) 這個「祕術大師」的手下戰鬥，雖然史傳奇落敗了，但他此時反而領悟到「你的心智就是工具……你只需要讓它自行發揮功能，就可以獲得勝利。」⓳這話說起來容易，要做到卻很難啊！

　　醫學和武術還有一個共同的根本特質，就是要不斷進行實作與訓練──有幽默感的話，對這兩者也都會有幫助。在剛開始受訓時，史傳奇被說成是「可悲」，而他的回應是「拜託！我才剛起步耶！」⓴這說法呼應了一種不斷實踐與發現的精神，也吻合了道家哲學家老子(西元前六世紀) 在《道德經》中的名言：「千里之行，始於足下。」㉑道家還有另一個重要的原則，就是平衡，而在二〇一六年這部電影的衍生漫畫裡，有一段受訓的蒙太奇畫面，在旁白敘述裡也強調了這一點：

⓲參見 John Stevens, *Abundant Peace: The Biography of Morihei Ueshiba, Founder of Aikido.* (Boston: Shambhala Publications, 1987), 129。

⓳參見 *Doctor Strange: Mystic Apprentice* #1 (December 2016)。

⓴參見 *Doctor Strange: Season One* (2012)。

㉑參見《道德經》第六十四章。

　　新人們辛苦鍛鍊，把自己的身體逼到毀滅的邊緣，這種練習非常講究紀律……包括身體上和心理上的，因而也會對精神造成巨大的傷害。所以就跟世間萬物一樣，都得講究平衡之道。❷

　　這段文字所講述的訓練原則，不只很貼近於祕術或武術，也像極了醫學院裡的訓練！

綁上賽托拉克的紅帶，大功告成！

　　奇異博士曾對人宣稱：「不可能？我只知道，在我這行裡頭絕不要使用這個字。」❷他這話中同時反映了自己在武術和醫學上的訓練，而他所代表的角色，也真正融合了西方的希波克拉底與東方戰士的精神，外加些許紐約風格的憤世嫉俗，以及濃烈的人性善意。也許史蒂芬・史傳奇自己無法一一把這些元素說個明白，但他還是努力想用一種超級英雄該用的方式來將之統合起來。從他的演變中，我們看到的是一個踏上求道之路的旅人，從一個充滿缺點的醫生變成了一位真正的祕術、醫術及武術大師。即使過了這麼久的時間，他還是常保自己的坦率、機智和幽默──而且永遠穿著超酷的六〇年代服裝，毋須多言❷！

---

❷參見 *Marvel's Doctor Strange Prelude* #2 (October 2016), collected in *Marvel's Doctor Strange Prelude* (2016)。

❷參見 *Doctor Strange*, vol. 4, #5 (April 2016), collected in *Doctor Strange: The Way of the Weird* (2016)。

❷譯者註："'nuff said" 是奇異博士作者之一史丹・李老爺子的口頭禪，意思大概是「說這些就夠了」、「這還用多說嗎」。

第六單元

「我是來打商量的」

第 20 章

多瑪暮邪惡嗎？
聖奧古斯丁與黑暗維度

安德魯‧文克 Andrew T. Vink

ड्युस ओट छरयुर ड़ोलर इन रपिरहेनडरटि इन वोलयुपटेट वेलीट ऐसस्से सवोलयुपटेटिट ऐसस्से सीलम ड़ोलो रपिहेननडरटि नुलल

　　人們往往是看著反派來定義英雄的：美國隊長有紅骷髏，夜魔俠
有金霸王，蜘蛛人有綠惡魔，而 X 戰警有萬磁王。這裡頭的每一段對
手關係都是在打造舞臺，準備進行所有衝突中最巨大的碰撞──善與
惡的對抗。在漫畫和二〇一六年的電影裡，奇異博士也有不少對手，
包括莫度男爵、夢魘，不過他最強大的宿敵還是黑暗維度的領主多瑪
暮。我們自然而然就會把多瑪暮看成惡人，認定他就是要跟英雄奇異
博士相抗，然而多瑪暮這個生物並沒有時間的概念，也不能理解我們
這個現實裡的其他元素，所以我們也可以把他理解為某種原本就沒有
道德概念的自然力量。要斷定多瑪暮究竟是不是惡人，我們首先得要
了解什麼是邪惡，此時就該請希波的聖奧古斯丁 （Saint Augustine of
Hippo，三五四～四三〇年）上場，他把邪惡區分成三種不同的類型，
可以幫我們解答問題。

了解一下恐怖

　　「恐怖的多瑪暮」這個角色最早是在一九六四年在漫畫中出現，他是黑暗維度的統治者，也掌控了那裡的魔力，力量之強足以跟維山帝這樣的魔法之神相比，而後者就是奇異博士召喚魔法能量的來源對象❶。雖然在漫威宇宙裡，多瑪暮並不是惡魔或終極邪惡的代表（這些形容通常都用在梅菲斯特身上），不過他很快也成了黑暗魔法、毀滅魔法的代名詞。多瑪暮的目標是要把「我們的」宇宙吸納到黑暗維度裡，以增大他的力量，因此在出場後的這六七十年來，他一直是奇異博士的宿敵，只有用盡至尊法師的技能與才智方能打敗他。

　　然而在電影裡多瑪暮的戲分要少上許多，我們對他的所知也少了很多（先假設多瑪暮可以用「他」這個字眼）。我們知道電影跟漫畫裡一樣，多瑪暮生存在黑暗維度之中，按照古一的描述，「那個黑暗的地方，力量比時間還古老，正在一旁虎視眈眈」。王也有告訴奇異博士，多瑪暮會到處征服宇宙，並且永不饜足，而其中他最想征服的就是地球。我們也確實在電影裡看到多瑪暮擁有強大的力量，還可以賜給卡西流斯超凡的魔法能量，讓其他的魔法師根本無法與之相抗（在漫畫裡他也常給莫度這樣的法力），後來史傳奇只能使出阿迦莫多之眼的力量，才有辦法逼著多瑪暮放棄征服地球。到最後，從多瑪暮和史傳奇在電影第三幕❷裡的對話來看，我們可以說多瑪暮其實是個有知覺感受的生物，不只是個沒有心靈的自然力量。如果拿來跟累積多年的漫

---

❶參見 *Strange Tales*, vol. 1, #126 (November 1964), "The Domain of the Dread Dormammu!," collected in *Marvel Masterworks: Doctor Strange, Volume 1* (2010)。
❷譯者註：電影術語，指常見的「鋪陳、衝突、解決」三階段故事發展。

畫故事相比，電影裡的這些資訊算不上多，不過也夠讓我們好好展開討論，然後判定多瑪暮到底是不是真的惡人。

聖奧古斯丁和奇異博士，其實差不多？

　　聖奧古斯丁的人生旅程，其實跟史蒂芬・史傳奇相去並不甚遠：兩者都本是在世俗紅塵裡打滾的人，後來受到某種超越物質世界力量的更高層次的召喚，終而獲得精神感召。奧古斯丁原本是一名教導說話術的老師，生活目標就是為了美女和榮耀；但後來受到自己才智的驅使，他開始研習新柏拉圖主義哲學家的著作，這也引他走向了新的道路，終而成為人類歷史上最偉大的思想家之一。按照他在自傳《懺悔錄》中的記述，這趟轉變之旅的顛峰時刻發生在米蘭的一座花園裡，他聽到有一個聲音叫他讀一讀身旁那些文字，那是一本《保羅與羅馬人書》❸，這讓奧古斯丁發現了保羅，也帶領他信奉了基督教，之後還擔任主教一職，以自身的才學為大多數的教義提出辯護。他寫過許多佈道詞、書信與書籍，時至如今，從人性到宗教哲學、倫理學等主題的哲學討論裡，這些著作依然能帶給我們一些幫助。

　　對奧古斯丁來說，「惡」跟「罪」這兩個問題是分不開的，所以他著作中所談的惡都是宗教性的，還會不斷提到上帝、天使等等。雖然奧古斯丁先設定了一種基督教的世界觀，我們在談多瑪暮的時候可不能跟他一樣，不過他的看法中還是有一些重要的相似之處可以幫助我

---

❸參見 Augustine, *Confessions*, trans. F. J. Sheed (Indianapolis: Hackett Publishing Company, 2006)。

們的討論。人類因為離開上帝所以才有了罪，即使奇異博士的世界裡並不需要處理這種問題，不過在電影裡我們可以清楚看到，人類確實存在著本性缺陷與內心破碎的問題，從史傳奇的驕傲、自私，乃至於古一對長生不死的渴望，我們在許多人物的性格裡都看到了這種缺陷。史傳奇和奧古斯丁兩人的世界還有另一個共同之處，就是善惡分明，雖然有些作法在道德上還是屬於模糊地帶，例如使用阿迦莫多之眼來逆轉時間、干擾自然秩序，但是其意圖——也就是拯救我們所知的這個世界——明顯為善。最後，受苦的問題也真實存在於這兩人身處的世界裡，史傳奇在整部電影裡都在受苦，情況就跟西元四世紀後期時奧古斯丁所遇見的每個人差不多。

回到多瑪暮的問題上，我們有三種不同的方式可以試著利用奧古斯丁的思想來理解多瑪暮的善惡，說得更清楚一點，就是我們接下來要討論三種類型的惡：（一）形上惡，代表善的缺失；（二）自然惡，例如美國中西部常見的龍捲風毀壞農田、東南亞的致命海嘯等自然現象；（三）道德惡，漫威宇宙裡的反派大多都適用於此項。

應然而實不然

奧古斯丁對於人類所面對的現實有諸多重要的洞見，其中之一就是對於惡的理解。他對形上惡的定義已經成為了一個標竿，即便在他死後幾百年，依然是哲學家們討論問題時的焦點。按照奧古斯丁的說法，惡其實是一種**缺失** (privation) 或空缺。奧古斯丁在《上帝之城》(*Concerning the City of God Against the Pagans*) 裡對政治哲學及其他主題進行了廣泛討論，而他在書裡是這樣描述惡的：

如果天使背離了上帝後就會變得不潔，而所有發生這種情況的天使都被叫做「污鬼」，不復於「在主裡面是光明的」，而今自身都成了暗昧的，無可再沐浴於永恆之光。此乃因為惡並非真確的實體：那只是善的缺損，卻被賦予了「惡」名。❹

在奧古斯丁看來，如果有某個應該出現的東西不見了，就會發生缺失這種狀態。他還舉了例子，所有的受造之物，包括天使在內，都應該立身在上帝的光照之中，而如果有天使背離了上帝，就等於有事物不復處於應然的狀態，有一種根本性的關係消失了，而這種空缺就被稱為邪惡。

奧古斯丁的解釋並不是特別具體，所以我們就舉個例子來看。比如奇異博士有一雙手套，手套上沒有眼睛並不算是缺失，因為即使是魔法手套，本來也就不會有眼睛，但如果王不小心把史傳奇的一隻手套給燒出一個洞，這時候反而是一種缺失，因為除了縫製時所留的洞口之外，手套本不應有洞才對。手套上多了個洞，可能會跟手發生摩擦而造成摩擦力，繼而引起不適或疼痛。從更一般性的角度來看，形上惡指的就是缺少了某個應該要有的東西，而這樣的匱乏會對經歷到這種匱乏的人造成痛苦。

如果想把這種惡的定義套用到多瑪暮身上，那就會有個大問題，因為他顯然不是時空結構裡頭的一個「大洞」，多瑪暮是一個生物，他看起來有身體也有臉，而且還有意識，可以跟奇異博士對談，這才有

---

❹參見 Augustine, *Concerning the City of God Against the Pagans*, trans. Henry Bettenson (New York: Penguin Books, 1984), 440。

電影裡那段宿敵相遇的高潮時刻。從此看來，多瑪暮照定義來說並不是一種缺失，不是代表世界上缺了什麼東西，這點連奧古斯丁都想必會感到同意，因為他曾在《懺悔錄》中提到，生物心中之所以會有惡，是因為本應存在於牠們心中的善不見了❺。這也意味了我們必須另尋其他惡的定義，才能適用於恐怖的多瑪暮這種情況。

自然的恐怖力量

我們接下來要探討的另一種惡是自然惡，其最典型的例子就是各種自然災害，例如龍捲風和海嘯等。在哲學家看來，把自然惡和（後面會討論到的）道德惡區分開來是很重要的，在處理上帝之善這方面的問題時尤其如此。自然惡指的是一些天理難容的事件，這種事情的背後找不出執行者或行為者（因而也就無人可以怪罪），例如颶風侵襲美國東岸，在佛羅里達州、喬治亞州、南北卡羅來納州的海岸線一帶奪去了許多的生命及財產，然而不會有人要為引起這種災變負責，這並非是什麼邪惡的反派想要造成毀滅，純粹只是各種自然的力量以某種方式交會在一起，最後不幸傷害到了人類及其他生物而已。

奧古斯丁對於自然惡的設想乃是發源自他的一項特殊理解：「罪」把惡給帶入到了自然界。在《懺悔錄》中，他按照基督教關於原罪的教義（第一批人類所犯下的罪，他們因此而違背了上帝的明確旨意，結果被趕到這個世界裡來受苦），提出了一個觀念：惡其實是自由意志所造成的❻。惡是罪的一種面向，它不只可以敗壞人類，同樣也可以

---

❺參見 Augustine, *Confessions*, 44。

敗壞自然界，也可能會導致自然災害的發生，繼而摧毀城市、散布疾病，就連史蒂芬・史傳奇這樣的天才醫生也對之束手無策。

對於我們想要探討的目標來說，這種自然惡的觀念是有些問題的，因為奧古斯丁所預設的基督教背景是從我們這個世界（以及天堂）所生長出來的，使得這種惡很難適用於多瑪暮在黑暗維度的家園那邊。儘管奧古斯丁對於惡之來源的想法有點問題，但他對自然的看法還是可以為我們所用。在自然秩序之下所發生的事情並不需要有人去策劃發動，會出現像彩虹這種美麗的事物，並非有人刻意為之；發生地震也一樣，無人刻意為之，亦即自然惡的定義屬性就是沒有行為者，沒有誰做了這些有害或不法的行為，誰都不用對此負責。

那麼這是否符合電影中所描述多瑪暮的情況呢？因為事涉與黑暗維度相關的宇宙級力量，看起來好像挺符合自然惡的情況，可是我們之前就已經明確知道多瑪暮是個有知覺感受的生物，他有自己的意圖與目標，意即他是一個按照自己意志做事的行為者。所以這一次還是不符合以上討論中對自然惡的理解，如此一來，這個類型的惡也一樣被淘汰出局了。

多瑪暮算是道德惡嗎？

我們只剩最後一個必須考慮的類別，就是道德惡。依據奧古斯丁的理解，如果有個人用自己的自由意志選擇了要犯下某個行為，由此剝奪了某人或某物本來所應該具備的善，這種情況就符合他所說的道

---

❻同上，119。

德惡。在《論意志的自由選擇》(*On Free Choice of the Will*) 一書中，他舉了一種惡行的例子來進行反思，那就是通姦：「於是通姦之所以為惡，也許是因為過度的欲望所致，但凡只要你光憑外在可見的行為去尋找邪惡何在，那你就註定會遭遇困難。」 ❼ 上面這些話的關鍵之處在於人會有一種欲望想要奪走他人某一面的善，或者說會起心動念想要作惡，這種情況跟自然惡是不一樣的。謀殺會被視為惡行，因為它奪走了受害者的某一個「善」，也就是生命，而且這個惡行的背後是兇手的某種欲望在驅使他取人性命。我們也可以假定有人是在沒有那種欲望的情況下殺人的，例如一些過失殺人的案例就是如此，然而這種情況並不符合道德惡的定義，因為其中缺少了欲望與意圖。

根據這樣的定義，我們需要滿足三個條件才能證明多瑪暮在道德上的惡：他要具有自由意志、要存心想害什麼人、要有意奪走該名受害者的善。如前所述，多瑪暮是某種有智慧、有情感的生物，所以我們可以合理假設他也有自由意志 ❽。此外，按照王在三個至聖所的通連走道中間所說明的內容，我們知道多瑪暮一直計畫要吞噬地球和這個維度的其他地方，奪走這裡頭每一個人的生命，所以我們也看到他確實具備了受害者與害人的意圖，這下子道德惡的三個要素明顯已然齊備，多瑪暮似乎也就完全符合了道德惡這個類型的情況。

只不過……還有一個問題，我們關於多瑪暮的資訊都是從古一那裡來的（王也可以算一份，不過他大概也是聽古一說的），可是我們在電影裡也發現，古一並沒有把關於多瑪暮的全部資訊都告訴徒弟，這

---

❼參見 Augustine, *On Free Choice of the Will*, trans. Thomas Williams (Indianapolis: Hackett Publishing Company, 1993), 5。

❽其實任何人類也都是這樣，不過那是另一個完全不同的議題了。

樣就有可能其實某些資訊內容並不屬實。這裡頭的問題出在知識的可靠性，而這是個**知識論**方面的議題，並不屬於本章要討論的範圍，不過我們還是要強調一下，我們對於多瑪暮的所知所聞其實都是帶有偏見、可以懷疑的，而這也代表我們應該想想別的辦法來解釋為什麼多瑪暮會想要吞併地球。

這部電影裡替多瑪暮配音的是班奈狄克・康柏拜區，而他很自然也先問了一個問題：多瑪暮的動機是什麼？我們事先就認定了他的意圖一定是惡意的，因為超級英雄故事會有個「善惡對抗」的傳統框架，而那會讓我們預先就把多瑪暮看成了一個詭計多端的反派。但是如果多瑪暮其實並沒有道德的概念，他只是靠著吞噬其他世界維生呢？漫畫裡的行星吞噬者 (Galactus) 就是這樣，專門吞噬各個世界，他是漫威裡的另一個宇宙實體，通常會出現在驚奇四超人的故事裡，平時會在宇宙裡到處穿梭以吞噬星球，但這並不是出於憤怒或敵意，而是他不得不這樣做。當行星吞噬者第一次出現在地球上方，準備要吸收地球的能量時，他並沒有顯出什麼惡意，好像一副因為仇視人類而要做出傷害的模樣，並沒有，他就是不帶著感情，準備要「吃飯」而已❾。按照阿斯嘉的眾神之父奧丁的描述，行星吞噬者是個「自然力量……就像是太陽風，或像是超新星那樣」；而驚奇先生李德・理查斯甚至主張行星吞噬者是「我們宇宙中的事物秩序」必要的一部分❿。就連宇宙本身的化身，也就是（出現在奇異博士漫畫裡的）永恆，祂也證實

---

❾參見 *Fantastic Four*, vol. 1, #48 (March 1966), collected in *Marvel Masterworks: Fantastic Four, Volume 5* (2011)。

❿參見 *Fantastic Four*, vol. 1, #262 (January 1984), collected in *Fantastic Four Visionaries-John Byrne, Volume 4* (2005)。

了行星吞噬者的存在背後另有一個更遠大的目的 ❶。從意圖來看，行星吞噬者並不是個反派，他只是看起來像而已，但是在他的眼中，不管是好戰的齊塔瑞星，還是和平的柴達星，吞掉哪個世界根本就沒有差別──反正對他而言就是食物而已，然而對那些星球上的居民來說，他就成了最壞的大反派。

活命這理由怎麼樣？

為了讓討論變得現實一點，我們可以看看動物界的例子來做類比。我們不會認為獅子在野外獵食瞪羚算是邪惡，那不過就是生命循環的一部分，如果出於生存之必要的行為，在道德上就沒有善惡之分。就像如果莫度要把攻擊自己的刺客的雙手打斷，這種情況算是可以接受的，因為那是自衛；可是如果莫度要殺了那名刺客，然後吃了他的屍體，那情況就不一樣了，畢竟在西方文化裡，只要人還有其他方式可以找到食物，一般都不會贊成吃人的。

那如果多瑪暮跟行星吞噬者一樣，只是出於生存所需才會想要把地球的維度給吞掉呢？當生物是為了自身的存活而必須要做某件事的時候，我們很難對之做出道德判斷。那麼，我們是否也可以跟對待行星吞噬者（以及我們世界裡的野獸）一樣，設身處地幫多瑪暮開脫呢？

然而呢，等到我們在電影最後看到多瑪暮現身時的言行，上述那種對其本性的詮釋就靠不太住了。多瑪暮確實對史傳奇充滿了惡意和

---

❶同上。永恆是史丹‧李與史蒂夫‧迪特科這兩人所創造的最不可思議的角色，首次出現就是在 *Strange Tales*, vol. 1, #138 (November 1965), "If Eternity Should Fail!," collected in *Marvel Masterworks: Doctor Strange, Volume 1*。

怒意，尤其是這位魔法師把兩人一起困在了無限的時間循環裡頭以後更是如此，他還搬出一些末日或毀滅之類的話來威脅史傳奇，而這讓我們強烈意識到多瑪暮確實有明顯的意圖要終結史傳奇這條生命的「善」，而且他還願意一次次反覆做這件事，直到他明白，除非同意史傳奇的條件，否則這個循環永遠不會終止。他所說出的那些充滿怒意與惡意的話，像是「你的世界是我的了，就跟所有的世界一樣」，點明了他的目的遠遠不只是生存所需、出於求生欲而已，那些話裡頭顯示出了一種追求權力與統治的衝動，而這點就支持了我們原先的結論：多瑪暮最適用的，就是道德惡這個類別的情況。

　　還有一件事要考慮一下：事情的大小是否會影響我們對多瑪暮在道德惡方面的判斷呢？我們不妨想像莫度在他的房間裡冥想，可是有一隻馬蠅一直在他腦袋旁邊嗡嗡作響，莫度本想不管這隻馬蠅，但是牠真的太吵了，幾分鐘後那隻蟲子停在了莫度的臉上，還咬了他一口，莫度因而生氣並殺死了那蟲子。這隻小蟲並不是想要進行什麼大型的惡作劇，牠就只是想找吃的而已。對比一下，這跟多瑪暮和史傳奇兩人在時間迴圈裡的那場戰鬥其實非常相似：多瑪暮只是想要吃他的飯，但是這隻惱人的害蟲卻一直干擾他，讓他不能用餐。按照大多數人的評估（蟲子自己的評估不算），拍死一隻蟲子其實算不上什麼道德大事，那也只不過是事物自然秩序的一部分而已。

　　上述兩種情況確有差異，但是跟事情大小無關，而是跟「害蟲」的性質有關。我們很確定馬蠅沒有智慧，但人類有，之所以大家認為殺人不對，但殺蒼蠅沒關係，智慧就是主要的理由。多瑪暮和史傳奇進行了一番對話，所以我們可以認定多瑪暮知道史傳奇有智慧，而他就是全人類的代表。既然知道人類有智慧，但多瑪暮還是想要吞滅地

球，害死地球上的所有居民，這就代表他在道德上是邪惡的。

這是什麼恐怖的結論！

身為道德惡的一分子，多瑪暮看來確實很貼合於漫威反派的經典模本，不過他還是辦到了一件好事：他讓我們可以好好思考各種不同的惡，看看這些惡在我們世界裡造成的苦難。雖然多瑪暮的惡只是虛構出來的，但我們的世界裡確實有類似的惡存在。在那部電影裡，克莉斯汀・帕瑪和古一法師一直在為史傳奇出題，要他找出新的辦法來拯救生命，不要再指望用他那雙受傷的手來完成現在已經辦不到的事；現在我也要給你出個類似的題目：既然你可以用哲學來反思世上的諸惡，那你能否找得出辦法來填補這種善的空缺呢？

第 21 章

奇異博士與托爾斯泰：非暴力兄弟？

康斯坦丁‧帕夫利奧茲 Konstantin Pavliouts

ડ્યુસ ઓટ ઇરયૂર ડોલર ઇન રપિરહેન્ડરટિ ઇન વોલયુપટેટ વેલીટ એસસે સવોલયુપ્ટેટિટ એસસે સીલામ ડોલો રપિહેનન્ડરટિ નુલલ

你好，請認識一下史蒂芬‧史傳奇，一位自我中心的神經外科醫師，他的人生建立在財富與名望之上，還牢牢掌握著自己的命途。在二〇一六年的電影《奇異博士》中，史蒂芬邀請同事克莉斯汀‧帕瑪醫師共赴神經醫學學會的晚宴，他自己則受邀要上臺演說，但克莉斯汀回絕了，說他的演講活動其實根本就跟聽眾或醫學沒什麼關係，她告訴史傳奇：「史蒂芬，你覺得天下的事都繞著你打轉。」類似的劇情也出現在二〇〇七年的動畫版電影《奇異博士與至尊法師》(*Doctor Strange and the Sorcerers Supreme*) 之中，有位吉娜‧愛瓦特 (Gina Atwater) 醫師也告訴史傳奇：「我受夠了這家醫院，這裡一直在餵養你那個龐大到像怪物的自我，你也是時候該要開始做點回報了！」

史傳奇在這一點上，跟俄國作家兼哲學家列夫‧托爾斯泰 (Leo Tolstoy，一八二八～一九一〇年) 其實相去不遠。托爾斯泰是一位富有且成功的作家，並且曾經從軍參戰，成為一個表現出色的軍官，他的成就不僅讓自己獲得同儕的尊重，也很受女性歡迎，於是他把自己的人生虛擲在各種舞會和無止盡的慶祝宴會之中。其實這也不奇怪，他確實對自己的成就感到自豪，也覺得自己的成功是應得的，配得上

這樣完滿的生活。

　　然而到了中年時期,史傳奇和托爾斯泰的人生都同樣經歷了巨變,這不僅影響到了他們的世界觀,也讓他們重新思考生命的意義。就托爾斯泰而言,他漸漸變得強烈反對暴力,甚至反對以暴力來對抗邪惡,這點似乎牴觸到了史傳奇的行為,因為他會跟威脅到地球的魔法敵人戰鬥。不過也許奇異博士的世界有什麼特別不一樣的地方,所以他並不在托爾斯泰的批評之列。

奇異的轉變

　　史傳奇和托爾斯泰都是因為經歷變故而導致思想的轉變,讓他們以不同的方式來看待自己,以及自己在世界中的角色。對史傳奇來說,這個轉捩點就是他的那場車禍,在那之後他就無法再執行手術,因而也就無法再像從前那樣看待自己,也不能再像從前那樣獲得名聲與財富。前往卡瑪泰姬後,史傳奇很快就徹底改變了對自己人生意義的看法,開始跟著古一法師接受祕術訓練。

　　至於托爾斯泰,他的一生不斷在經歷變化,不過直到五十歲的時候他才終於明白,「一個人只有被生命給灌醉的時候才能好好過日子;一旦他清醒了過來,就不可能看不出一切都只是一場騙局,而且還是一場愚蠢的騙局!」❶ 他清楚地意識到,就算繼續過著追求榮耀與財富的浮華生活,到頭來也只是一場空:「從前我就這樣活著活著、走著

---

❶參見 Leo Tolstoy, *A Confession* (1882), trans. Louise and Aylmer Maude, Chapter 4。免費網路資源:https://en.wikisource.org/wiki/A_Confession_(Maudes_translation)。

走著，直到我來到了懸崖邊，清楚看到眼前已經無路可走，只有毀滅等著我。」❷到頭來，每個人都終會消逝，所以任何常見的、物質上的生活作為，其實都完全沒有意義：「疾病與死亡將至（它們原本就已經到來了），將降臨在我所愛之人與我的身上，最後留下來的只是腐臭和蛆蟲罷了。」❸

托爾斯泰以下的這段文字，可以用來清楚說明史傳奇在車禍之後的內心狀態：

我現在已不再關心我過往所珍視的東西，我開始拼命追求那些我從前漠不關心的事物。就像是一個出差的人，在半路上忽然確信這個差事只是一場徒勞，於是轉身回家，此時原本在他右邊的東西都變成了是在左邊，而所有左邊的東西現在都成了右邊。❹

然而，史傳奇要想看破這個世界在物質面向之外的超驗本質，所需要歷經的就不只是一場可怕的車禍而已。在尋求西方醫學的治療時，他對人還是一副驕傲自大的態度，就連見過古一之後，他依然會表現出這些態度，於是在電影裡，古一才會告訴史傳奇：「自負與恐懼依然阻礙著你，讓你無法學會最簡單卻也是最重要的一課：你該看的不是你自己。」也因此莫度才會建議他要「忘掉自以為知道的一切」。照這樣看來，托爾斯泰和古一法師雖然來自於兩個非常不同的世界，但卻

---

❷同上。

❸同上。

❹參見 Leo Tolstoy, *What I Believe* (1886), trans. Constantine Popoff, Introduction。免費網路資源：https://en.wikisource.org/wiki/What_I_Believe_(Tolstoy)。

可以教導史蒂芬・史傳奇同樣的事情，幫他理解生命最後的絕對意義。

托爾斯泰在他自傳式的著作《懺悔錄》中提過一個東方的寓言故事：有個旅人跳入枯井裡要躲避老虎，可是卻發現井底住著一條飢餓的龍，所以他死抓著一根從井壁縫隙裡長出來的樹枝，偏偏此時又有兩隻老鼠在啃樹枝的底部。雖然置身在這重重的險境之中，這個人卻發現樹枝上還有個蜂巢在滴蜂蜜，而且那蜂蜜極其美味，所以他也開始搖動樹枝，想著要獲得更多蜂蜜，卻也讓自己的生命陷入更深的險境。對此托爾斯泰寫道：

> 我其實也緊抓著生命的樹枝，心裡知道死亡的惡龍在底下等著我，準備把我碎屍萬段，我終究是逃不掉的。我不明白為什麼自己會落入這樣折磨人的境地，然後又試著去舔食那些從前可以讓我感到安慰的蜂蜜，可如今這些蜂蜜也不再能夠讓我快樂了。❺

史蒂芬・史傳奇也處在相同的境地，他在「舔食」西方醫學的蜂蜜，想要治好自己的雙手，這樣才能繼續過著自我中心的光榮生活，可是卻只是徒勞無功。托爾斯泰用這個寓言告訴我們，包括他自己在內的所有人都必須要用自己的方式找到更深層的現實感與意義，而值得慶幸的是，史傳奇在卡瑪泰姬確實也開始這麼做。

---

❺參見 Tolstoy, *Confession*, Chapter 4。

暴力之惡

　　托爾斯泰後來自己發現了一套哲學，而其中的核心關懷就是整個人類歷史上不斷在遂行的暴力之惡。在他看來，惡摧毀了生命本身的意義：「在了解生命的意義之前還有個第一要務，就是得先確定生命並不是無意義且邪惡的。」❻ 雖然他會質疑那種以物質追求為中心的生活，不過托爾斯泰也很明白生存下去的重要性，而且要想活下去，就免不了會造成傷害與死亡：

　　　所以我們可以清楚知道，為自己而活是不可能會有什麼意義的，如果有人過著理性的人生，那必定會是某種其他類型的生活，這種生活的目的必定不是在於保障自己的未來。要想活得理性，我們就必須要活得讓死亡無法摧毀我們的生命。❼

　　本著如此的精神，托爾斯泰認為暴力是不可取的惡行，因為從最廣義的角度來看，暴力會迫使他人違反自己的意志而行事，那是「以痛苦或死亡為威脅，迫使他人去做自己不願做的事。」❽

　　想當然耳，暴力最糟糕的表現方式就是殺戮，因為這等於是否定了每條人命本身的神聖地位，而且就算是由國家來執行這種暴力也一樣糟糕。在他一九〇八年的日記裡收錄了一篇文章〈一名士兵的軍事

---

❻ 同上，Chapter 11。

❼ 參見 Tolstoy, *What I Believe*, Chapter 8。

❽ 參見 Leo Tolstoy, *The Law of Love and The Law of Violence* (1908), trans. Mary Koutouzow Tolstoy, Chapter 3。

法庭回憶錄〉(Memoirs of a Soldier's Court-Martial)，托爾斯泰在其中寫道，如果你真的好好想想死刑所代表的意義，那就根本不可能會採行這樣的作法，只有無所用心或者照章行事者才可能會幹下這種事，例如一套沒有靈魂的國家機制。由此延伸出去，他也談到了國家暴力對其他國家與人民的危害：

> 沒有任何一位將軍，也沒有任何一位士兵，會殺死幾百名土耳其人或德國人，然後再摧毀他們的村莊——不可能，這些人裡頭不可能有誰會願意傷害另一個人，除非是在戰爭之中，除非他們得要服從紀律，服從叫他們必須忠誠的誓言。人們之所以願意遂行殘忍（這還得多虧了有我們這複雜的社會機制），唯一的可能就是它已經被細分成許多小事，細到沒有誰該負擔全部的責任，或是能看出這一切的殘忍到底有多麼不正常為止。❾

因此，每個人都應該採取一種不抵抗邪惡的立場，拒絕一切違背他人意願的暴力行為。托爾斯泰問道：「如果你主張並且實行了抵抗權，以暴力行為來對抗你認為邪惡的對象，難道你看不出那會怎麼樣嗎？」而其結果就是：

> 每個人都會堅持自己有權以同樣的方式去對抗他認為邪惡的對象，於是世界會繼續充滿暴力。所以你們有義務要告訴大家，我們其實還有其他更好的辦法。❿

---

❾ 參見 Tolstoy, *What I Believe*, Chapter 4。

這個世界與其他世界裡的惡

對於惡和暴力，托爾斯泰提出了發自內心的深刻見解，而這又會引領我們去探究更根本的問題：惡的本質是什麼？暴力的基礎何在？而這個世界中的惡又有什麼形而上的「根源」？值得我們高興的是，奇異博士的世界提供了一個不同的角度，讓我們換個方式來審視這些問題。

在二〇一六年的電影中，古一讓史傳奇經歷了一趟精神之旅，使他的心智穿梭過了多重宇宙中的許多維度，然後再向他解釋：「有些黑暗的地方，那裡的力量比時間還古老，正在一旁……虎視眈眈。而你，史傳奇先生，在這龐大的多重宇宙裡頭又是什麼人呢？」可是這些世界和維度是大多數人都去不了的地方，本質上來說都只能算是形而上的存在，同樣地，他們所造就出來的惡也是如此。到了後來，史傳奇成為了守護他世界的魔法師，負責抵禦這種超自然的惡，正如同王告訴他的：「像復仇者聯盟這類的英雄，他們負責替世界抵禦物理上的危險；而我們魔法師也會守護世界，但我們要對抗更多魔法上的威脅。」而跟所有的魔法師一樣，史傳奇也要學習與鍛鍊自己的戰鬥力，這樣才能對抗那些「負向性的、虛無性的力量」 **⓫** 。

托爾斯泰堅持認為，形上之惡比肢體上的暴力行為還要可怕許多。他晚年有一篇文章，裡頭寫的雖然主要是國家政治方面的內容，不過

⓾ 參見 George Kennan, "A Visit to Count Tolstoi," *The Century Magazine*, June 1887, 252-265, at p. 259。

⓫ 參見 *Doctor Strange*, vol. 1, #175 (December 1968), collected in *Essential Doctor Strange, Volume 2* (2007)。

我們還是可以輕易地把這些話延伸套用到現實生活的形上領域中：

> 整體上來看，政府為了達到目的，會允許使用殺人這種手段。
> 然而結果是，這種作法扭曲了人們的心智，可憐他們現在竟然認
> 為所有的犯罪、搶劫、竊盜、說謊、折磨及謀殺也都是相當自然
> 的行為，都是人可以做的事。對啊！這種種作為本身確實很糟糕，
> 但是這些作為還造就出一種道德上、精神上的惡，而且那還是大
> 家看不到的，這不知比行為本身還要糟糕到哪裡去了。⓬

　　所以照理論上來說，只要消除了惡與暴力的形而上「根源」，那就
可以讓人類擺脫暴力之害了。

　　惡具有形而上的本質，這一點也有反映在奇異博士的故事裡，所
以他才會需要在夢境維度這種世界裡花那麼多的時間，因為他對抗的
是想要控制人類的心智與靈魂的黑暗力量。只要控制了人的心智，並
以此再接著控制他的靈魂，就有可能讓人屈從於惡的意志，就像我們
在動畫版電影裡看到的那些心智受到控制的小孩一樣。在漫畫裡惡還
會化身為人形，例如多瑪暮和至尊撒旦尼許 (Satannish the Supreme) 就
是如此，他們也會試圖征服人的靈魂，就像另一個邪惡生物桑杜
(Xandu) 說起話的模樣：「給我安靜！在桑杜下令的時候，其他人只能
乖乖聽話！我的意志就是你的意志，桑杜如是說。」⓭史傳奇碰過很

⓬參見 Leo Tolstoy, "I Cannot Be Silent" (1908)。

⓭參見 *Amazing Spider-Man Annual*, vol. 1, #2 (October 1965), "The Wondrous World of Dr. Strange," reprinted in *Doctor Strange*, vol. 1, #179 (April 1969) and collected in *Marvel Masterworks: Doctor Strange, Volume 1* (2003) and *Spider-Man/Doctor Strange:*

多次這樣的情況，此時他會離開自己的肉身，以星靈體來跟那些沒有形體的形上之惡進行戰鬥。

托爾斯泰也曾用光明與黑暗的戲劇化手法來比喻善與惡的對抗，他在書中寫道：「我們會在這之中看到一場可怕的鬥爭，善對上了惡，光明對上了黑暗。」❶而在奇異博士的世界裡，魔法師的使命就是要用善的「光明」來阻止黑暗魔法毀滅世界，就像史傳奇在某一次施法時所說的：

> 現在讓力量的浪潮升起吧／從星辰的誕生到最後的毀滅／照見位置、外型、時刻／尋找光的救贖或將照臨何方／可見與未見在那裡交雜纏繞──黑暗就此終結！❶

惡不只會以其他世界中的生物形式出現，還會化身為人，這些人會願意與惡魔交易，用自己的靈魂換取控制他人意志的力量。在電影裡，這種人物的代表就是「墮落」魔法師卡西流斯；不過在漫畫裡，跟恐怖的多瑪暮合作的人則換成了莫度，這兩個人都想把他們世界中的一部分獻給黑暗維度，以此換取自己想要的東西。兩人都否定了原本身為法師的使命，非但不肯幫助世界對抗邪惡，而且還變成了邪惡本身的一部分，就像史傳奇對卡西流斯說的：「看看你的臉，多瑪暮把你變成了殺人兇手，你那理想世界又能好到哪裡去？」

The Way to Dusty Death (2017)。

❶參見 Tolstoy, *What I Believe*, Chapter 5。

❶參見 *Doctor Strange, Sorcerer Supreme* #3 (March 1989), collected in *Doctor Strange, Sorcerer Supreme Omnibus, Volume 1* (2017)。

托爾斯泰曾在書中表示，社會本身就是暴力的，因為人會拿自己的自由與道德來交換權力：「如今在支撐社會秩序的，乃是人的自私與麻木，大家出賣自己的自由與榮譽，只為了換取微不足道的物質利益。」❻雖然人想要換取的權力屬於不同類型——在史傳奇的世界裡是形而上的魔法力量，在我們和托爾斯泰的世界則是政治與社會上的權力——但箇中道理並無二致。而且如果選擇為惡之人聚在一起，惡就會集中起來，這景象其實跟奇異博士世界裡的那個形而上的黑暗維度也沒有太大不同，就像托爾斯泰所寫的一樣：「人們以一種虛假的模樣聚合在一起，甚至可以說是緊緊抱成了一團，而讓他們變成同一團東西的，就是深埋在這個世界裡的邪惡力量。」❼

說是非暴力，就真是非暴力！

托爾斯泰還進一步主張我們不應該利用暴力來對抗邪惡，因為所有的暴力行為都會創造邪惡、複製邪惡，也強化邪惡：「『不抵抗邪惡』的意思就是絕不要抵抗邪惡，也就是說，絕對不要對任何人施加暴力。」❽我們一定要終止一切形式的暴力，因為只有這樣我們才能讓自己的靈魂擺脫邪惡。托爾斯泰為了說明這個形上方面的論斷，又再次援引社會現實為例：

有個錯誤的想法，以為只要不讓別人來侵害我的財產及我自

❻參見 Leo Tolstoy, "Thou Shalt Not Kill" (1900)。
❼參見 Tolstoy, *What I Believe*, Chapter 12。
❽同上，Chapter 2。

己，我的幸福就可以獲得保障。我現在已經知道，大部分惡人的所受之苦皆是由此而來，他們不為他人工作，而且人人想盡辦法要少做點事，還強逼他人為自己工作。回想起別人與我自己犯下的那種種惡行，我發現這種情況之所以會發生，很大程度上都是因為我們以為可以靠著暴力來保障與改善自己的條件。**⑲**

我們都知道奇異博士是受過訓練才成了祕術大師，才能對抗邪惡，只不過他平時大多仰仗的是形而上的或魔法的手段，比較少使用物理性的方法。在動畫版電影裡，莫度曾問史傳奇他有沒有用過刀，而這位從前的神經外科醫師則回答：「有，但是是用來拯救生命，而不是奪取生命的。」他肉身的本人通常都不會使用暴力，但是到了星靈界時就不一樣了，此時他跟那些邪惡的生物都不是以現實的形體在戰鬥，他只是在形而上的世界裡消滅牠們，也許是摧毀牠們的本質，又或許是把牠們驅逐到其他的維度**⑳**。在漫畫裡，史傳奇和其他的魔法師常會重複說一句話：「我們此刻不得使用暴力。」 **㉑**至於在動畫版電影裡，王也對莫度說過他們是法師而非戰士，莫度對此則回答：「只不過，我們也是在戰鬥。」兩人說的都對，他們進行的是戰爭沒錯，但那是一場對抗邪惡的形上戰爭，而且只有魔法師才有辦法進行。

托爾斯泰這種非暴力抵抗的立場，在二十世紀時被聖雄甘地

---

⑲同上，Chapter 12。

⑳關於史蒂芬・史傳奇使用肢體暴力時會如何自我克制，可參考本書第 19 章由懷特與澤爾撰寫的內容。

㉑參見 *Defenders*, vol. 1, #27 (September 1975), collected in *Essential Defenders, Volume 2* (2006)。

（Mahatma Gandhi，一八六九～一九四八年）所採用，成功於印度脫離英國的獨立運動中發揮效果。而有一些哲學家，例如偉大的俄羅斯思想家尼古拉‧別爾嘉耶夫（Nikolai Berdyaev，一八七四～一九四八年），也會稱托爾斯泰的哲學是一種 「宗教無政府主義」 (religious anarchism)❷，這個標籤確實頗為合適，因為托爾斯泰自己在晚年的著作裡也抨擊了國家與私有財產，稱之為世界上主要的惡之根源：

> 我從前所看重的一切──例如財富、財產、榮譽、自尊──現在在我眼中都已失去了價值……我不敢對我的人類同胞施加任何一種暴力……現在我也不能參與任何官方的所作所為，因為他們的目的是要用暴力來保護人的財產，而我既當不了法官，也不能參與審判或判罪於人。❸

托爾斯泰的這種「無政府主義」也有實際作為的一面，因為他會呼籲大家別再納稅、參軍，或是到任何政府部門裡頭工作，如同他所寫道的：

> 不要反抗那些作惡的人，但也不要跟他們一起作惡，不論是在法庭上、在徵稅工作上，尤其是在當兵這件事上，不要參與政府機關裡的暴力行為，如此一來這個世界上就不會有人能夠奴役你了。❹

---

❷參見 Nicolai Berdyaev, *The Russian Idea* (New York: Macmillan, 1948)。

❸參見 Tolstoy, *What I Believe*, Chapter 12。

❹參見 Leo Tolstoy, "A Letter to a Hindu" (1908)。

　　然而我們必須注意，托爾斯泰相信出現在人類靈魂中的惡是有其形上根源的，如果不能先了解這點，那我們也就談不上能理解他這種特殊類型的無政府主義。

可是要怎麼解釋奇異博士……？

　　話雖如此，可是在奇異博士的世界裡，大家還是會覺得有必要以暴抗惡，至少在魔法或形而上的層級方面是這樣。如果只有使用魔法力量才能擊敗邪惡，那托爾斯泰會怎麼看待奇異博士所面對的情況呢？他會接受這樣的想法，還是那根本就與他告訴世人的話無法相容呢？

　　要想解開這個問題，關鍵在於我們必須知道托爾斯泰所反對的只是人加諸於人的那種暴力，那如果惡的根源是出現在其他形式的現實之中呢？托爾斯泰有可能會認為這樣就可以使用暴力來對抗那些化身成人的形上之惡，以此來拯救人類嗎？

　　托爾斯泰和美國的記者兼探險家喬治・凱南（George Kennan，一八四五〜一九二四年）曾有過一段對話，我們可以從中找到一些上述問題的解答線索。在這段對話裡，托爾斯泰挑戰了美國「禁止華人移民」的政策，稱之為對美國自由原則的背叛：

凱　　南：假定華人以每年十萬人的速度來到加州，我們在太平洋海岸這裡的文明就會被他們給沖垮了。

托爾斯泰：那又怎麼樣呢？華人跟你們有一樣的權利可以去加州啊。

凱　　南：難道你不允許一個地方的人民保護自己，不要受到那種外人的入侵嗎？

托爾斯泰：為什麼他們是外人？為什麼你要區分外國人和本國人？對
　　　　我來說四海之內皆兄弟，毋須計較他們是俄國人、墨西哥
　　　　人、美國人或華人。㉕

　　由此我們可以清楚看到，當托爾斯泰說不要對人使用暴力時，他
是不分國族的。

　　凱南接著又問托爾斯泰，如果看到一個罪犯攻擊了某人的話，他
會怎麼做。托爾斯泰首先以他那套非暴力哲學的脈絡來回答，不過後
來又拿另一種生命形式——也就是動物——來進行類比。凱南在書中
寫道：

　　我直接問了他一個問題：如果看到一個攔路匪徒快要下手殺
掉一名無辜的旅人，在別無它法可以救下旅人性命時，他會殺掉
那名匪徒嗎？他回答我：「如果我在森林裡看到一頭熊要殺死一個
農民的話，我會揮起斧頭砍在熊的腦袋上，但如果是人要做出一
樣的事情的話，我還是不會殺他的。」㉖

　　如果托爾斯泰會殺熊救人，也許他也會認可史傳奇利用魔法的暴
力來對抗恐怖的多瑪暮——何況我們可別忘了，那頭熊其實並不需要
為自己的行為負道德責任，但是多瑪暮卻肯定是要負責的㉗。托爾斯
泰之所以反對以暴抗惡，主要還是為了人類的靈魂著想，而不是為了

㉕內容有稍作修改，參見 George Kennan, "A Visit to Count Tolstoi," 263。
㉖同上，256。
㉗關於多瑪暮是否真的算是邪惡的問題，可參考本書第 20 章由文克撰寫的內容。

其他生物——當然更不會是為了那些邪惡的化身！

托爾斯泰，至尊的捍衛法師

　　史蒂芬・史傳奇和列夫・托爾斯泰都認為惡與暴力是人類的主要威脅所在，此外他們也都相信惡與暴力有著形而上的本質，兩人也都不會接受對人類施暴。至於兩人之間的差別，主要是在於進行非暴力抵抗時會採用什麼方法與手段：托爾斯泰選擇用道德性、社會性與政治性的方法；史傳奇則會採用魔法來當手段。如果托爾斯泰身在奇異博士的那個世界，他也許會打開神聖的《維山帝之書》，掛上阿迦莫多之眼，擔任我們這個星球的捍衛法師，抵禦那些邪魔。在多重的現實裡，一切皆有可能！

第 22 章

奇異博士、道德責任與上帝問題

克里斯多福・克洛夫 Christopher P. Klofft

કચુસ ઓટ ઇરયુર ડોલર ઇન રપિરહેનડરટિ ઇન વોલ્યુપટેટ વેલીટ એસસે સવોલ્યુપટેટીટ એસસે સીલામ ડોલો રપિહેનનડરટિ નુલલ

　　成為至尊法師要有什麼條件？當然你先得要精通祕術，可能還要出一場悲慘的車禍，多年來不但做過辛苦的研究工作，還受過更辛苦的教育。此外，你還要跟宇宙最根本的力量有一種特殊關係才行，畢竟至尊法師的對手可不簡單，包括了其他維度的統治者，例如多瑪暮，還有人格化的宇宙概念，例如永恆 (Eternity)。可是這裡頭有上帝的概念嗎——不是「諸神」，不是常常出現在史傳奇的冒險以及更廣大的漫威宇宙裡的那些神，而是萬物唯一的造物主？而這位神會不會只是所謂的「哲學家的神」，還是說確有上帝，而這位神也同時是一個人呢？

　　身為至尊法師，奇異博士曾有好幾次都得要特別面對人格神 (personal God) 的概念。在當上至尊法師的初期，他把上帝看成是一種力量，只不過這力量超越了所有其他他所面對的力量而已；然而到了後來，他已經無視於這個上帝，忍不住動用了祂所禁用的力量——結果讓他幾乎失去了一切。本章我們將反思跟上帝有關的概念，也看看這世上最睿智的哲人們提出的觀念：宇宙中有種客觀的秩序存在，然後我們就會了解，奇異博士如果想要成為他註定要擔任的守護者與英雄，那他就得要認可那「萬有之源」(the Source of All That Is) 的地位

才行。

諸神之神

　　古希臘哲學家亞里斯多德（Aristotle，西元前三八四～三二二年）在他的著作《形上學》(*Metaphysics*) 中提出了上帝這個觀念，更具體地說是諸神之神的觀念，由這位神負責帶動整個宇宙的運行，祂就是「第一因」(first cause) 與「原動者」(prime mover)，因祂才會有萬物的存在，由祂才推動了宇宙萬物的運動。然而這種上帝觀念跟奇異博士的經驗並沒有很大的關係，因為這個神並沒有化成人，所以祂與創造萬物並沒有什麼關係。換句話說，亞里斯多德的這個神只是一種機械性的力量，祂不是一種有生的存在，人們無法向祂求助，奇異博士也無法與祂有所互動。如果要找一個比較會有助我們討論的上帝形象，我們可以看看聖多瑪斯・阿奎納（Saint Thomas Aquinas，一二二五～一二七四年）的著作，他把亞里斯多德的哲學與基督教的啟示綜合成了一套神學。在他的《神學大全》(*Summa Theologiae*) 裡，阿奎納一次給了五路論證來證明上帝的存在，而且強調只要單單利用理性就可以獲得他的這些結論，只不過如果參照上帝（透過《希伯來聖經》和《基督教聖經》）所給我們的啟示的話，就能更進一步理解與開展這些內容❶。而且除了亞里斯多德的原動者與第一因的觀念外，阿奎納也注意到，上帝是萬物存在的理由，擁有一切完美的性質，宇宙中萬物

---

❶參見 Saint Thomas Aquinas, *Summa Theologiae*。免費網路資源：http://www.newadvent.org/summa/, I.2.3。

的運動也都掌控在祂的智識之中，他證明了上帝是所有善的根源，因為上帝本身就是全善的。而在亞里斯多德的哲學裡，那個跟上帝一樣在背後創造宇宙客觀秩序的存在者，祂也一樣會是良善的——這一點會對我們如何理解道德產生重要的影響。

按照阿奎納的說法，這位全善的宇宙造物主本身就是道德法則的制訂者，在這個意義底下，道德法則跟宇宙的物理法則其實並不是各自建構、分別存在的兩套東西，因為上帝既是科學法則的創設者，同時又創設了萬世不移的客觀法則來管理有理性的生物，告訴他們該如何生活。上帝的這整套法則都包含在阿奎納所說的永恆法 (eternal law) 裡頭，這也是一切的造物之法，全部都會永恆地存在於上帝心中❷，但以我們有限的生命與智能並無法理解這套律法的全部，所以上帝才把自然法則與神法 (divine law) 區分開來，好讓人能了解祂的律法。神法必須透過啟示才能授予，但是自然法則是我們單憑理性就可以知道的，這也就是為什麼我們可以透過理性，來認知我們周遭的自然與世界中能夠讓我們認知的部分❸。既然都是由全善的立法者所制訂出來的，所以自然法則也會合乎於客觀的道德規則，如此一來，我們就一樣可以利用理性來獲知道德戒律了。

在漫畫裡，我們雖然看不到有什麼奇異博士遵循阿奎納想法的證據，不過我們確實可以看到裡頭的現實具有一種客觀秩序，而從該秩序中又會衍生出一套道德義務，這就跟阿奎納的想法相當吻合了，更何況，這位至尊法師還得要面對造物主上帝，也就是那萬有之源，有

❷同上，I-II.91.1。
❸同上，I-II.91.2。

時還得以最直接的方式與其概念互動才行。

奇異的宗教

　　漫威宇宙裡有某些角色，他們的信仰或跟神的關係特別有名（當然，這得先排除那些本身就是**神**的角色），甚至有極少數角色一開始就是完全根據其信仰來設定的。以新推出的驚奇少女卡瑪拉‧克汗為例，她就經常從自己的伊斯蘭信仰中得到想法，藍魔鬼和夜魔俠則經常提到他們信仰的天主教，而 X 戰警的幻影貓與驚奇四超人的石頭人也不時會說到他們猶太教的事情。

　　與他們相比，史蒂芬‧史傳奇並不屬於任何傳統宗教的一分子，他所給我們的形象就是一個原本沒有信仰的科學家，後來又註定要進入另一種環境，改以超驗的角度來理解現實。雖然在他修煉祕術之後確實遇見了許多跟神一樣的人物，但是我們還是沒有從他身上看到任何傳統意義上的「信仰」的跡象❹。然而他跟維山帝之間確實有一種很特殊的關係，維山帝是由三位類神的人物所組成的三位一體之神，我們可以清楚看到就是祂們給了史傳奇法力，並且也會保護他，甚至似乎就連史傳奇的師傅古一法師的法力也是由祂們而來，古一還成了維山帝「組織」的一員（但詳情並不清楚）。即便這樣，要把史傳奇和維山帝的關係說成是「宗教」上的性質，實在還是很牽強，因為當史傳奇在喊出祂們的名稱時，通常都只是一種驚嘆用語，而不是真的在

---

❹不過幻視確實說過，史傳奇有一種 「可以被歸類為信仰的態度」，參見 *Infinity Crusade* #1 (June 1993), collected in *Infinity Crusade Volume 1* (2008)。

說什麼魔法頌詞。

雖然奇異博士沒有傳統那種信仰，不過在某些重要的時刻還是會看到他的話裡頭有西方一神教傳統的表達方式，從而明確承認了有位造物主。碰到這種時候，史傳奇也許是向「至高力量」祈願，希望讓他達到某個目的，又或者會對這個至高力量在宇宙中所扮演的角色表示敬意，這也等於是認可了亞里斯多德那個原動者的概念。此外，雖然在史傳奇的宇宙裡有許多較高層級的力量及統治者，彼此之間的形上關係複雜得讓人看不清，不過客觀意義下的善與惡似乎還是存在的，這點相當重要，尤其是當有人存心想要召喚「邪惡力量」的時候，他就會因此而擔心招來惡果，而如果當初宇宙的造物者並沒有順便制訂好善與惡的概念，那麼上述的那種擔心就不會有什麼意義了。

為了看清楚奇異博士與造物主的關係，以及他為什麼必須要承認其存在才可以扮演好至尊法師的角色，我們要特別看看他的三場冒險，而第一場就先從最不可能存在的對手開始看起⋯⋯

以上主對抗吸血鬼之王

奇異博士曾經對上吸血鬼之王德古拉 (Dracula)，那次的事件很讓人難忘，因為德古拉攻擊了王，殺了史傳奇這位最忠實的僕人，於是這位法師就到處調查兇手，要將殺王的人明正典刑❺。當他終於找到這個吸血鬼時，史傳奇不但懇求他讓王起死回生，連對戰時也手下留

---

❺該故事分為兩部分，第一部分見於 *Tomb of Dracula*, vol. 1, #44 (May 1976)，後續部分則見於 *Doctor Strange*, vol. 2, #14 (May 1976)，兩者都收錄於 *Essential Doctor Strange, Volume 3* (2007)。

情，不想致他於死地，但結果證明這是史傳奇的失策，因為德古拉這個對手比他想像的要更加強大，最後德古拉還逼得史傳奇罷鬥撒手，然後喝下這個魔法師的血，取了他的性命。

史傳奇死後，德古拉在夜裡陷入了沉思，此時旁白寫道：「天底下他只會怕兩件事：一是十字架，再來就是法術，而這兩者對他來說並沒有多大不同！」❻然而我們在後來還會看到，這兩者其實根本完全是兩回事，至尊法師用了法術來對付德古拉，然而並沒有成功，所以史傳奇得要改弦易轍才能打敗這個敵人。

史傳奇的屍身被放入了墳墓，靜靜等著再起的時刻到來，屆時他將成為德古拉所控制的一名吸血鬼。然而史傳奇的精魂還以星靈體的形式存活著，所以他可以繼續想方設法來戰勝他的吸血敵人。等到史傳奇變成殭屍醒來時，他的體內出現了兩股相抗的力量，一邊是吸血鬼的他，一邊是魔法師的他，所以他不太能出手攻擊德古拉……直到德古拉嘲笑史傳奇，對他說了一句「我就是你的上主」，情況就忽然起了變化。

這句話讓奇異博士靈光一閃，知道自己該要怎麼做了，他得要做件自己從來沒有做過的事：召喚宇宙唯一的神。他在心中默想：「大能的——真神啊——我這一生——曾召喚過——許多的神！卻從未——比現在——更需要力量！謹以四字神名 (tetragrammaton)，耶和華！偉大的未顯化者 (Unmanifest) 啊，聽取我的請求吧！」❼奇異博士呼求了唯一的造物主，喊出了耶和華的名字（「四字神名」指的是〈出埃及

---

❻參見 *Doctor Strange*, vol. 2, #14。

❼同上。

記〉裡記載的四個字音，以此代表上帝之名），並認為是祂成就了所有其他的力量。而這時候史傳奇碰觸到了德古拉，但德古拉卻因此被灼傷，引發爆炸並產生了一道明顯的十字形閃光，殺死了這個吸血鬼。此刻的史傳奇身上還充滿著神力，於是他治好了王與自己，最後嘆服道：「感謝上帝，德古拉再也無法危害人間了！」❽

當失敗迫在眉睫，而他那個受造的身體卻陷入衝突狀態，無法發揮出他的法力，此時這位至尊法師呼求的是比所有其他諸神都更強大的上帝，並利用十字架這個德古拉唯一的剋星獲取了勝利。如果史傳奇沒有這樣做，他早已落入亡靈之王的控制之下；而當他這麼做的時候，史傳奇也等於同意了阿奎納的想法，相信宇宙裡有個全善而且客觀上更高的力量存在。

回到起點

在另一場比較漫長的冒險中，奇異博士與宇宙級的恐怖力量歟魔－葛拉斯 (Shuma-Gorath) 展開了一場持久戰，最後還導致史傳奇的師傅古一因此身亡，只留下古一的精魂化入太一，參於宇宙──那個史傳奇接下來繼任至尊法師後得要靠自己來守護的宇宙❾。之後史傳奇反省此事，對他心愛的克莉解釋道：

---

❽同上。

❾這場恐怖題材的對戰故事，原本取材於勞勃‧霍華德 (Robert E. Howard) 的作品，後收錄於 *Marvel Premiere* #3–10 (July 1972–September 1973), collected in *Doctor Strange Epic Collection: A Separate Reality* (2016)。

> 只要活著，就會影響到宇宙！一個人的行動——還有他的存在——都會改變他所遇到的每一個生命！宇宙就等於萬物！只要影響了宇宙的任何一部分，就會影響到整個宇宙！生命是宇宙所能賜予的最珍貴的禮物……而奇異博士的責任，就是要保護這份禮物。**⑩**

　　雖然我們不應該太輕易地把「宇宙」等同於「上帝」，但是史傳奇說他感到自己有責任要保護客觀秩序，這還是會讓人感到一種鮮明的印象，覺得他願意保護前述的永恆法。

　　史傳奇後來去尋找莫度，他不只是史傳奇最老的敵人，當年也是爭搶師傅注意力的對手，史傳奇要告訴他自己已經接下了古一法師的位子，可是在還沒找到莫度之前他就先遇到了一個吉普賽女人，那人想找莫度復仇，因為莫度偷走了她的一本魔法書。那本被偷走的就是古老的《卡利奧斯卓之書》(此書在電影版裡也扮演了很重要的角色)，可以使其擁有者具有穿梭時間、改變現實的力量。等到兩人相聚之後，史傳奇和莫度又分別回到了十八世紀的巴黎去找該書的作者，結果發現他並不如想像的那麼令人神往，更重要的是，卡利奧斯卓還透露了自己的身分，他原來是個來自三十一世紀的時間旅行者，名字叫做賽斯－尼格 (Sise-Neg)，就是把「創世記」(Genesis) 這個字的字母順序顛倒過來，這絕不可能是個巧合**⑪**。

---

⑩參見 *Marvel Premiere* #12 (November 1973), collected in *Doctor Strange Epic Collection: A Separate Reality*。

⑪賽斯－尼格的故事出現於 *Marvel Premiere* #12–14 (November 1973–March 1974), collected in *Doctor Strange Epic Collection: A Separate Reality*。

賽斯－尼格也說出了他的計畫，他打算要回到創世黎明 (the dawn of creation)，因為這個時候有更多的「環境魔法」(ambient magic) 可以供他操控，而他最終的目標就是要成為上帝：「你要用什麼詞彙來稱呼創世黎明中的全能存在呢？我來告訴你們吧，諸位先生，我要送給你們的就是——上帝！」❷ 他這段話裡頭所涵蓋的形上學相當粗糙，很明顯，賽斯－尼格對「上帝」的定義就只是一個「全能」的存在，又恰好出現在時間的起點而已，這並不符合亞里斯多德或阿奎納概念中的上帝，不是第一因或「不動的原動者」(unmoved mover)，而且也沒有解釋什麼叫做時間本身的起點——要不了多久，賽斯－尼格就會發現自己的理解有什麼失誤之處。

這趟史詩級的旅程就這樣展開了，一路要回溯到時間的黎明之始，不過中途還是出現了三個節點要暫停一下。第一個節點出現時，賽斯－尼格偵測到了巨大的魔法能量，而由於他需要獲得「一切可能的知識」才能成為上帝，所以他就去探查能量的來源為何，結果發現是來自於傳說中的巫師梅林 (Merlin)，於是賽斯－尼格就用梅林的魔法召喚出一條巨龍來跟恰好出現在該地的一位騎士戰鬥，奇異博士見狀便請求他的對手要手下留情：「你想要成為的那個上帝，難道不會在意人類嗎？」賽斯－尼格卻回答：「我比人類更高等。」❸ 這其實並沒有回答到史傳奇提出的上帝本質的問題，因為史傳奇的意思和阿奎納的主張一樣，都認為上帝是全善的，因此也應該會關照全人類。後來這位至尊法師就跟巨龍展開戰鬥，幫助那名騎士打敗了巨龍——結果這位騎

---

❷參見 *Marvel Premiere* #13 (January 1974)。

❸此處及後面所有賽斯－尼格故事的對話內容，均引述自 *Marvel Premiere* #14 (March 1974)。

士居然就是蘭斯洛 (Lancelot du Lac)，他正在前往亞瑟王宮殿的路上。

利用這個事件，莫度趁機讓賽斯－尼格思考一下自由、後果與道德的問題：

> 史傳奇對人類的同情心救了蘭斯洛一命──而他是那麼樣地深愛著關妮薇 (Guinevere) 王后，而這份愛很快就會毀掉卡美洛 (Camelot)，那可是人類最高貴的其中一個夢想之地！人類透過他們恣意妄為的本性，埋下了毀滅自己的種子！人們沒有辦法控制自己！需要有一位強者來控制他們！

這段話裡有好幾點值得注意的地方，首先，卡美洛被說成是人類最高貴的夢想之地之一，有很多觀點都可以談談卡美洛的「夢想」到底是什麼，不過如果將之視為基督徒心目中的美德形象，人人在那裡過著聖潔而高尚的生活，或是套用阿奎納的說法，那裡的人會按照自然法與神法所揭櫫的永恆法來過活，照這樣來想卡美洛的夢想的話，就不會顯得遙不可及。即使真如莫度的推斷，史傳奇的英勇救人反而會導致卡美洛夢想的消亡，但更重要的是，他在一開始就認為這樣做是一種客觀的高尚行為。莫度接著又扼要地概述基督教教義裡的原罪觀，說起人類的墮落就是因為他們有自由意志，卻又無法控制自己而造成的結果，這些話要成立得先有個前提，就是現實中必須有客觀秩序存在，而故事裡的三個要角 ❹ 都在此秩序之下行事，尤其當故事來到高潮的結局時，這一點就會變得更加重要。

---

❹ 譯者註：這裡說的是伊甸園的故事，三個要角分別是亞當、夏娃與蛇。

聖經級的奇異故事

　　這個時間之旅的第二個停靠站是一座古城，城裡的人都迷失在「罪惡與墮落」之中，莫度認為光是這個問題就已經有足夠的理由殺光他們了，但史傳奇則以「罪不能成為殺人的藉口」來為他們請命。從字面意義來看，罪 (sin) 指的是違反上帝的律法，就算把理解的範圍限縮，只看成是違反從自然法則中獲知的正確道理，這還是讓我們可以再次從史傳奇的遣詞用字中看到他訴諸於一種客觀秩序，以及該秩序背後所隱含的定序之神。

　　賽斯－尼格眼見莫度與史傳奇在哲學見解上相持不下，便以人類的模樣出現在人群前對他們說話，接下來發生的事就跟〈創世記〉第十九章裡所多瑪和蛾摩拉的故事差不多，不過在原本的故事裡是兩位天使受到城中惡民的威脅，而在史傳奇的冒險中這段情節沒有那麼卑污，對方只是威脅「讓他看看外人在這裡會發生什麼事！」而已。然而這時候情況出現了一個戲劇性的變化，變得與《聖經》文本所述大不相同，就是死亡牧師 (priests of death) 被召喚到了這裡，他們下令要民眾把這些外人們給親手撕裂。賽斯－尼格此時看不下去了，便告訴城裡的人說他們已經觸怒了上帝，而當他說出了這個神聖的名字，整座城鎮也隨之被摧毀了，只有少數人逃出生天，直到那時奇異博士才從倖存者的口中聽到這個出現在《聖經》中的城市名稱，著實把他給嚇壞了。

　　在抵達時間起點之前，他們的第三個節點停在了史前時代，而且那裡真的是充滿了漫畫風格，因為恐龍和原始人類居然同時共存，甚至連宇宙級的恐怖力量歔魔－葛拉斯也住在這裡，而原始人類自然不

是欻魔－葛拉斯的對手，於是史傳奇又向賽斯－尼格請求道：「這些人是你的祖先……有他們才會有你存在啊！說起來你跟他們是一體的啊！」這些話點醒了賽斯－尼格，於是他出手相幫了這些人類，雖然他沒有能力消滅欻魔－葛拉斯，不過卻可以讓他陷入幾千年的沉睡。在此之後，這位準上帝告訴大家：「現在我在此只剩一件事要做——這件事，這一回，可不是要破壞，而是要創造，創造一個安樂窩——一座園地——送給僅剩的那兩頭猿猴！牠們以後就永遠不會再感到恐懼了……。」就這樣，賽斯－尼格創造出了伊甸園。

最後，這位新誕生的神與其的兩位旅伴抵達了時間的起點，史傳奇和莫度逆著時間之流而上，見證了宇宙的濫觴，那是「完全的黑暗」，然後從那團黑暗中冒出了賽斯－尼格說話的聲音。然而到了此刻，他已經受到自己成神的經歷所啟發，不再是宇宙的征服者了。

我一直都錯了！我原本計畫要按照自己的形象來重新創造宇宙，這個想法真是可悲！其實我原本就已經成就了自己的神性。不過在執行計畫的過程裡我還是明白了一個真理——萬物都已經是它的應然模樣，只是大家沒有發現而已！實在界一直都是和諧的，而人則是不完美的——但已經是這個維度裡最接近完美的存在了！我無法再讓人變得更好，所以我要這樣重新創造宇宙——就照著跟之前完全相同的模樣！時光倒流，在我這裡重新開始吧！當你們回顧這段歷史，不要想起一個叫做賽斯－尼格的人——你們要想到的是一個神，叫做創世記！

然後這個故事很快就完結了，史傳奇和莫度都被送回了現在，莫

度被自己看見的那些事搞得神經兮兮，但是史傳奇卻沒受到什麼影響。

　　這故事裡頭有個很明顯的問題：賽斯－尼格真的變成上帝了嗎？我認為沒有。這個巫師雖然擁有「如神一般」的超凡能力，但是到頭來他還是得要拜倒臣服（譬喻性的說法）於一個更高的力量，而且該力量必定在更早之前就已經存在——也就是第一因——就是祂制訂了創世的規則，而這個規則背後的依據並非力量，而是「善」。在賽斯－尼格要開始執行自己的計畫之前，他先把萬物都倒轉回最初的時刻，如此就抹去了在歷史中他所造成的一切事件，包括毀掉所多瑪和蛾摩拉、創造伊甸園等，但是這個宇宙依然存在，這不是因為賽斯－尼格的緣故，而是因為有至高而唯一的上帝，因為祂在最初啟動了宇宙的運行。

　　我們接著還可以進行更深層的反思，反過來想想在莫度和奇異博士這兩個角色裡，誰才真正「像個神」。莫度的心裡充滿了統治他人的渴望，但等到他親見到萬物的存在之始，之後卻變得瘋瘋顛顛，由於放任自己的意志濫行，他反倒失去了自由，因為唯一正當的作法就是按照上帝設下的永恆法來行事。至於在史傳奇這邊，他從來沒有偏離過當初對克莉所說的話，沒有背離他所看到的造物之善，他一直堅持自己對於物質世界秩序或道德秩序的看法，認為兩者若是遭到了忽視或違反，必定會招致嚴重後果。他這樣的看法裡頭隱含著另一套觀念：從上帝的本質來看，祂必會以仁善來主宰與保護這些受造物。而按照阿奎納的理論，由於奇異博士遵行如此的志業，足以證明他才是該故事裡頭最像神的那個人。

驕傲在佐姆以先❶

　　在漫威宇宙裡從來沒有好好解釋過魔物的本質，不過對比一下阿奎納對於善的概念，也看不太出有什麼顯然相牴觸的地方。不過讓人驚訝的是，我們還是可以看到裡頭呈現出了許多宇宙角度的道德觀點，而且那個事件裡的主要角色除了有奇異博士之外，還有大家最愛的綠色大塊頭，也就是無敵浩克。故事的起初是這樣的，有一群本該是浩克朋友的人（包括史傳奇在內）把他放逐到了遙遠以外的星球去，以免他傷害地球上的任何其他人，而浩克在遠離地球的彼處卻找到了自己的目標、所愛與家庭，但這一切又在一場爆炸中被奪走了——引起爆炸的還是他在地球老家那裡的朋友們。於是浩克回到地球，矢志要復仇，因為他認為自己的朋友們不只奪走了他的自由，也奪走了他新得到的幸福❶。

　　當奇異博士一見到這位老朋友，他首先跟隱藏在浩克心中的布魯斯‧班納對話，希望能聽聽布魯斯這邊的說法。史傳奇對於自己的所聞表現出很大的同情，並承諾會幫忙改正錯誤，還伸出手把布魯斯從地上拉起來，可是當他這麼做的時候，布魯斯忽然又變成了浩克，還把史傳奇雙手的骨頭打成粉碎，而這在現實世界裡也產生了一樣的效果。由於無法使用魔法來抵禦浩克手下的攻擊，史傳奇只好用上了最不得已的一招，他不顧僕人王的反對，打開了一個盒子後唸道：「以永

---

❶譯者註：此文原出於《聖經》的〈箴言〉中的一句：「驕傲在敗壞以先，狂心在跌倒之前。」

❶這些事件發生在二〇〇五～二〇〇七年間的多本漫畫之中，後來都收錄於 *Hulk: Planet Hulk Prelude* (2010), *Hulk: Planet Hulk* (2007), and *World War Hulk* (2008)。

恆之名……拉格多 (Raggador) 諸戒之力……縱然其魂屬於地獄……佐姆 (Zom) 必得重回人間。」❼佐姆是一個非常強大的生物，其本質乃是混沌與毀滅，他的實力之大，從前也只有宇宙中的宇宙級力量❽之存在能夠阻止他❾。

在佐姆的力量附身之後，奇異博士就有辦法跟浩克對戰了，但此時的史傳奇也不再是那個能說會道、溫文爾雅的魔法師，他說起話來反而像是個憤怒的浩克（然而這個故事裡的浩克卻又冷靜且聰明）。史傳奇的心裡已然不存理性與技法，只剩下惡魔般的毀滅力量，而當他違反了阿奎納所解釋的那套宇宙立法者規定的道德秩序時，他也就喪失了自由與人性。然而即使有了佐姆的力量加持，史傳奇還是敗下陣來。

佐姆在史傳奇的身體裡進入了休眠狀態，但是到後來的復仇者聯盟大戰時又冒了出來，最後在佐姆的影響下，這位魔法師以非常殘忍的方式終結了這場戰事，直到此時，史傳奇才明白自己這樣做所造成的整個後果：

> 我不得不召喚了比平常所用要更加黑暗的力量……我以為自己可以控制這個力量，但我其實做不到。這都是因為傲慢，我一開始會走上這條路也是這個傲慢所導致的……如今我愧為這個維度的至尊法師，辜負了自己的職責……我必須為自己的所作所為

---

❼參見 *World War Hulk* #3 (August 2007), collected in *World War Hulk*。

❽譯者註：這裡指的就是「永恆」，祂是宇宙本體級的存在。

❾佐姆第一次登場是在 *Strange Tales*, vol. 1, #156 (May 1967), collected in *Marvel Masterworks: Doctor Strange, Volume 2* (2013)。

來贖罪。❷

　　他意識到自己在使用祕術時必須要遵照上帝所制訂的宇宙法則，因為他之前就是這樣才沒有被德古拉及賽斯－尼格給打敗。為了悔罪，史傳奇放棄了他至尊法師的名號，不過這次的贖罪時間很短暫，他最後還是取回了名號，但這並不是因為他又回到了賽斯－尼格那個故事的思考方式，而是由於他的本意依然符合英雄之道，不能因他使用禁忌魔法而就抹煞，但他還是以自己完全主觀性的方式來理解道德法則，不再採用上帝所制訂的客觀法則❷。

---

❷參見 New Avengers Annual, vol. 1, #2 (February 2008), collected in New Avengers: The Trust (2008) and New Avengers by Brian Michael Bendis: The Complete Collection, Volume 3 (2017)。

❷雖然我們沒有那麼多篇幅可以詳細討論，不過二〇一五年所推出的《祕密戰爭》講述的是動搖多重宇宙的大事，而奇異博士在那裡頭的角色也跟本章的內容相關。我們看到他並沒有停止使用黑魔法：「我要使用至尊法師所能支配的所有力量來源，如果要因為做了這些決定而受到詛咒，那就來吧。」（參見 New Avengers, vol. 3, #14, February 2014, collected in New Avengers: Other Worlds, 2015）他聲稱使用黑魔法與白魔法並沒有區別，兩者只有使用代價不一樣，這也等於是意味著宇宙之中並沒有真理、秩序或是善，一切都只是把個人的意志加諸於純粹機械性的萬物之上而已。史傳奇運用了這樣的原理，外加他出賣靈魂（真的是字面上的意思）所得到的法力，結果卻反而成了導致整個世界滅亡的其中一個罪人，最後只好讓狂妄的末日博士來重新創造整個宇宙，由他自己來當上帝，而史傳奇則成為末日博士的副手之一。雖然他之後又與殘存的地球英雄們聯手阻止末日博士，但卻被末日博士所殺（參見 Secret Wars #4, September 2015, collected in Secret Wars, 2016）。如果他先前誓言要做到的懺悔能夠更加真誠，也許事情就會不一樣了，然而史傳奇卻為德不卒，改以相對主義的方式來理解現實，於是也就失去了他之前目睹到的全局視野：上帝的永恆之法。

魔法與深層魔法

在長篇經典奇幻故事《納尼亞傳奇》裡，該書作者兼英文教授路易斯（C. S. Lewis，一八九八～一九六三年）曾把上帝的永恆法稱作「深層魔法」(deep magic)，出自於「海洋彼岸的帝王」之手❷。書裡的世間萬物本身之中就蘊含著魔法，你可以選擇要依法行事，終而體會到幸福；也可以設法去操縱這個魔法，但這個選擇將會為你自己與他人帶來苦難。這種魔法的意涵似乎也適用於漫威宇宙之中，只是漫威宇宙裡極少會把這種一神論的含意給清楚表現出來，不過這個等式兩端的項目在奇異博士的故事裡還是都可以看到，有時候你真的可以把他的魔法視為一種深層魔法的體現，而這種魔法要能夠成立，人類的自由就必須與造物主所制訂的自然秩序相互扶持，攜手合作才行。

即使我們都不是奇異博士那樣的魔法師，但也照樣受到了召喚，要按照宇宙的深層魔法的法則來使用我們自己生命的魔法。身為人類，我們天生就有自由意志，可以決定要不要承認所有生命共同的連結與各自的價值，以及要不要努力去保護這些；不然我們也可以轉投黑魔法陣營，不計任何代價來獲得力量，然後設法把自己的意志強加在他人的意志之上。在奇異博士的故事一開頭，以及他人生很後期發生的事件裡，他都領教到了這種狂妄自大得要付出何等代價，但願我們可以從他早先的遭遇裡獲得啟發，在他晚近的遭遇裡看到警示，讓我們全都能有所借鑑。

---

❷參見 C. S. Lewis, *The Chronicles of Narnia* (New York: HarperCollins, 2010)，全套小說共有七冊，在一九五〇～一九五六年間成書與出版。

國家圖書館出版品預行編目資料

奇異博士與哲學：另一本禁忌之書／威廉·歐文
(William Irwin)叢書主編;馬克·懷特(Mark D. White)
主編;葉文欽譯.——初版一刷.——臺北市: 三民,
2023
　　面;　　公分.——（哲學輕鬆讀）
　譯自: Doctor Strange and Philosophy: The Other
Book of Forbidden Knowledge
　ISBN 978-957-14-7561-5　（平裝）
　1. 電影 2. 西洋哲學

100　　　　　　　　　　　　　　111017287

哲學輕鬆讀

奇異博士與哲學：另一本禁忌之書

叢書主編	威廉·歐文 (William Irwin)
主　　編	馬克·懷特 (Mark D. White)
譯　　者	葉文欽
責任編輯	朱仕倫
美術編輯	詹士嘉

發 行 人	劉振強
出 版 者	三民書局股份有限公司
地　　址	臺北市復興北路 386 號 (復北門市)
	臺北市重慶南路一段 61 號 (重南門市)
電　　話	(02)25006600
網　　址	三民網路書店 https://www.sanmin.com.tw

出版日期	初版一刷 2023 年 1 月
書籍編號	S141220
I S B N	978-957-14-7561-5

三民書局